产品管理与运营系列丛书

青十五 ◎ 著

策略产品经理
——▶ 模型与方法论

Strategic ◀———————
Product Manager
Model and Methodology

机械工业出版社
China Machine Press

图书在版编目（CIP）数据

策略产品经理：模型与方法论 / 青十五著．—北京：机械工业出版社，2020.8
（2024.4 重印）
（产品管理与运营系列丛书）
ISBN 978-7-111-66329-4

I. 策⋯ II. 青⋯ III. 企业管理 – 产品管理 IV. F273.2

中国版本图书馆 CIP 数据核字（2020）第 149229 号

策略产品经理：模型与方法论

出版发行：机械工业出版社（北京市西城区百万庄大街 22 号 邮政编码：100037）	
责任编辑：董惠芝	责任校对：殷 虹
印　　刷：固安县铭成印刷有限公司	版　次：2024 年 4 月第 1 版第 8 次印刷
开　　本：170mm×230mm　1/16	印　张：20
书　　号：ISBN 978-7-111-66329-4	定　价：89.00 元

客服电话：(010) 88361066　68326294

版权所有·侵权必究
封底无防伪标均为盗版

前言

从身高遗传问题谈起

父母的身高与孩子的身高有什么样的关系？

这是一个有趣的问题。按照我们的常识，父母的个子越高，子女的个子大多越高，甚至可能高过父母。但如果子女的个子总是高过父母，那么经过多年繁衍，人类的身高岂不是要突破天际？

19世纪，英国著名遗传学家、统计学家弗朗西斯·高尔顿（Francis Galton）收集了1078对父母与子女的身高样本数据，发现子女与父母的身高呈线性关系，即如果把父母的平均身高设为x，子女的平均身高设为y，那么可以用一个线性函数来表达它们之间的关系：

$$y = f(x) = wx + b$$

其中，参数w和b均为实数，因此这样的线性函数理论上来说有无限多可能。如果用二维坐标来表达，将参数w映射到横轴、参数b映射到纵轴，我们会发现这样的线性函数和二维平面上的点一样多。那么，在这众多的线性函数中，哪一个函数最能真实地描述样本数据中呈现的线性关系？为此我们可以从样本数据出发，用预估结果与实际结果的平均误差来定义一个选择函数的评估标准——样本数据的均方误差δ：

$$\delta = \frac{1}{N} \sum_{i=1}^{N} (w\hat{x}_i + b - \hat{y}_i)^2$$

均方误差越小，意味着这一组参数（w，b）越接近世界的真相。仔细观察我们会发现，均方误差 δ 实际上是一个关于 w 和 b 的二次函数 $\delta(w,b)$，因此，可以在三维空间用一个开口向上的抛物面来描绘这一函数，抛物面上的每一个点（w，b）都代表了一组参数，即唯一确定了一个线性函数。

如下图所示，这个抛物面的最低点（w_*，b_*）即我们希望得到的使均方误差 δ 最小的一组线性函数参数。由此，高尔顿从样本数据中最终得到子女与父母身高的关系 $y = 0.516x + 0.8567$（单位为米）。系数 w 小于 1 意味着人类的高个子基因不会永远遗传下去，而是最终回归到一个均值，这样的方法也被称为**线性回归**。

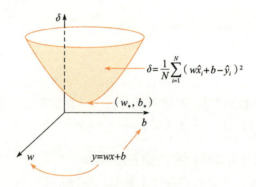

而像上面这样的思考和求解过程可以用一个最优化公式来表达：

$$w_*, b_* = \arg\min_{w,b} \delta(w,b)$$

即最低点（w_*，b_*）是使得评估标准函数 $\delta(w,b)$ 最小的一组参数，这组参数也唯一地确定了一个线性函数 $y = f(x) = wx + b$。

以小见大，我们对世界的解读便从这里开始。

产品经理需要懂算法吗

过去，产品经理总是因为"产品经理需要懂技术吗"这个问题而焦虑。新时代的来临让这个问题发生变化，也让许多产品经理开始试图在众多算法资料中寻找答案，并陷入各种算法细节中不能自拔。

从字面意义上理解，"算法"一词指计算方法，既包括技术类文章中常见的排序算法、贪心算法等，又包括机器学习中的一些求解算法，如梯度下降法、牛顿迭代法等。而另一个概念——"模型"则是对问题的形式化定义，即用形式化语言表达要解决的问题，这是对这个世界认知的第一步。因此，在上面身高遗传（线性回归）的问题中，模型指的是利用线性函数与最优化公式对问题进行表达，而算法则是在模型确定之后具体求解参数（w_*，b_*）的过程（如对参数求导并令导数为零，即最小二乘法）。

然而，市面上许多资料并不会严格区分这两个概念，例如当人们提到推荐算法时，实际上既讨论了推荐模型，也讨论了推荐模型的算法。过去我也是这样混用的，在本书写作过程中才意识到，概念的厘清有助于读者尤其是初学者把精力放在真正应该了解的内容上面。

同时我还意识到，并不是所有公司都能像BAT这类大公司一样拥有成熟的业务、完整的团队建制和稳定的系统架构，并且即使是大公司，也在不断催生新业务、面临新问题、产生新模块。因此，对于大部分人尤其是广大中小公司的产品经理而言，了解一个问题解决方案的演进路径比了解成熟方案更为重要。

那么回到最初的问题，我对这个问题的回答是："作为用产品表达这个世界的角色，新时代下的产品经理可以不懂算法，但一定要懂模型及其演进路径。"

读者对象

本书面向策略产品经理，适合所有策略产品经理或希望成为策略产品经理的读者，包括但不限于以下人群。

- 在搜索、推荐、广告、定价、匹配调度等业务场景中工作的产品经理；
- 以增长、商业或风控为目标的产品经理；
- 工作中频繁接触数据、算法、AI等技术的产品经理。

正如书中介绍的那样，策略产品经理集合了上述这些产品经理的某些共同点，相信本书在深入解读这些共同点的同时，能够给你的工作带来一些帮助。

同时，本书也适合以下读者。

- ❏ 有理工科、商科背景或有相关学科扎实基础的在校生，希望毕业后从事策略产品经理方面的工作；
- ❏ 工作一段时间后处于迷茫期的数据分析师，希望了解如何从数据中挖掘更多价值，并在职业规划路径上向拥有决策权的下游发展；
- ❏ 与策略产品经理搭档最多的数据、算法工程师，希望更多地从业务出发，了解数据与模型算法如何在整个产品链路中产生价值。

最后，所有对人工智能感兴趣、希望入门机器学习的读者，在学习聚类、分类等模型算法细节以及Python、TensorFlow等工具之前，也不妨先读一读本书。相信你能在本书中了解机器学习的本质，以及在各场景中如何将一个实际问题用统一的模型语言表达出来，这对未来学习具体的机器学习模型与算法有很大帮助。

本书特色

在学生时代，我们学过各种各样的学科模型，例如数学模型、物理模型、经济学模型等。参加工作后，在不同的岗位也会接触不同的业务模型，例如财务人员会使用财务模型、产品经理会使用用户模型、运营经理会使用运营模型等。

"模型"这个词听上去就像"方法论"一样，有时让人讨厌，有时令人生畏。上面提到的这些模型可能差异很大，但所谓的"模型"本质上都是力图用最简洁的语言描述某个事物的运行规律，并提升运行效率以及预测未来发展。

所以，策略产品经理经常会接触的搜索、推荐、广告、定价或者匹配调度这些看上去关系不大的应用场景，背后隐藏的规律都可以用具有一定共性的模型来解读，这样的解读能够让本书用最少的篇幅解释明白问题的本质，也能够让读者在一定程度上对类似的问题举一反三、融会贯通。这可能也是本书与同类书籍不太一样的地方。

同时，每一本书都有它的局限性，或局限于时代背景，或局限于作者阅历，或局限于作者能力，本书也不例外。与我处于同一时代的读者，或许更多时候感受到的是后两者。

（1）我毕业于计算机与智能科学专业，是工程师出身，因此本书在知识结构、行文风格方面难免会偏理工化，所以大家可以站在更加辩证的视角阅读本书。

（2）书中来自我工作的一手案例有限，这与我的工作经验、阅历有关，也与我参与的部分项目有保密需要有关，因此我会用调研的一些学术界和工业界的资料对相关内容进行解读，或将一些案例抽象成知识点并穿插在书中。

（3）一本书的篇幅总是有限的，正如前面我们谈到的那样，毕竟本书目的不是让大家成为算法工程师，因此书中对一些偏实操的内容进行了删减，把更多的篇幅留给了模型原理介绍。这些刻意隐去的内容包括但不限于以下内容。

- 特性工程与数据预处理技术；
- 过拟合与应对方案（L1 与 L2 正则、Dropout 等）；
- 模型求解算法（求解析解法、梯度下降法、牛顿和拟牛顿法、EM 算法等）。

有需要深入了解的读者可以参考其他技术类书籍。

如何阅读本书

本书逻辑上分为三部分。

第一部分为概览篇（第 1~2 章）：这部分从当下技术与市场环境变化的角度出发，介绍一个正在逐渐火热的职位——策略产品经理，并简单讨论这一职位的本质，以及其与常规产品经理在工作内容、职责和能力等方面的差异。

第二部分为方法篇（第 3~8 章）：其中，第 3~6 章介绍了策略产品经理两个最常用的方法论——函数方法论与经济学方法论，并配有一些案例的简单分析与解决方案的演进；第 7~8 章沿着函数方法论的脉络，介绍一些常见的机器学习模型，以及一些前沿技术对策略产品经理工作的影响。

第三部分为能力篇（第 9~12 章）：第 9~11 章对第 2 章提到的一些能力项做进一步的讲解与阐述，包括数据分析能力、沟通能力、项目管理能力及判断能力；第 12 章介绍拥有不同工作背景的人转型策略产品经理的优劣势，这一章还针对组建策略团队给出了一些建议。对于这部分内容，大家可以根据自己的情况选择阅读。

2020 年，针对产品经理的常识性教育已普及，用户体验、需求等概念早已深入人心；另外，新时代的来临让产品经理需要涉猎的内容更加广泛和深入，无论是业务（如搜索、推荐、广告等）还是能力（如数据分析等），每一块内容都很多，都足以单独成书。因此，本书选择迭代式地从一些行业与场景的新变化角度切入，通过模型将这些内容串联起来，以此讲述产品经理的未来。

勘误与支持

由于作者的水平有限，编写时间仓促，书中难免会出现一些错误或者不准确的地方，恳请读者批评指正。如果读者发现书中的错误，或有更多的宝贵意见，也欢迎发送邮件至 214399230@qq.com，期待能够得到你们的真挚反馈。

同时，你也可以关注我的微信公众号"青十五"（ID：qingshiwu365），书中提到的参考资料，包括脚注中的网页链接，都会打包后在个人公众号中提供给大家。

青十五

目录

前言

概览篇

第 1 章　智能化时代下的产品经理

　　1.1　当下的技术和市场环境　　　　　　　　　　　　002
　　　　1.1.1　技术升级带来的新变化　　　　　　　　　002
　　　　1.1.2　用户和市场的趋势走向　　　　　　　　　006
　　1.2　双拐点来临，常规产品经理如何转型　　　　　　009
　　1.3　智能化时代催生了策略产品经理　　　　　　　　012
　　　　1.3.1　最早的策略产品经理招聘信息　　　　　　012
　　　　1.3.2　常规产品思维和策略产品思维　　　　　　014

第 2 章　策略产品经理到底是什么

　　2.1　策略产品经理的本质　　　　　　　　　　　　　017
　　　　2.1.1　基于方法的命名　　　　　　　　　　　　017
　　　　2.1.2　基于目标的命名　　　　　　　　　　　　019
　　　　2.1.3　基于场景的命名　　　　　　　　　　　　021
　　　　2.1.4　小结　　　　　　　　　　　　　　　　　023
　　2.2　策略产品经理职责剖析　　　　　　　　　　　　024
　　2.3　策略产品经理能力剖析　　　　　　　　　　　　026

方法篇

第 3 章　策略产品经理必备的函数方法论

3.1　业务函数的定义与拆解 　　031
3.1.1　业务函数的定义 　　031
3.1.2　业务函数的拆解 　　032

3.2　函数方法论框架 　　036
3.2.1　产品策略与函数方法论 3+1 要素 　　036
3.2.2　一个简单的案例——图片验证码识别 　　041

3.3　常见的基准策略 　　044
3.3.1　热门排行策略 　　045
3.3.2　最近行为策略 　　047
3.3.3　基于业务规则的基准策略 　　048

第 4 章　函数方法论三要素详解

4.1　三要素之样本 　　051
4.1.1　样本选取的原则 　　051
4.1.2　样本获取的方法 　　053

4.2　三要素之特征 　　060
4.2.1　特征选择的原则 　　061
4.2.2　特征选择的方法 　　062

4.3　三要素之评估 　　070
4.3.1　评估前的样本切分 　　070
4.3.2　常见的评估方法 　　072

第 5 章　基于函数方法论的业务策略分析

5.1　一个简单的案例——营销投放的策略分析 　　080
5.1.1　营销投放的三大流派 　　080
5.1.2　RFM 模型与营销投放策略 　　082

5.2　三大应用场景之搜索业务的策略分析 　　086
5.2.1　搜索系统的演进 　　086

	5.2.2 搜索系统的策略分析	088
5.3	三大应用场景之推荐业务的策略分析	094
	5.3.1 推荐系统的演进	094
	5.3.2 推荐系统的策略分析	098
5.4	三大应用场景之广告业务的策略分析	103
	5.4.1 广告系统的演进	103
	5.4.2 广告系统的策略分析	110
5.5	三大应用场景小结	117
	5.5.1 三大应用场景的关系、共性与差异	117
	5.5.2 殊途同归：召回-排序架构	120

第6章 策略产品经理必备的经济学方法论

6.1	几个重要的经济学概念	122
	6.1.1 理性人假设、偏好与效用函数	122
	6.1.2 成本、收益与边际	124
	6.1.3 博弈论与拍卖	126
6.2	基于经济学的业务策略分析	129
	6.2.1 定价问题的策略	129
	6.2.2 匹配（调度）问题的策略	134
6.3	经济学方法论与函数方法论	140
	6.3.1 定价问题：Airbnb 动态定价策略	140
	6.3.2 匹配（调度）问题：美团骑手派单策略	146
	6.3.3 两种方法论的共性与差异	151
6.4	经济学前沿：未来会是怎样的	153

第7章 聚焦现在：机器学习模型解析与在业务中的应用

7.1	机器学习的本质	157
7.2	常见基本模型	161
	7.2.1 决策树	162
	7.2.2 K-近邻	168
	7.2.3 支持向量机	171

7.2.4	朴素贝叶斯和高斯判别分析	174
7.2.5	逻辑回归	178
7.2.6	基本模型小结	183

7.3 从业务问题到模型 184
7.3.1 群体的智慧：国际机票联程推荐 184
7.3.2 车牌的秘密：车险营销策略 188

7.4 三大应用场景经典模型 193
7.4.1 搜索系统的经典模型 193
7.4.2 推荐系统的经典模型 196
7.4.3 广告系统的经典模型 201

7.5 常见模型融合 204

第8章 放眼未来：深度学习模型解析与影响

8.1 从感知机到深度学习 208
8.1.1 感知机与神经网络 209
8.1.2 深度学习与人工智能发展史 214
8.1.3 深度学习爆发的三个条件 217

8.2 深度学习与函数方法论三要素 221
8.2.1 自编码器与特征 221
8.2.2 迁移学习与样本 223
8.2.3 多任务学习与评估 226

能力篇

第9章 数据分析能力要点解析

9.1 从数据源获取数据 231
9.1.1 数据流简介 231
9.1.2 数据工具 232

9.2 从数据到事实：三种常用挖掘方法 235
9.2.1 对比 236
9.2.2 细分 236
9.2.3 溯源 237

9.3 从事实到观点：多种典型逻辑论证方法   238
    9.3.1 例证法   239
    9.3.2 选言证法   240
    9.3.3 归谬法   241
    9.3.4 多种论证方法的组合   241

9.4 从观点到方案：两大决策结果验证步骤   243
    9.4.1 评估与实验指标设计   243
    9.4.2 设计实验方案与 A/B 测试   246

第10章 沟通与项目管理能力的模型解析

10.1 什么是沟通模型   253
    10.1.1 Shannon-Weaver 模型   253
    10.1.2 沟通信道与编解码模型   255

10.2 如何高效达到沟通目的   259
    10.2.1 一个风控经理的烦恼   259
    10.2.2 一类实用的沟通方法：利益沟通法   262

10.3 项目管理的模型分析   264
    10.3.1 项目管理的不可能三角   264
    10.3.2 项目管理模型   266

第11章 策略类产品的价值、迭代路径与壁垒

11.1 产品价值的主要来源   270
    11.1.1 效用差   271
    11.1.2 效率差   273

11.2 策略类产品的效率差与迭代路径   275
    11.2.1 从"人工"智能到"人工智能"   275
    11.2.2 寻找"待采摘的花生地"：策略产品迭代的方法论   277

11.3 用效率差构建产品的壁垒   278
    11.3.1 样本优势："高频打低频"的另一个真相   279
    11.3.2 样本优势与效率壁垒   281

第 12 章　职业路径与团队组建

12.1　从不同职位到策略产品经理　283
12.1.1　从常规产品经理到策略产品经理　283
12.1.2　从算法工程师到策略产品经理　287
12.1.3　从数据分析师到策略产品经理　291
12.2　管理模型与策略团队组建　294
12.2.1　一个运营团队的变迁：从运营后台的演进路线说起　294
12.2.2　管理模型：管理解耦与能力抽象　298

后记与致谢

概览篇

第 1 章
智能化时代下的产品经理

从 2010 年到 2020 年,我们看到了这样的现象:一方面,互联网各头部企业纷纷合并,红利不在,市场逐渐进入存量竞争时代;另一方面,人工智能技术日益成熟,企业面对不断上涨的人力成本,用智能化系统代替人工成为新的突破口。

在这样的时代背景下,产品经理这一岗位又将迎来怎样的挑战和机遇?

1.1 当下的技术和市场环境

1.1.1 技术升级带来的新变化

AI 技术突飞猛进,技术拐点已现。

自进入 21 世纪以来,尤其是最近十年,有赖于算力的大幅提升和数据的爆炸式增长,以深度学习为代表的人工智能技术迎来了突飞猛进的发展。

与过去传统机器学习方法带来的渐进式改进不同,这一次深度学习技术的突破式发展,让 AI 开始在计算机视觉、完全信息博弈、语音识别、自然语言处理等多个领域逼近甚至超越普通人达到专家水平。

1. 计算机视觉

2012 年,"深度学习之父" Geofrey Hinton 教授所带领的深度学习小组在 ImageNet[一]的图片分类比赛 LSVRC 中因为提出卷积神经网络 AlexNet,以压倒性的优势完胜其他参赛团队[二],这在 CV(Computer Vision,计算机视觉)领域引起了轰动,开启了深度学习新的篇章。

2015 年,来自微软亚洲研究院的模型 ResNet 获得了当年 LSVRC 比赛的冠军[三],并把分类识别错误率优化到 3.57%,低于人类 5.1% 的识别错误率,这标志着 AI 在图片分类识别这一任务上超越了人类。

2. 完全信息博弈

2016 年 3 月,Google DeepMind 研发的人工智能围棋软件 AlphaGo 挑战世界冠军——韩国职业棋手李世石九段,最终以 4∶1 的成绩获胜;2016 年 12 月底,AlphaGo 的升级版 Master,分别在弈城和野狐围棋中连胜 60 位世界顶尖职业棋手;2017 年 5 月,AlphaGo 在与当时世界排名第一的中国职业棋手柯洁的三番棋中,最终以 3∶0 的成绩战胜对手;2017 年 10 月,DeepMind 在 *Nature* 中发表了一篇文章,公布了不同于过去所有 AlphaGo 的版本——AlphaGo Zero[四],在这一版本的系统中没有输入任何人类过往的棋谱,而是从零开始通过一些围棋规则和围棋知识对系统进行训练,经过 25 天的训练后其水平超越了过去所有的 AlphaGo 版本,如图 1-1 所示。

AlphaGo 系列在 19 路盘围棋上对战人类顶级选手的全面胜利,标志着完全信息博弈问题的桂冠被 AI 摘取。

3. 语音识别

2016 年 9 月,微软研究院宣布在 Switchboard 语音识别(Speech Recognition,SR)测试任务上刷新纪录,错误率降到 5.9%,达到普通人类水平。

[一] ImageNet 包括 1400 万张图片及其分类信息,是计算机视觉领域公认的大型数据集。
[二] http://image-net.org/challenges/LSVRC/2012/results。
[三] http://image-net.org/challenges/LSVRC/2015/results。
[四] https://deepmind.com/blog/article/alphago-zero-starting-scratch。

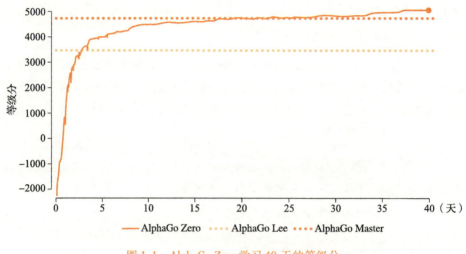

图 1-1　AlphaGo Zero 学习 40 天的等级分

2017 年 8 月，微软研究院再次宣布在语音识别领域取得重大突破，其基于 Switchboard 语料库的语音识别任务将错误率降到 5.1%，首次达到人类专业速记员的水平。

Switchboard 是一个电话通话录音语料库，用作语音识别系统的基准，自 20 世纪 90 年代以来一直被语音识别研究人员用来测试语音识别模型效果。

4. 自然语言处理

2018 年 1 月，微软研究院在斯坦福大学发起的 SQuAD（Stanford Question Answering Dataset，斯坦福问答数据集）测试中，提交的 R-NET 模型在 EM 指标（Exact Match，预测答案和真实答案完全匹配）上获得了 82.650 的成绩，超过了人类 82.304 的成绩，这是智能机器首次在阅读理解能力上超越人类。

2018 年 10 月，Google 团队发布了 NLP（Natural Language Process，自然语言处理）领域的标志性模型 BERT（Bidirectional Encoder Representations from Transformers）[1]，该模型横扫了 11 种不同的 NLP 测试，并在 SQuAD 测试中的 EM 和 F1 两个指标上全面超越了人类，震撼了当时整个自然语言处理学界。

---

[1] https://arxiv.org/abs/1810.04805。

SQuAD 测试是行业公认的机器阅读理解方面的顶级水平测试，相当于机器阅读理解领域的 ImageNet，如图 1-2 所示。R-NET 和 BERT 模型的出现，意味着在 NLP 领域 AI 开始接近甚至超越人类水平，可以说其开启了 NLP 的新篇章。

SQuAD1.1 Leaderboard			
排名	模型	EM	F1
	Human Performance Stanford University (Rajpurkar et al. '16)	82.304	91.221
1 2018.10.5	BERT (ensemble) Google AI Language https://arxiv.org/abs/1810.04805	82.433	93.160
2 2018.9.9	NLnet (ensemble) Microsoft Research Asia	85.356	91.202
3 2018.7.11	QANet (ensemble) Google Brain & CMU	84.454	90.490

图 1-2　SQuAD 测试结果

AI 在应用领域的多点开花，正式宣布了 AI 时代的来临，同时也意味着我们将面临更多由技术升级带来的拐点。

我们知道，机器学习的资源-效果曲线如图 1-3 所示。

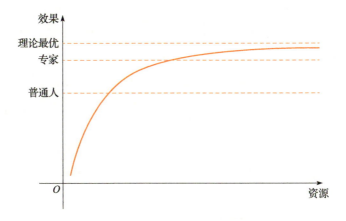

图 1-3　机器学习的资源-效果曲线

图 1-3 中，横轴为算力、样本数据、时间等资源，纵轴为准确率等效果，这个曲线服从边际效用递减逻辑，即资源投入越多，同等资源追加投入带来的效果提升越小。

从商业逻辑的角度来讲，随着资源的线性投入，在收益上可以看到一个从量变到质变的过程：AI 在达到普通人的水平以前，只会起到辅助作用，这时以人为主的生产力本质还没有发生改变；当 AI 超过普通人的水平后，意味着一部分人的工作开始被机器取代，这时 AI 的商业价值开始突显；随着 AI 水平的继续提升，一旦突破人类专家水平这个拐点，就意味着在一些特定甚至更加全面的应用场景下，可以完全代替人力。由于机器存在天然的并发优势，这时边际成本有望降低到接近于零，实现理论上的无限扩张。当 AI 水平超越人类专家时，也许会出现从未出现过的业务模式或商业模式。

因此，我们会看到，越来越多的企业将 AI 技术的研究与应用列入战略发展规划，希望借助 AI 的力量来提升业务运行效率，降低企业运营成本，甚至是借助这一技术在商业上实现弯道超车，抢占市场份额。

1.1.2 用户和市场的趋势走向

增量市场转为存量市场，市场拐点来临。

QuestMobile⊖发布的数据报告显示，中国移动互联网月度活跃用户在 2019 年上半年达到了 11.38 亿的峰值并一路维持，同比增长率也从 2018 年的 6.2% 一路下滑到 1.3%，呈现出活跃用户新增放缓甚至停滞的态势，如图 1-4 所示。另一方面，月人均单日使用时长稳定在近 6 小时，同比增长率从 2018 年年底的 22.6% 下降到 7% 左右，活跃用户和使用时长双双进入拐点，如图 1-5 所示。

另一方面，自 2015 年起中国互联网掀起了一波又一波的行业巨头合并潮。

- 2015 年 4 月，分类信息领域头部的两家公司 58 同城和赶集网正式宣布合并，在资本层面两家将组成新的公司——58 赶集有限公司。

⊖ QuestMobile（北京贵士信息科技有限公司）成立于 2014 年，是一家移动互联网数据公司，前身为包括清华大学、中国人民大学、北京邮电大学、美国北卡莱罗纳大学在内的多所高校联合成立的"高校科研项目组"。

图 1-4　QuestMobile 中国移动互联网月活跃用户数据（2019.10）
来源：QuestMobile TRUTH 中国移动互联网数据库 2019 年 9 月

图 1-5　QuestMobile 中国移动互联网用户月人均单日使用时长（2019.10）
来源：QuestMobile TRUTH 中国移动互联网数据库 2019 年 9 月

❑ 2015 年 10 月 8 日，本地生活服务领域迎来巨变，美团与大众点评宣布合并，合并后品牌变为美团点评，同时保留各自品牌，业务也保持独立运营。

❑ 2015 年 10 月 26 日，携程与去哪儿网宣布合并，结束了长达两年的价格战内耗，至此包括同程、艺龙、途牛、去哪儿网这些在线旅游业的头部玩家背后的投资方都有了携程的身影。

❑ 2016 年 8 月，滴滴宣布与 Uber 中国合并，结束了在线网约车行业多年的补贴大战；在此之前的 2015 年情人节，滴滴与快的宣布战略合并。

❑ 2017 年 8 月，饿了么宣布收购百度外卖，百度外卖正式更名为"饿了么星选"，至此线上外卖市场形成美团外卖、饿了么双寡头格局。

- 2018年4月，阿里巴巴集团宣布收购饿了么；同年10月，阿里宣布成立本地生活服务公司——由饿了么和口碑合并组成，与美团正式形成本地生活服务的对抗格局。
- 2019年9月，阿里巴巴集团斥资20亿美元完成对网易考拉的收购。加上已有的天猫国际，阿里巴巴集团在跨境电商领域已占有50%以上的市场份额。

用户新增速度放缓，市场头部玩家合并，各种迹象表明中国互联网已经开始进入存量市场。存量市场对企业提出的要求如下。

- **更关注投放获客环节的ROI与优化策略**：一个竞争充分的市场，获客成本基本遵循图1-6所示的曲线，即企业经历了从市场早期的红利期到竞争最激烈的竞争期，再到市场头部企业开始合并的合并期，最后到获客成本趋稳的存量期这一整个过程后，企业开始进入精细化获客的阶段。

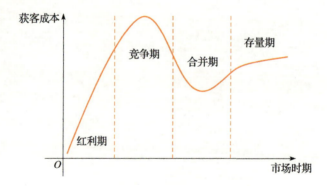

图1-6 市场时期-获客成本曲线

- **更关注产品内部各环节转化率的提升**：获客成本高，意味着企业需要进一步通过对用户体验的优化来提升留存率、活跃度、各环节转化率等核心业务指标，以及提升ROI、复购率等各项核心商业指标。
- **更关注技术、AI带来的运营成本优化**：通过研发等固定成本，企业可以在越来越多的业务场景中用机器逐渐代替人工完成执行和决策，以降低人力运营成本；同时有机会突破技术拐点，把边际成本降到零或接近零，支持业务扩张，希望击败竞争对手。

1.2 双拐点来临，常规产品经理如何转型

产品经理的出现最早可以追溯到 1931 年，时任宝洁公司广告部门初级主管，后成为宝洁公司总裁的 Neil H. McElroy，当时负责新品牌佳美香皂的营销推广工作。虽然当时宝洁公司投入了大量的人力和广告资源，但佳美香皂的销量一直不佳。导致这一结果的原因一方面是佳美香皂与宝洁公司已有的象牙香皂过于相似，缺乏差异性定位；另一方面是当时的宝洁公司实行传统的职能管理制度，营销活动过于分散，缺乏统一协调。为此，Neil H. McElroy 向公司提交了一份 3 页的备忘录，备忘录中首次提出了品牌经理（Brand Manager）这一岗位。品牌经理不仅要对最终的结果负责，还要全面负责产品分析、产品定位与广告投放，驱动产品设计与营销管理。

品牌经理这一岗位也成为互联网与移动互联网产品经理的前身，后者沿袭了品牌经理为结果负责这一特点，并根据不同公司的团队建制与分工情况，或多或少地开始承担下面这些工作：在调研期对用户、需求、竞品等进行一系列调研和分析工作，在设计期进行交互、视觉、逻辑等产品设计工作，在开发期进行项目管理、沟通协作、质量控制等方面的协调工作，以及在运营期针对增长、营销、反馈收集等进行运营工作，如图 1-7 所示。

图 1-7 互联网产品的工作内容

技术与市场双拐点的来临，对产品经理提出了更多要求。

❏ **在产品上，竞争从可见的感性维度延伸到不可见的理性维度**。随着互联网和移动互联网的发展以及各市场的逐渐饱和，用户对各类应用的交互、

信息呈现形式等感性设计逐渐形成稳定的预期。像移动互联网早期通过 Path 2.0 这样耳目一新的交互吸引大量用户的案例越来越少，更多的是通过类似外卖行业的配送效率、在线网约车行业的供需匹配效率这类核心竞争力影响用户的去留。

☐ **在能力上，智能化时代的产品经理要懂 AI、懂数据**。过去要求产品经理能够独立进行原型设计、完成产品 PRD 文档并具备一定的沟通能力和项目管理能力。如今这些能力已经成为产品经理的基本功，时代的变化让懂 AI、懂数据的产品经理更加受欢迎。同时，这些能力也将逐渐变成新时代的全民基本常识，比如在中小学教育阶段开设 AI、Python 等普及课程成为新的趋势㊀。

☐ **在思维上，要求产品经理从过去的补丁思维逐渐转变到模型思维**。所谓的"补丁思维"，指的是不断地发现问题—分析问题—提出针对性解决办法的打补丁的过程，在研发过程中体现为一个又一个的**分支**或**流程**；而模型思维则要求产品经理从一开始就对业务问题进行系统性理解与建模，具备一定的前瞻性眼光，或者从更本质的方向去解决问题。

这种思维转变为趋势的原因如下。

一方面是产品的逻辑与要素越来越复杂，例如千人千面等要求本身在产品设计上就无法用补丁思维来解决，所以从成本上看，补丁思维带来的开发与测试成本呈指数级增加。每一个要素的新增或新的逻辑分支的引入，都有可能对过去的分支产生影响，成倍地增加开发兼容或回归测试成本。

另一方面，从收益上讲，与补丁思维带来的离散式提升相比，激烈竞争下的企业更倾向于寻求模型思维带来的连续式提升以达到收益的最大化。用一个简单的例子来解释，对于一些存在有效期的商品（如生鲜、机票、民宿等），随着有效期的临近，如果一开始定价过高，商品就容易滞销。此时，我们可以采用一个简单的逻辑为固定价格打一个补丁。当商品发布到中期和末期，依次对商品进行降价，以期达到商品销售量最大化的目的。定价函数如下：

㊀ 2017 年 7 月，国务院印发的《新一代人工智能发展规划》明确要求实施全民智能教育项目，在中小学阶段设置人工智能相关课程，逐步推广编程教育。

$$f_{价格}(商品发布时间) = \begin{cases} P, & 早期 \\ P - P_0, & 中期 \\ P - P_0 - P_1, & 末期 \end{cases}$$

其中，P 为商品发布时期的价格，P_0 和 P_1 分别为商品发布中期和末期的降价幅度。

这样的定价策略即常见的**撇脂定价策略**。可以看到，该定价策略本质上是将价格定义为关于时间的函数。另一方面，如果每个价格下都有能够接受这一价格的客户，且这部分销量随时间呈线性增长，那么可以构建一个随时间不断降价的**动态定价策略**，用线性模型描述最佳定价和商品发布时间的关系：

$$g_{价格}(商品发布时间) = \alpha - \beta \times 商品发布时间$$

最终，我们会看到不同定价策略下的收益，如图1-8所示。

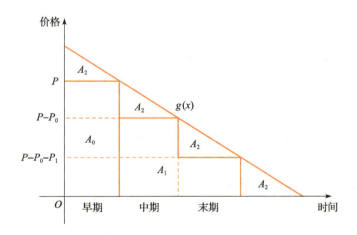

图1-8 不同定价策略下的收益示意图

对于固定价格策略，我们可以获得的收益为 A_0 部分，应用这种策略只能在商品发布早期售出产品；采用撇脂定价策略（基于时间分段函数的补丁策略）后，通过两次降价延长了销售期，可以获得的收益扩大到 $(A_0 + A_1)$ 部分；采用更精细化的动态定价策略后，所有的客户都以其能接受的最大价格成交，因此可以获得的收益为 $(A_0 + A_1 + A_2)^{\ominus}$。

当然，这里介绍的是一个比较理想的例子，实际场景中价格与时间往往是非线性关系（如机票临近售罄时反而可能涨价），影响价格的因素也未必只有时间（还有库存、供需、竞品价格等）。更加复杂的定价策略将在第 6 章继续讨论。

1.3 智能化时代催生了策略产品经理

在智能化时代，在技术和市场环境中，具有模型思维、懂 AI、懂数据的**策略产品经理**开始进入大家的视野，并逐渐火热起来。

1.3.1 最早的策略产品经理招聘信息

我们可以追溯到的最早的策略产品经理职位来自腾讯广点通，其于 2011 年 6 月$^{\ominus}$在新浪博客发布一篇博客$^{\ominus}$，其中提到的职位和现在市场上的策略产品经理差异不大。

（1）职位描述

- 负责搜索广告平台**机制**、**策略的分析和设计**，进行市场和竞品分析、制定产品规划、设计产品策略、升级产品组合、落实项目实施等。
- 负责广告变现等算法的优化和研究，协助完成各项**策略分析和评估**工作。
- 负责与拍卖机制、广告策略相关的客户辅助工具的研究和设计。
- 负责在项目推进过程中涉及的跨部门**协调沟通**工作，协调各项资源以确保产品顺利研发。

（2）职位要求

- 本科或以上学历，具有**计算机**、**统计学**等理工科专业背景。

○ 可参考经济学中的完全价格歧视。
○ 值得一提的是，在 2011 年 6～7 月份进行团队组建后，同年 10 月，腾讯广点通进入线上测试阶段；2011 年 12 月，广点通正式发布上线。
○ http://blog.sina.com.cn/s/blog_539dc54b01017jbv.html。

- 有 2 年或以上工作经验，了解**数据分析、效果评估**方法。
- 以结果为导向，具有强烈的责任心、钻研精神和团队沟通能力。
- 深刻了解互联网行业，逻辑分析能力强，有机制设计、策略设计、商业系统设计相关经验者优先。
- 对市场/行业变化敏感，具有一定的行业趋势分析和规划能力。

同时，我也找到一份同一时期来自酷我音乐盒的常规产品经理职位招聘信息[一]，可以对比二者的异同。

（1）职位描述

- **用户研究**。通过各种形式的用户调研、用户行为数据分析、竞争产品跟踪，深入理解用户需求，洞悉用户心理，撰写需求策划档。
- **产品设计**。根据需求策划，完成符合用户体验的**产品原型**以及**交互设计**，撰写**需求设计文档**。
- **项目协调**。与相关研发、测试人员沟通，控制项目的开发进度，参与测试、上线等流程，保证产品的最终质量。

（2）职位要求

- **资深网民**。热爱互联网，对各类网站都有较深的理解，关注互联网业界的最新资讯，乐于尝试新网站和新技术。
- **擅长交互设计**。有一定的交互设计经验，熟练使用各种交互设计工具，作为核心人员参与过互联网产品设计。
- **逻辑性强**。对于数据有较强的敏感性，有数据分析的相关经验。
- **爱好音乐**。熟悉国内外主要音乐的相关服务，硬盘上至少保存 1GB 的音乐资源。

由上可以看到，作为产品经理细分，策略产品经理与其有共同之处。

- 认知上，需要对某个领域的业务和行业有较深的理解，或者有足够的学习能力和意愿去了解未知的业务和行业。

⊖ http://blog.sina.com.cn/s/blog_539dc54b0102drcg.html。

- 能力上，负责跨团队、跨部门沟通，需要有较好的沟通能力、项目协调与管理能力；同时逻辑清晰，有最基本的数据分析能力和数据敏感度。
- 最重要的是，作为产品或项目的负责人，产品经理需要对目标和最终的结果负责。

同时，作为产品经理在画像上更细化的分支，策略产品经理在一些具体的职责和能力上与产品经理会有差异。

- 与常规的产品经理要求的原型或交互设计能力相比，策略产品经理更强调策略设计方面的能力。以竞品调研为例，前者主要负责对竞品功能、流程与信息架构的调研，后者则负责对竞品背后策略机制的挖掘。
- 策略产品经理不仅要求有基本的数据分析能力，还需要对业务有建模能力，因此许多策略产品经理的职位会优先考虑有计算机、数学、经济学等专业背景或有建模经历的候选人。

1.3.2 常规产品思维和策略产品思维

我们可以通过同一问题的不同解决方案和思路来进一步理解常规产品思维和策略产品思维的差异。

1. 线下便利店库存管理

对于一些线下连锁便利店而言，库存管理是一件比较重要的工作，尤其是一些有效期较短的商品（如生鲜、奶制品等），如果备货过多容易发生商品过期滞销的问题，备货过少则有可能导致客户需要时店内缺货，从而影响销量。此外，便利店的库存管理工作还包括选品策略、滞销品促销策略等。这些问题如何解决？一般来说有以下两种方案。

- **常规产品解决方案**：在给店长提供的管理后台中增加一个采购功能，由每个店的店长根据个人经验以及过往的销售情况，预估次日或未来一周的商品需求，定期填写每种商品的采购需求并提交总部补货。
- **策略产品解决方案**：每个门店通过时令季节、过往销量、客户购买偏好等线索对各商品构建一个未来销量模型或函数，通过该模型或函数可做到系统自动预测销量和提前提交供货需求。

2. 文章质量评估

对于一些内容平台而言，需要对平台上的文章进行质量评估，这样不仅可给读者提供更好的内容，还可评估作者水平或根据文章质量情况激励作者。文章质量评估可以有如下两种方案。

- **常规产品解决方案**：在文章所在页面增加点赞、顶或踩的功能，让读者来表达观点；或者增加一星到五星的评分功能甚至多维的评分功能，让读者来打分。
- **策略产品解决方案**：构建一个模型或函数来综合评估文章的质量，评估的线索包括文章本身内容、读者阅读完成率、读者收藏量和分享量、评论正负面情况等方面。

在以上两个案例中，两种方案都能解决提出的问题，区别在于：

- 前一种常规的运营类或功能类解决方案能在一定程度上准确描述业务目标，是一类通用的解决方案，但这种方案运营成本或用户成本往往较高；
- 后一种策略类解决方案是策略产品经理及其团队需要思考的方案，这类方案可降低成本，但是需要对问题进行建模，这就对整个团队的技术能力、数据获取能力与数据分析能力提出一定的要求。

为了便于后续内容的理解和展开，这里从我个人理解的角度出发为策略产品经理这个职位做一个定义：**策略产品经理是将业务问题建模为业务函数，把握输入、输出、优化目标，推动策略在业务中应用并不断迭代，最终实现业务目标的负责人。**

在了解二者的工作思维差异之后，我们可以从薪资数据层面观察策略产品经理这一岗位当前的供需关系。从职友集⊖提供的薪资数据来看（见图1-9和图1-10），策略产品经理的薪资与常规的产品经理相比要高出30%以上，并且90%以上的策略产品经理薪资集中在20k~50k的高薪区间，并以30k~50k区间为主。从薪资情况来看，策略产品经理在整个人才市场呈现供不应求的态势。

⊖ https://www.jobui.com/trends/beijing/。

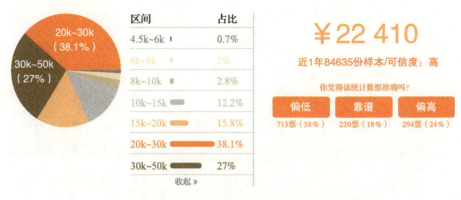

图1-9　北京产品经理薪资统计-职友集（2019.08）

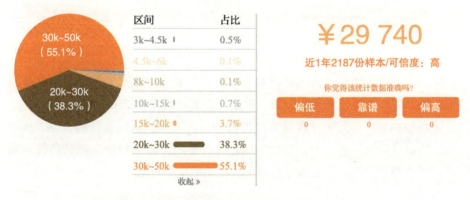

图1-10　北京策略产品经理薪资统计-职友集（2019.08）

可以预见，随着AI技术的快速发展与市场竞争的日益激烈，那些能够帮助企业实现AI技术的落地，在日趋激烈的竞争中实现业务增长与运营成本降低，在存量市场的大环境中找到突破口的策略产品经理将持续火热下去。

第 2 章
策略产品经理到底是什么

第 1 章介绍了策略产品经理和常规产品经理的异同,那么市面上都有哪些与策略相关的产品经理?这些产品经理为什么都被称为策略产品经理?它的职责和能力要求是什么?这一章将从这些问题出发对策略产品经理这一职位进行详细介绍。

2.1 策略产品经理的本质

在市面上我们会看到许多名称或者职责能力带"策略"二字的产品经理职位,根据工作方法、目标和场景的不同,可将这些产品经理职位的命名分为图 2-1 所示的几类。

下面依次来了解一下这些不同命名方法下的产品经理。

2.1.1 基于方法的命名

对于许多由数据驱动或 AI 驱动的业务中的产品经理来说,在工作过程中往往需要通过对业务数据的分析,以及借助技术团队提供的 AI 技术或算法解决业

图 2-1　与策略有关的产品经理分类

务问题。因此，招聘方有时会根据这些工作方法的侧重来命名和发布招聘职位，包括数据（策略）产品经理、AI（策略）产品经理和算法（策略）产品经理等。

其中，数据产品经理这一职位可按照数据是作为工作方法还是作为工作产出分别划分为两类：前者指的是将数据分析与建模作为<u>方法</u>的职位，这类职位属于我们讨论的策略产品经理的范畴；后者指的是将数据（或数据服务、数据应用等）作为<u>产出</u>（如数据平台、数据报表、第三方数据服务等）的职位，常见于企业中后台部门或专门的数据服务企业。由于离数据比较近，有些团队也会将这两类职责合并为一个职位进行招聘。

AI 产品经理与算法产品经理可以看作同一个职位，其大致可以分为三类：第一类来自正在寻找市场与产品匹配的企业，这些企业的 AI/算法产品经理更多时候扮演项目经理或售前产品经理的角色；第二类来自相对成熟的 AI 企业，产出物包括智能硬件、智能应用与服务、AI API、ToB/ToG 解决方案等；第三类来自已有成熟业务场景的企业，这类企业希望通过 AI 技术解决现有的业务问题或降低运营成本。后两类产品经理更加接近于我们讨论的策略产品经理的范畴。

总体来说，以工作方法命名的部分产品经理在工作过程中展现的数据分析能力、建模能力以及 AI/算法知识储备与素养，实际上就是策略产品经理能力画像中重要的组成部分。同时，需要指出的是，以方法命名的产品经理，在工作的过程中需要避免以方法为目标的误区，否则容易陷入拿着锤子到处找钉子的窘境。

2.1.2 基于目标的命名

从产品生命周期的角度来说，一个产品在度过最开始的市场产品验证期后，会依次进入高速增长期和商业变现期（见图 2-2），因此也有招聘方根据这两个时期的主要目标来定义产品经理的职责并发布对应的招聘职位：增长（策略）产品经理和商业（策略）产品经理。

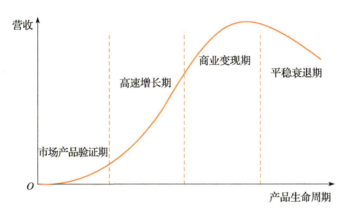

图 2-2　产品生命周期

其中，增长产品经理需要服务于用户增长、活跃度增长等目标，例如通过广告投放策略优化、降低获客成本，实现更有效的拉新；或者通过 App Push、EDM、短信等触达用户的通道，设计更有效的推送策略进行用户召回和激活等。在这个过程中，往往需要产品经理能够对用户按一定的画像或来源渠道等进行细分，并设计不同的策略来尽可能逼近增长的最优解。

而商业产品经理则需要服务于营收、利润等商业目标，通过广告、增值服务、佣金等常见商业模式的应用，实现商业目标最大化，同时兼顾与用户体验的平衡。在这个过程中，往往要求产品经理能够将商业目标进一步拆解成付费率、复购率、ARPU 等指标，并设计策略提升这些指标以求完成最终的商业目标。

如果说增长和商业两个目标的实现是拉动企业发展的两驾马车，那么风控目标的实现就是清除企业前进路上障碍的清道夫。

风控（策略）产品经理的主要目标是减少企业未来的潜在损失，损失的上限有可能高到影响企业的生存，因此无论产品处于哪个生命周期，风控目标都是一个需要持续关注的目标。如图2-3所示，风控产品经理的工作内容可以根据风险标的进一步分为两类。

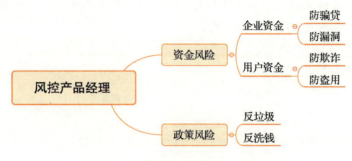

图2-3　风控产品经理的工作内容

1）**资金风险**，可以分为企业资金风险和用户资金风险，其中企业资金风险包括防骗贷和防漏洞。

- **防骗贷**：如金融贷款或授信类产品怎样识别潜在的骗贷用户，以及对所有用户进行信用评估并做出是否发放贷款、授信以及确定额度的决策，这类风险也是风控产品经理日常工作中会处理的最常见的风险之一。

- **防漏洞**（反作弊）：如在进行补贴、红包活动时与羊毛党的对抗，信用卡、授信类产品与套现党的对抗等。这些第三方通过规则中的漏洞获取不当利益的问题，对企业而言是非常重要的风控问题，如果处理不当也有可能给企业带来巨大的资金损失，甚至导致企业破产。

用户资金风险包括防欺诈和防盗用。

- **防欺诈**：如电商场景下的虚假商品、钓鱼商品等问题。
- **防盗用**：如账号被盗用、账户资金被盗取或信用卡被盗刷等问题。

通过资金流的走向能发现一些损害企业或用户利益的资金风险，在设计规避这类风险的策略时还应尽量降低对正常用户资金流产生的影响。

2）**政策风险**。随着法律法规的完善和互联网监管力度的加强，因违法违规导致产品整改甚至下架的情况越来越多,针对政策风险的控制需求也被各大互联网公司提上日程。

- **反垃圾**:如垃圾广告、色情内容、反动内容以及其他违法内容等,这是一些 UGC 内容平台或支持用户留言互动的平台进行风控的重中之重,尤其是对于规模比较大的平台而言,怎样利用技术与策略优化运营成本是一个具有挑战性的问题。
- **反洗钱**:主要涉及金融应用和平台的合规要求,可以说金融方面的合规要求一半以上与反洗钱有关。

增长、商业和风控,构成了策略产品经理工作过程中最终服务的主要目标。同时,在基于目标的定义体系下,这些产品经理的工作并不局限于使用狭义的产品策略来完成,只要是能够达成目标的工作方法都可以使用,包括市场合作、数据互换、营销资源互换等。

2.1.3 基于场景的命名

基于场景的命名是最常见的策略产品经理命名方法,其涉及的主要场景包括搜索、广告、推荐、调度等,这一定义下的产品经理往往需要对一个场景的业务进行全盘考虑和规划。

1. 搜索(策略)产品经理

搜索产品经理负责的业务场景既包括百度、Google 这类通用搜索引擎,也包括淘宝、知乎、美团等垂直应用内的搜索,是一个非常广泛的应用场景。

搜索产品经理面临的主要问题如下。

- 怎样根据用户的查询返回准确的搜索结果,对搜索结果进行排序,并把符合用户意图的搜索结果排在前面?
- 是否有办法提前预测用户的搜索意图?怎样进行搜索提示、纠错和消歧?
- 怎样判断网页等内容的质量?

2. 推荐(策略)产品经理

产品推荐大致可以分为内容推荐与商品推荐,前者包括图文资讯(如今日头条、腾讯新闻)、长短视频(如三大视频网站、抖音、快手)、音频(如 QQ

音乐、FM类应用）等应用的推荐系统，后者包括淘宝、京东、拼多多等各大电商首页推荐系统以及详情页推荐系统。

推荐产品经理面临的主要问题如下。

- 怎样解决冷启动的问题，包括业务从 0 到 1 时没有反馈数据的冷启动，以及新用户或新内容、商品的冷启动。
- 有哪些用户、内容或商品相关的线索能用来帮助提升推荐效果。
- 怎样评估和测试多种推荐方法的优劣。

3. 广告（策略）产品经理

广告业务和业态发展到现在比搜索和推荐复杂得多，但大体上来说依然可以分为三个角色：提供流量的一方，一般称为（流量）供给方（Supply Side）或流量主；需要流量的一方，一般称为（流量）需求方（Demand Side）或广告主；连接流量与广告的中间角色，一般为广告平台方。

作为广告产品经理，根据所在的业态角色的不同，将面临的问题也不同，主要有如下几个方面。

- **对于广告主**：怎样实现投放成本最小化，怎样识别作弊和虚假流量。
- **对于流量主**：怎样实现广告收入最大化。
- **对于广告平台**：怎样设计一个良好的策略或机制，能够在广告主投放成本最小化、流量主收入最大化、用户体验三者或者至少其中两者之间取得平衡。

4. 调度（策略）产品经理

这个场景下我们常把调度和匹配问题放在一起考虑，调度一般指时间与空间约束下的资源协调，匹配一般指市场供需双方的匹配，按企业掌握的市场参与方数量可以把常见场景进一步细分为图 2-4 所示的几类。

1) **单边市场调度**：这一场景中以电商供应链、物流配送企业为主，这类企业一般对市场供需双方中的需求一方影响力有限，因此大部分时候解决的是在需求一定的情况下，怎样在时效性和有限资源的约束条件下解决最优化调度的问题。

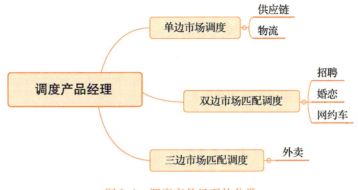

图 2-4　调度产品经理的分类

2）**双边市场匹配调度**：这一场景下，平台对市场供需双方都具备一定的影响力和控制力，调度（匹配）产品经理主要需要解决的是，在局部环境下出现供需不平衡情况时的最优匹配问题，例如婚恋、招聘等，都存在一定条件下的供不应求或供过于求的问题。还有一些场景不仅要考虑上述匹配问题，还要考虑在时间与空间约束下的调度问题，如网约车业务。

3）**三边市场匹配调度**：三边市场是最复杂的场景，典型的三边市场可以参考外卖业务平台（如美团、饿了么等平台），这些平台需要为用户、商户、骑手提供服务，同时解决用户需求与商户供给的匹配问题、外卖订单与骑手的匹配问题，以及骑手配送的调度问题。在设计解决这些问题的策略的过程当中，不仅需要考虑运营成本，还需要平衡三方利益。

2.1.4　小结

上面基于**方法**、**目标**和**场景**对市面上常见的与策略相关的产品经理进行了介绍，并对各产品经理的工作内容和面临的常见问题进行了简单阐述。

怎样理解策略产品经理与这些产品经理之间的关系呢？策略产品经理这一职位之于产品经理可以类比为研发工程师中的架构工程师。我们知道，研发工程师按语言可以分为 Java 工程师、Python 工程师、Go 工程师等，按模块可以分为前端工程师、后端工程师等，按业务可以分为搜索工程师、推荐工程师、广告工程师等，这些研发工程师在系统架构方面对能力与职能进行抽象即得到架构工程师。

用计算机语言来解释的话，策略产品经理本质上相当于一种产品经理的"接口"，如图 2-5 所示，即策略产品经理相当于对基于方法、目标、场景划分的三种产品经理的**共同的核心方法论与能力进行总结与抽象得到的新职位**。

因此，市面上可以看到的大部分与策略产品经理相关的职位描述（无论职位是否包括"策略"二字）中都会涉及一些相似的能力要求；另一方面，当招聘方的职位只有策略产品经理时，要么是在职位中省略了对场景、目标等方面

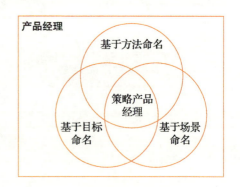

图 2-5　策略产品经理的本质——职位的抽象

的描述，要么意味着招聘方希望找到一位经验相对丰富的"通才"，并希望其能够在多个场景、目标等背景下完成任务。

实际上作为策略产品经理，无论具体职位是什么，本质上做的工作都是在具体的业务**场景**下，通过数据分析、借助技术团队提供的算法或 AI 能力等这些**方法**，最终实现增长、商业或风控等方面的**目标**，例如：

- 在推荐业务场景下，通过技术团队提供的推荐模型与算法，实现"提升活跃度"这一增长目标；
- 在调度业务场景下，通过对司机履行订单以及行为数据的分析，实现"防止司机刷单造成损失"这一风控目标；
- 在广告业务场景下，通过广告智能自动出价与投放策略等，实现"提升收入"这一商业目标。

2.2　策略产品经理职责剖析

在介绍策略产品经理的具体职责以前，我们先来看一个策略产品经理典型的工作流程，如图 2-6 所示。

图 2-6 中，阴影部分所示为与常规产品经理工作流相比，策略产品经理独有

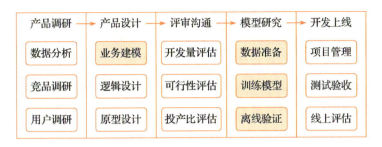

图 2-6 策略产品经理工作流

的工作内容。我们可以看到策略产品经理作为一种产品经理,大部分工作内容和职责两者还是相通的。完成从需求到产品的工作流程大体如下。

1)从产品需求池中提取和整理需求点,通过数据分析、竞品调研和用户调研等过程,对需求的背景和价值与需求方达成共识,经立项形成初步的产品需求 idea。

2)产品需求 idea 经原型和交互设计以及产品逻辑设计等过程,对实现需求的方法进行完善,形成初步的产品需求方案。

3)产品需求方案经与研发和测试团队沟通,进行开发量评估、可行性评估、投产比评估等评估过程,各方达成一致后该需求进入待开发队列。

4)待开发需求按优先级进行资源排期,成功分配到资源的需求经项目研发和管理、测试验收等过程,最终发布上线。

5)评估线上效果。

对策略产品经理独有的工作内容与职责说明如下。

1)**业务建模**:在产品设计阶段,策略产品经理需要定义业务的边界以及输入、输出,并用函数等模型语言描述业务,这部分工作决定了后续的模型研究工作的方向与执行方案。

2)**模型研究**:这个阶段的工作一般由数据工程师、算法工程师来完成,包括模型训练需要的样本数据的归集和准备、模型特征的提取、模型的训练以及离线验证和评估等。作为策略产品经理,需要在这个过程中协助工程师来完成这些工作。

需要补充的一点是,产品经理是一个**为业务目标负责的角色**,因此,如果团队建制不完备或团队其他成员能力不足，必要情况下需要产品经理补位以达到最终的目标和结果。例如在一些初创团队或探索性业务中，部分模型研究的工作可能需要策略产品经理提供一个最基本的模型方案，这也是一些招聘方在考察策略产品经理时会更偏好计算机、数学、统计背景的候选人，甚至要求有简单的代码编写能力的原因之一。

2.3 策略产品经理能力剖析

成熟的大公司在产品经理能力体系构建方面还是比较完备的。以腾讯产品经理能力模型为例，来看一下策略产品经理哪些能力需要重点关注⊖，如图2-7所示。

能力框架		能力项目	P1			P2			P3			P4			P5		
			1.1	1.2	1.3	2.1	2.2	2.3	3.1	3.2	3.3	4.1	4.2	4.3	5.1	5.2	5.3
通用能力	1	学习能力(基本素质)	1	2	3	3	4	4	4	5	5	5	5	5	5	5	5
	2	执行力(基本素质)	1	2	2	3	3	4	4	5	5	5	5	5	5	5	5
	3	沟通能力(基本素质)	1	2	2	3	3	3	4	4	5	5	5	5	5	5	5
专业知识	4	技术知识(关联知识)	0	1	1	2	2	2	3	3	4	4	4	5	5	5	5
	5	项目管理(关联知识)	0	1	1	2	2	3	3	3	4	4	4	4	5	5	5
	6	其他知识：教育、教育培训、财务、心理学、美学、办公技能等(关联知识)	0	1	1	1	2	2	3	3	3	4	4	4	5	5	5
专业技能	7	产品规划：版本计划/节奏(产品能力)	0	1	1	2	2	3	3	3	4	4	4	5	5	5	5
	8	专业设计能力/前瞻性(产品能力)	1	1	1	2	2	3	3	3	4	4	4	5	5	5	5
	9	市场分析能力/前瞻性(市场能力)	0	0	1	1	2	2	3	3	4	4	4	5	5	5	5
	10	对外商务沟通(BD/P3/P3)(市场能力)	0	0	0	0	0	1	1	2	2	3	3	3	4	4	5
	11	运营数据分析(运营能力)	0	0	1	1	2	2	3	3	3	4	4	4	5	5	5
	12	市场营销：品牌/公关/推广(运营能力)	0	0	0	0	1	1	2	2	3	3	3	4	4	4	5
	13	渠道管理(运营能力)	0	0	0	0	1	1	2	2	3	3	3	4	4	4	5
	14	市场/用户的调研与分析(客户导向)	1	1	2	2	3	3	3	4	4	4	5	5	5	5	5
组织影响力	15	方法论建设(领导力)	0	0	1	1	1	2	2	3	3	4	4	4	5	5	5
	16	知识传承(领导力)	0	0	1	1	2	2	3	3	3	4	4	4	5	5	5
	17	人才培养(领导力)	0	0	1	1	2	2	3	3	3	4	4	4	5	5	5

图2-7 腾讯产品经理能力模型

结合2.2节介绍的策略产品经理的工作流程，我们可以看到策略产品经理的大部分工作内容和常规产品经理是一致的，因此能力项方面并不会超出上面这个能力模型框架范围。在具体单个能力项方面，策略产品经理需要更关注以下几个方面。

1）由于在整个需求周期中，绝大多数时候策略产品经理都在和数据打交道，并在产品设计阶段需要额外完成业务建模这一过程来挖掘数据价值，所以

⊖ 2019年6月，腾讯发布内部邮件，对职级体系和能力项进行了调整更新，此处为原有能力职级体系。

全面的数据分析能力是策略产品经理应当具备的一个基本能力。

2) 与常规的产品流程不同,策略产品还有一个额外的模型研究的阶段。对于常规产品经理而言,这份工作一般属于工程类项目,例如某个功能页面的布局调整与逻辑优化。对于策略产品经理而言,这份工作属于研究类项目,例如通过推荐模型验证新增的某组用户特征是否能够提升推荐指标。这两类项目最大的区别如下。

- **结果的不确定性**:工程类项目拿到的需求往往都有明确的解决方案,而研究类项目有可能最终都无法得到能够显著提高指标的解决方案,尤其是在产品生命周期的中后期,线上的模型已经进入成熟运营阶段,额外资源的投入带来的指标边际提升变得越来越困难。
- **时间的不确定性**:结果不确定的同时也意味着,进行研究类项目的工程师的开发时间是不确定的,无法像工程类项目一样给出100%明确的开发周期和提测节点,甚至有可能这个路径最终无法验证成功,项目直接在这个阶段关停。

作为策略产品经理,在这个过程中一方面需要有一定的技术理解力和沟通技巧,以便与数据工程师、算法工程师、开发工程师等达成紧密的合作;另一方面由于策略类产品存在的两个不确定性,对策略产品经理在项目管理和产品价值判断、规划能力方面也提出了更高的要求。

以上简单介绍了策略产品经理的本质,以及与常规产品经理在工作内容、职责和能力等方面的差异,在接下来的部分我们将按下面的顺序组织本书内容。

- 第3~6章将介绍策略产品经理两个最常用的方法论:函数方法论与经济学方法论,并对一些案例进行简单分析。
- 第7章和第8章将基于函数方法论的脉络,介绍一些常见的机器学习模型以及一些前沿技术对策略产品经理工作内容的影响。
- 第9~11章将对上面提到的能力项进行进一步的讲解与阐述,包括数据分析能力、沟通能力、项目管理能力以及判断能力。
- 第12章将聊一聊不同背景的人转型策略产品经理的优劣势,并针对策略团队组建给出一些建议。

方法篇

第 3 章
策略产品经理必备的函数方法论

作为策略产品经理，在实际工作中会有很多问题需要解决。

- **推荐策略应该怎么设计？** 针对这一问题，我们可能会去看很多技术类文章或书籍，在这一过程中会面对一个又一个新的概念（例如协同过滤、User-Based、Item-Based 等），很容易就陷入其中无法自拔（尤其是没有技术背景的同学）。
- **推送策略应该怎么设计？** 一般情况下，我们需要考虑文案、推送时间、人群等因素，这些因素的优化思路是否有统一的方法？类似的场景还有短信推送、EDM 投递等。
- **搜索策略应该怎么设计？** 什么样的搜索结果可以被认为是"好"的结果？
- ……

我们发现，策略产品经理需要考虑的问题太多了，那么有没有一个思考框架能够把策略产品相关的工作内容都纳入其中？我们是否可以建立统一的方法论去理解策略产品的设计思路，而不是研究每个场景与问题的解决方案？

我根据自己多年来在这个方向上学习和工作（包括技术和非技术）时积

累的一些经验，总结了一个思维框架。本章就将这个框架介绍给大家，希望对各位读者（尤其是刚入门或准备入门的同学）在建立这类问题的初步分析能力时有所帮助。

3.1 业务函数的定义与拆解

3.1.1 业务函数的定义

回想一下我们在中学数学学习过的函数的定义，一个函数包括以下三要素：自变量 x、因变量 y 以及映射关系 $f: x \to y$。示例如图 3-1 所示。

我们称自变量 x 所有可能的取值组成的集合为**定义域**，称因变量 y 所有可能的取值组成的集合为**值域**；函数 f 有时可以写出解析式，有时可以更广义地看成是一个纯粹的从定义域到值域的映射关系。

自变量不一定只有一个变量 x，其可以是由多个变量组成的一个向量 x，对应的定义域即向量所在空间上的一个集合；因变量也可以是由多个变量组成的一个向量 y，大部分情况下我们可以将向量 y 中每个变量对应的多个函数独立看待，如图 3-2 所示。

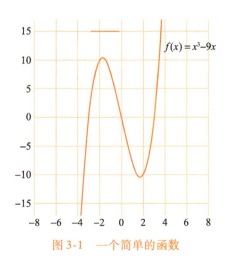

图 3-1 一个简单的函数

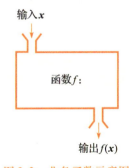

图 3-2 业务函数示意图

回顾完函数的定义，让我们回到业务问题中：当面临一个具体的业务场景时，首先需要做的是，对问题进行建模——定义**业务函数**，即用明确的函数语言描述业务输入（即自变量）与业务输出（即因变量）。

如何理解这个定义业务函数的建模过程？这里举几个例子。

- 推荐的业务场景中，当用户每次刷新或进入当前页面时，系统拥有所有的用户信息、产品或内容信息、场景上下文信息等（即业务输入），由此可以定义业务函数为 *f(用户，待推荐的产品/内容，场景上下文，…) = 是否推荐/推荐被接受的概率*（即业务输出）。有了这个业务输出，系统就可以按概率从大到小依次输出产品或内容作为每个用户的推荐列表。
- 推送的业务场景中，需要给一些特定画像的用户在某个时间推送一组特定的文案来召回用户，可以定义业务函数为：*f(用户画像，推送时间，推送文案，…) =是否推送/推送被点击的概率*（即业务输出）。有了这个业务输出，系统就可以根据这个概率选择被点击概率更高的一组结果进行推送。
- 搜索的业务场景中，用户会提交一个搜索关键词，并希望系统返回他们要查询的产品或内容，可以定义业务函数为：*f(搜索关键词，产品/内容，场景上下文，…) =是否为搜索结果/结果命中用户需求的概率*（即业务输出）。有了这个业务输出结果，系统就可以按满足用户需求的概率从大到小依次输出产品或内容作为最后的搜索结果。

函数的输入在定义业务函数时并不一定需要像数学公式一样描述得多么严谨，但需要尽可能地囊括业务中能够了解到的所有要素；函数的输出则需要尽可能量化，最好能够用是否或概率来描述（有时也用数值来描述，例如一些定价问题、预测问题）。

总之，定义业务函数是指从业务的角度描述输入、输出，把业务建模成定义域等于所有可能的要素组成的多维空间，值域等于 $\{0, 1\}$、$[0, 1]$ 或 R 的数学函数⊖。

3.1.2 业务函数的拆解

业务函数的业务输入和业务输出定义好之后，**这个业务函数 *f* 本身，就是我**

⊖ 这个数学函数定义好，其实同时已经帮助算法工程师和业务工程师做好了分工（函数体的实现方和调用方）。

们希望确定和输出的**产品策略**，需要设法解出函数的解析式或者映射关系来进行业务的落地。但是从上面的例子中会看到，有时这个业务函数非常"大"，大到看上去这是一个遥不可及的任务。因此有时我们需要对业务函数进行拆解，这里介绍两种拆解方法。

1. 横向拆解

第一种是横向拆解的方法，可以从业务输出入手，对业务函数进行拆解。以广告业务场景为例，用户的每一次访问或搜索，系统都有机会展示广告以获得广告收益，因此我们可以将广告收益 eCPM（effective Cost Per Mille，千次展示期望收益[1]）的业务函数[2]定义为如下形式：

$$eCPM = r(a, u, c)$$

这一公式表示了当用户 u 访问或搜索时，在上下文 c 情况下，系统展示广告 a 的期望收益。假如能够解出或预测出完整的函数 r，我们就可以在投放广告时展现收益最高的广告内容以获得最大的广告收益。

假设平台是按 CPC 出价结算（Cost Per Click，按点击计费）的，我们可以将 eCPM 进一步拆解为如下形式：

$$eCPM = CTR \cdot CPC = \mu(a,u,c) \cdot \nu(a,u,c)$$

上式将原本的 eCPM 拆解成了两个部分：CTR（Click Through Rate，点击率）和 CPC。前者指在用户 u、广告 a、上下文 c 的情况下，预测此次用户点击展现广告的可能性，这就涉及一个新的完整子问题——CTR 预估问题，其业务函数为 CTR = $\mu(a, u, c)$；后者意味着用户的这次点击能够给平台带来多少收益，这也是一个完整的子问题，其业务函数为 CPC = $\nu(a, u, c)$，具体的函数 ν 可以由广告主的出价与平台的竞价规则决定，也可以由广告主托管给的平台系统（如 oCPC）决定。

最终的业务函数拆解示意如图 3-3 所示。

---

[1] 为了表达简单，本书略去 1000 这一固定系数，下同。
[2] 本公式引自刘鹏和王超所著《计算广告（第 2 版）》一书第 26 页。

图 3-3　业务函数的横向拆解

2. 纵向拆解

第二种是纵向拆解的方法,即从业务输入和函数本身入手,对业务函数进行拆解。这里以语音助手、智能音箱应用场景为例。用户通过语音 v 进行输入,系统根据语音以及上下文 c 识别用户的真实意图并做出响应 a,例如发送短信、打开灯光、播报天气等。我们可以定义这个问题的业务函数如下:

$$p(a\,|\,v,c) = f(v,c,a)$$

在这个业务函数中,业务输入为用户语音 v、上下文 c 以及可能的响应 a,业务输出为这一响应符合用户预期的概率 p,假如能够解出或预测出完整的函数,我们就可以将概率最高的响应作为最终的系统响应反馈给用户。

这个任务看上去并没有什么头绪,我们尝试将业务函数进行拆解:对于用户语音 v,可以先将其转写(映射)为一段文本 t,然后系统通过对文本的理解做出响应。Siri 语音助手对"北京的天气"语音查询做出的响应如图 3-4 所示。

图 3-4　Siri 语音助手返回天气查询结果

由此引入一个新的子函数 g[⊖]用于描述这一语音 v 映射到文本 t 的过程:

$$g(v) = t$$

基于得到的文本 t,我们将问题转化为了根据这一文本 t、上下文 c,求解概

⊖ 上下文 c 有助于语音识别效果提升,此处可表达为 $g(v, c) = t$,为方便起见,这里简化了上下文 c,下同。

率最高的响应 a 的问题，继而定义新的业务函数 f' 为如下形式：

$$p(a|v,c) = f'(g(v),c,a) = f'(t,c,a)$$

这一业务函数的纵向拆解过程如图 3-5 所示。

我们还可以把上述从文本 t 到响应 a 的过程进一步拆解，事实上文本 t 可以进一步解析为语义 s。语义 s 可以是基于响应的一组形式化定义内容，例如多轮对话中的填槽结果，也可以是简单的词性标注，如图 3-6 所示。

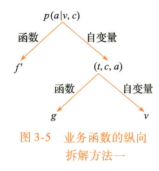

图 3-5 业务函数的纵向拆解方法一

图 3-6 百度 AI 开放平台对"北京的天气"词性标注结果

由此又引入了一个新的子函数 h：

$$h(t) = s$$

与之对应，新的业务函数 f'' 和拆解示意如图 3-7 所示。

$$p(a|v,c) = f''(h(g(v)),c,a) = f''(h(t),c,a) = f''(s,c,a)$$

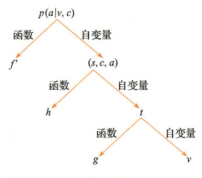

图 3-7 业务函数的纵向拆解方法二

最终拆解后的业务流程如图 3-8 所示。

图 3-8　纵向拆解后的流程

以上介绍了业务函数的定义与两种拆解方法：从业务输出入手的横向拆解法和从业务输入入手的纵向拆解法。无论哪种拆解方法，拆解后都能够带来显而易见的好处。

- 可以复用已有的成熟解决方案，这样便于初创团队或新业务启动。例如上面语音助手、智能音箱业务的纵向拆解例子，在业务启动时可以复用市场上已有的语音识别、语义识别解决方案（如百度 AI、科大讯飞等），把有限的研发资源集中到从语义 s 映射到响应 a 的问题中来。
- 便于团队组织与协作分工，例如上面广告业务的例子中，可以根据横向拆解结果将策略团队分为 CTR 预估团队与 CPC 竞价策略团队，各团队为统一目标 eCPM 负责的同时也为各自的目标负责。

3.2　函数方法论框架

3.2.1　产品策略与函数方法论 3＋1 要素

前面提到，当业务函数的定义域和值域定义好之后，这个业务函数本身就是我们希望确定和输出的产品策略。

理论上，当定义域和值域确定了之后，世界上有无限个函数可以符合要求，哪一个最好？怎样找到理想的那个业务函数？这时就是策略产品经理及其团队登场的时候了，他们需要明确最终的函数映射关系并应用到业务当中。这个过程中有三种方法。

1. 人工执行

策略明确的过程，我们可以选择由人工来执行。以风控业务为例，在信贷风控业务中，最早的形态是后台有一大批专门的风控人员，根据用户资料和申请的贷款产品进行人工审核；在内容风控业务中，也可以设置一个专门的内容审核团队来人工判断内容是否违规（如垃圾广告、色情、违法、反动等内容）。

如果用业务函数来描述，前者的业务函数可以定义为 f(用户，贷款产品）= 是否通过贷款审核，后者的业务函数可以定义为 f(内容，上下文）= 是否违规，风控专员在这里面扮演了一个人肉函数黑箱的角色，如图 3-9 所示。

图 3-9　人肉函数黑箱

当然，人工执行方法存在的问题也很明显。

- 人力成本高，一旦业务大规模扩张，这种较低效的方法难以支撑。
- 人工执行的标准不一，执行效果参差不齐，而统一标准又会带来额外的管理成本。
- 对于一些时效性要求较高的业务，例如直播、弹幕等，不可能都由人工来执行风控操作。
- 一些情况下需要这个业务函数具有一定的保密性，确保知情人控制在一定的范围内，如信贷风控业务，如果全部由人工来掌握业务函数，就会存在更大的泄密和内外串通的风险。

因此，更多时候我们考虑的是下面两种方法。

2. 基于统计样本的方法

回想一下我们在中学物理课上学过的经典力学，里面用一组函数描述了运动与力的模型，例如力与加速度、加速运动与位移的公式：

$$\begin{cases} F = ma \\ v = v_0 + at \\ s = v_0 t + \frac{1}{2} at^2 \end{cases}$$

真实的物理世界是复杂的，因此当我们试图用这些函数描述和解释这个世界的一部分物理现象之前，需要对其进行一些假设来简化模型。这些假设包括：物体零体积的质点假设、零风阻/零摩擦的真空光滑假设和满足动能守恒的完全弹性假设等。

与物理规律类似，人的行为在真实环境下同样复杂，甚至有过之而无不及。策略产品经理面对复杂的用户行为，试图构建模型并用一些函数来描述这些行为时，常常使用这样一种方法——基于大量对人或人群的假设，对真实世界的模型与参数进行一定简化，并结合一些观察到的样本的统计结果，定性或定量地解释和预测与人相关的一些经济行为和决策，例如用什么样的策略对商品定价、不同的定价策略对用户行为有哪些影响等。

最贴近这个方法的学科是微观经济学，我们会在第 6 章继续分析与阐述这方面的方法论。

3. 基于单个样本的方法

与基于统计样本的方法相比，最后一种方法将基于观察到的每个样本，即从单个样本的粒度入手对业务函数进行预测，也就是本节要引入的函数方法论。

这个方法论的组成要素都有哪些？对策略产品经理及其团队来说，他们需要明确的要素与对应过程如下。

- **样本**：寻找一组已知的输入、输出的业务函数的例子，我们称之为**样本（定义）**。样本可以是符合期望输出的例子（称为正样本），也可以是未符合期望输出的例子（称为负样本）。例如信贷风控业务中过去发生过信贷业务记录的用户（既包括违约用户也包括正常履约的用户）、商品推荐业务中所有展现给用户的商品（既包括用户最终点击了的商品也包括未点击的商品）等。
- **特征**：确认组成业务函数定义域的要素都有哪些并进行数学上的形式化表达，这些表达被称为**特征（工程）**。**特征**与**标签**[一]分别作为输入与输出，组成一个完整的样本，即业务函数 $f(X) = Y$ 中的 X 与 Y。常见特征

[一] 标签既包括 $Y \in \{0, 1\}$ 这种类别变量，也包括 $Y \in [0, 1]$ 这种数值变量。

包括用户的性别、移动设备的类型与归属地、商品的品牌与类别等一些相对静态的要素,以及用户过去一段时间的点击行为、设备的 GPS 坐标、商品的价格等一些相对动态的要素。

❑ **评估**:判断业务函数在多大程度上接近理论上的最优解,或者多大程度上接近需要达成的业务目标的函数,这个过程我们称之为**评估**(**函数**)。这一评估过程将在上述的样本中得到应用与验证。

策略产品经理的 3 + 1 要素示意如图 3-10 所示。

寻找理想业务函数(即策略)的过程如图 3-11 所示,需要在已知样本、特征、评估的情况下,从茫茫函数假设集 H 中找到一个业务函数 g,使得在用于验证的样本中评估函数最优(即最接近理想的业务函数 f),我们称这个要素与过程为模型(构建)与参数(推断),即**模型与算法**。

图 3-10 策略产品经理的 3 + 1 要素

这里提到了许多概念,包括**模型**(Model)、**算法**(Algorithm)、**参数**(Parameter)、**策略**(Strategy)等,比较容易混淆,在继续展开介绍之前再明确一下这些概念。

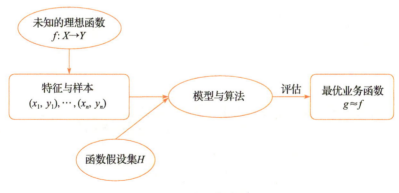

图 3-11 业务函数求解过程

❑ 我们所说的**策略即业务函数**,业务函数由模型与参数共同组成,前者是基于一定的假设在函数空间中框定的一类函数簇(如线性函数、二次函数、分段函数等),后者是在模型确认之后对函数的细节描述;某些技术类书籍[一]提到的策略实际上指的是本节提到的评估函数,但在产品的语境下"策略"一词有更广泛的含义,例如当我们说上线一个新的策略时,指的可以是新的模型、新的参数,或者二者皆有,而不是说要更换新的评估函数。

- 我们所说的**算法指的是推断参数的方法**,这是在机器学习过程中严格意义上的一种定义,而一般广义上提到的算法则包括了模型构建与参数推断的整个过程。为便于区分,后文中我们提到的算法一词均取严格意义上的定义。

样本、特征、评估+模型与算法,即函数方法论的 3 + 1 要素,之所以把模型与算法的部分单列出来,是因为策略产品经理在这个要素中参与最少,在产品成熟阶段下甚至不需要直接参与。

3 + 1 要素也可以用一个最优化公式来表达,如图 3-12 所示。

最后,我们讲一个小故事来解释它们之间的关系并回顾一下本小节。

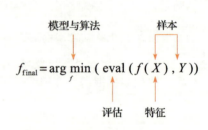

图 3-12　函数方法论的 3 + 1 要素

小明很喜欢吃辣子鸡丁这道菜,并且尝遍了京城饭馆所有的辣子鸡丁(**样本**),无论好吃与否。有一天他突发奇想打算自己开个中餐厅,要做最好吃的辣子鸡丁。

小明首先想到的方案是聘请了几位厨师来坐镇后厨(**人工执行**),开业后门庭若市,此时一些问题开始暴露出来:第一,客人常常爆满,几位大厨有点忙不过来了,但新招大厨的话需要时间,并且好的大厨工资也高;第二,几位大厨炒出来的辣子鸡丁口味不统一,客人反映有时候太咸,有时候又太淡;第三,时不时有厨师请假,这样一来后厨的压力就更大了。

对于小明这样的霸道总裁来说,这样的管理成本实在是太高了,小明希望能找一个机器来做这道菜,或者至少能完成其中一部分工序。

[一] 参见李航所著的《统计学习方法(第 2 版)》的第 16 页。

要做最好吃的辣子鸡丁，最重要的就是要有一个靠谱的菜谱（**策略**），但小明现在只是尝过一些辣子鸡丁，知道哪些好吃哪些不好吃（**样本**），知道这道菜里有鸡丁、干辣椒和花生米（**特征**），有一个评价辣子鸡丁是否好吃的标准（**评估**），对菜谱里最重要的两个部分——烹饪方法（**模型**）和每种原材料的用量（**参数**）却一无所知。

好在餐厅专营辣子鸡丁这道菜，假设之前厨师们烹饪水平比较接近的话，可以根据后厨的设备情况和油的用量认为烹饪方法主要为油炸，同时根据过去所有原材料的用量和售出的辣子鸡丁数量估算出每份辣子鸡丁大致的平均用量（**基于假设和统计样本的方法**）。

这时，店小二不知道从哪里找到一个据说是烹饪届最新的烹饪方法（**前沿模型**）——空气炸锅。于是小明决定和店小二一起用下面这种方法来还原菜谱中原材料的用量（**算法**）：由店小二从前面的平均用量开始，用空气炸锅不断地尝试做一道又一道的辣子鸡丁，然后由小明来品尝并判断是否达到好吃的标准，这个过程中如果辣椒少了就加辣椒，口味淡了就加盐，然后重新做一次再品尝（**基于每个样本的方法**）……经过不断试验，小明终于成功还原了一份还不错的原材料配方（**参数**）。同时，在这个过程中还尝试了全程用空气炸锅和先用空气炸锅炸鸡丁后回锅炒的两种烹饪方法（**模型优化**），也是各有优劣。

最终小明决定招一位工资要求不那么高的学徒并采购了多个空气炸锅，开始响应店里的一部分辣子鸡丁订单。虽然一开始味道不比大厨做得好，但胜在口味稳定和工序自动化后并发量高，一个学徒能支撑的订单量能顶得上至少5个大厨！

或许有一天，所有的厨师会都被空气炸锅替代了，谁知道呢……

3.2.2 一个简单的案例——图片验证码识别

我们从一个简单的案例——图片验证码识别开始，逐步介绍上文提到的函数方法论以及 3 + 1 要素。

图片验证码是网站用来区分真实用户与网络爬虫的方法，那么相应的，图片验证码识别的目的也就是爬虫为了伪装成真实用户实现数据抓取。

严格来说，这并不是策略产品经理经常面对的业务问题，因为大部分情况下这个问题都被爬虫工程师直接解决掉了，选择这个例子开始的原因是：第一，它的业务函数和 3+1 要素足够清晰且易理解；第二，它拥有一个最基本的样本闭环，而**样本闭环是一切策略产品的基础之一**。

接下来看一下如何从函数方法论的角度理解和剖析图片验证码识别问题。

1. 问题的业务函数

我们可以简单定义图片验证码识别问题的业务函数如下：

$$f(图片, 识别文本) = 是否一致 / 一致概率$$

这是一个定义域为 $\{(图片, 识别文本)\}$ 的业务函数，当这个业务函数被明确之后，对于每张输入的验证码图片，可以输出概率最高的文本作为最终的识别结果。为便于叙述，这里将其简化为函数：$f(图片) = 识别文本$。

2. 3+1 要素——评估

图片验证码识别问题，在业务上只有一个评估指标——**准确率**，准确率的高低决定了抓取效率的高低，50% 的准确率意味着平均消耗 2 次请求资源才可以拿到 1 次结果。

对准确率进行衡量，可以用下面的公式来表达：

$$\mathrm{eval}(f(一组图片), 一组正确的识别文本) = \frac{f(图片)为正确识别文本的数量}{图片数量}$$

3. 3+1 要素——特征

特征是指定义域的具体要素，就图片验证码这个例子而言特征是比较简单的，因为其特征都是**图片形式的数字**。特征可以是与图片相关的统计值，例如整个图片或某些区域的平均像素大小、统计直方图或者特定的算子（如 SIFT 或 HOG 等），也可以是组成图片的像素点值，例如某些特定的像素点或由所有像素点组成的向量。假如选择图片的所有像素点（假设图片尺寸为 $n \times m$）组成的向量作为特征，那么上述业务函数实际上就等价于 $f(M_{n \times m}) = 识别文本$。

4. 3+1 要素——样本

样本是指一组已知输入、输出的例子，在这个案例中，即 (图片, 识别文本）的结果对，如图 3-13 所示。

图 3-13　一组验证码图片与识别文本

对于这个问题，样本的获取方法首先是标注，即人工识别结果。还有一个重要的样本来源——反馈，当预测的结果在对线上新验证码进行验证并通过时，即获得了一个正样本，反之即为负样本。如图 3-14 所示，我们可以构建一个简单的反馈系统来源源不断地获取样本，也就是前面提到的样本闭环。

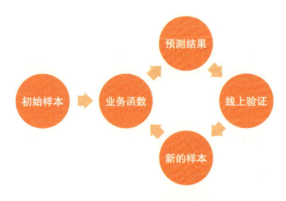

图 3-14　样本闭环示意图

通过这个样本闭环，我们可以在标注少量样本的基础上，上线一个简单的策略（业务函数），之后系统不断运行以获取越来越多的样本，通过模型训练继续提升准确率，以得到正反馈。

5. 3 +1 要素——模型与算法

前面提到过，策略产品经理在模型与算法这个要素中参与最少，一般情况下是在产品初创阶段参与设计 Baseline 策略。

Baseline 策略又称基准策略，是指在较低成本条件下使评估指标达到最低要求的策略。以四位数字验证码识别为例，最简单的基准策略是从任意四位数中随机猜一个，理论上应该能够达到万分之一的准确率，任何其他策略的表现都不应该低于这个基准策略；进一步，基准策略也可以基于一些像素点进行判断，例如对某个手写体图片验证码（见图3-15）按数字分割后，当中心区域像素点的平均密度低于某个数值时，我们认为这个特征异于其他的数字，此时可认为其为0（其他数字可以找类似的区域）。

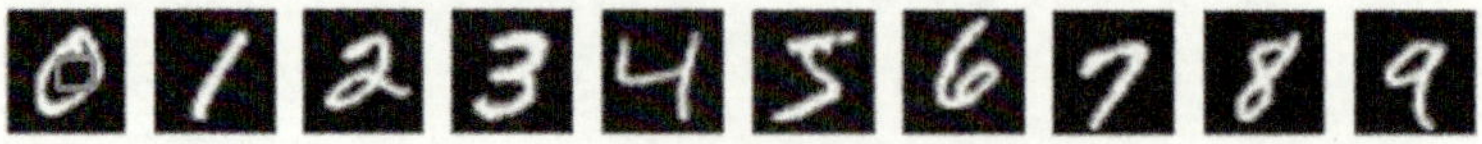

图3-15　手写体图片验证码基准策略

设计基准策略的目的是以最低成本快速上线一个可行的系统。当系统进入样本闭环阶段后，算法工程师可以根据不断累积的样本，迭代新的模型与算法继续提升准确率，例如一些基于传统CV方法或深度学习的模型，我们就不在这里展开了。

以上就是对一个最简单的图片验证码识别业务的策略案例剖析，那么作为策略产品经理在这个案例中，首先要做的是定义业务函数：

$$f(图片，识别文本) = 是否一致 / 一致概率$$

然后是3+1要素中的"参与"。

- **确定评估方法**：图片识别准确率。
- **获取样本**：标注一定的初始样本，设计获取样本的方案——样本闭环系统。
- **确定特征的范围**：图片的统计值或像素点值，具体的特征值设计可以请算法工程师共同参与。
- **提出基准策略方案**：后续模型与算法优化可以交给算法工程师完成。

最终与团队一起，通过不断提升准确率，实现业务目标——数据抓取。

3.3　常见的基准策略

在前面介绍函数方法论框架与案例时，提到了基准策略。对于一些新业务或者业务中一些新的问题，由于样本数量有限，从样本出发构建的模型越复杂反而越难以得到好的结果。另外，这个阶段资源是非常有限的，而复杂模型的构建需要较高的研发成本。因此，这个阶段希望通过复杂模型解决问题是不现实的。最好的解决办法是基于先验知识或对样本的数据分析上线一些简单的基准策略。

接下来介绍一些该阶段常见的基准策略，每一个基准策略本质上都是一个业务函数，这些业务函数将伴随业务的发展不断演进，通过特征的增减或函数形式的改变持续进化并过渡到下一阶段。

3.3.1 热门排行策略

热门排行策略是最常见的基准策略，包括但不限于热销排行、人气排行、论坛热帖等，可以说很多产品中或多或少都存在热门排行策略的影子。它既可以是单独的热门板块，也可以是搜索或推荐的排序结果，如图 3-16 所示。

a）图书热销榜

b）"深度学习"关键词搜索结果销量排行

图 3-16　热门排行策略示例

图 3-16 所示的热销排行策略是一个典型的先验模型,热销排行策略是基于这样一个假设产生的策略:**过去一段时间热销的产品被售出的概率最大**。

热销排行策略的本质是关于商品销量 Sale 这一单因子的业务函数:

$$f(商品销量) = \text{Sale}$$

可以从特征角度继续扩展这一业务函数,例如增加类目、地域等特征,将业务函数转化为各类目、地域下的热销策略:

$$f(商品销量,商品类目,地域) = \text{Sale}_{商品类目,地域}$$

又或者引入时间衰减因子,消除一些因为季节性因素带来的销量噪声,例如儿童节期间的童书销量不一定对节后的用户决策有帮助:

$$f(商品销量,销售时间) = \sum_{i=1}^{\text{Sale}} \left(\alpha + e^{-\beta(t_0 - t_i)} \right)$$

其中,t_0 表示当前时间;t_i 表示单个订单时间;模型参数 α,$\beta \geq 0$,分别代表基础销量因子和时间衰减因子,是两个可运营调节的参数,当 $\alpha = \beta = 0$ 时,即为最开始的热销排行策略。

值得一提的是,这里面的衰减模型参考的是自然界中物体随时间自然冷却的经验公式——牛顿冷却定律。牛顿冷却定律可以用一句话来描述,即一个物体的冷却速度与该物体和室温之间的温差成正比。用微分方程表示为:

$$T'(t) = -\beta(T(t) - H)$$

求解后得物体时间-温度方程如下:

$$T(t) = H + (T_0 - H)e^{-\beta(t - t_0)}$$

其中,H 为室温,β 为冷却系数。许多热门排行模型,如热榜、人气榜等,都可以参考这一公式,让其热度随时间"自然冷却",如图 3-17 所示。

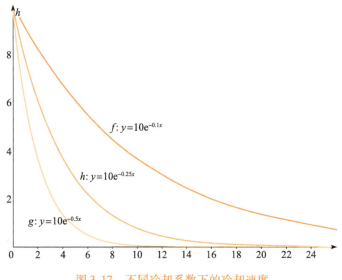

图 3-17 不同冷却系数下的冷却速度

3.3.2 最近行为策略

假如引入用户相关的变量作为特征，尤其是用户最近的一些行为数据，例如最近浏览、收藏、下单、购买的商品或商品类别等信息，加上原有的商品销量数据，可以得到基于这些变量的业务函数作为一个新的默认排序方案，具体如下：

$$f(商品销量, 用户行为) = \alpha \ln(\text{Sale} + 1) + \sum_i \beta_i \text{Score}_i$$

其中，对销量数据 Sale 取对数是将服从幂律分布的变量引入线性模型的常用方法，原始数据加 1 则是为了确保最终取值范围在 $[0, \infty)$ 内；Score_i 表示用户对该商品或该类商品在最近一段时间内行为的评分，以收藏为例，其表示收藏的比例，这一变量的定义也可以类推到内容场景；与上一策略类似，α 和 β_i 为可运营调节的参数，可以根据实际情况调整参数的大小。

与热门排行策略类似，这一策略的假设是**用户浏览、收藏、下单或购买过的商品或同类商品有更大概率被再次购买**。当累积了一定的线上样本之后，可以根据前面的精确率或排序评估指标回归一组新的参数，继续进行小版本的策略迭代，或者继续引入新的商品和用户相关特征——从加入用户行为数据开始，意味着系统已经开始逐步向"千人千面"的个性化策略演进。

3.3.3 基于业务规则的基准策略

除了上述两种基准策略，有时我们会从一些业务规则出发来设计基准策略，这些业务规则往往来自对业务的先验知识。

例如，在信贷风控业务中，我们会根据过往累积的行业经验，总结出一些信贷审批规则。

- 有违约记录的贷款申请人不予通过；
- 无违约记录的贷款申请人若其收入小于月供，则贷款申请不予通过；
- ……

如果仅考虑上面列举的这两条规则，可以将这一信贷审批决策过程用业务流程图表达，如图 3-18 所示。

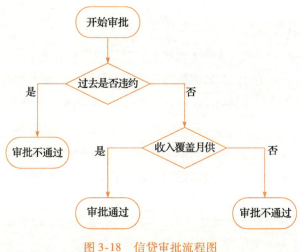

图 3-18 信贷审批流程图

这个过程也可以用一组分情况的逻辑表达式来描述：

$$f(违约记录, 收入, 月供) = \begin{cases} 审批通过, 无违约记录且收入 \geq 月供 \\ 审批不通过, 有违约记录或收入 < 月供 \end{cases}$$

从上面的结果中可以看到，由业务规则组成的分支决策过程本质上是一个**分段函数**。该函数能够互斥且完备地覆盖所有情况，最终针对业务问题的任意输入做出决策。

当然这里只是用最简单的规则进行举例,在实际业务中这样的规则可能有成百上千个,也未必采用"有违约记录就拒绝审批"这样简单的一刀切的规则。因此当规则数量增加时,相应流程图或分段函数的分支也会增加许多。

再考虑这样一个场景:在弹幕视频网站上观看完一个视频后,会推荐一些相关视频,这部分视频应该怎样选择呢?在上线一些复杂的内容推荐策略之前,依然可以考虑先使用一些基于业务规则的策略作为基准策略。这里所说的基于业务的规则可能是以下这些规则。

- 推荐同一 UP 主⊖的视频。
- 优先推荐该 UP 主的视频中与用户观看视频标签完全一致的视频。
- 其次推荐该 UP 主最近上传的视频。
- 如果该 UP 主的视频不足以占满推荐位,则用同分类下的热门视频占满剩余的推荐位(采用后位补齐原则)。

作为例子,这里仅仅列举了 4 条规则,更多规则不再列举,这些规则一般来自业务的先验知识,或者基于过去数据的统计分析。基于这四条规则可以设计一个逻辑流程,如图 3-19 所示。

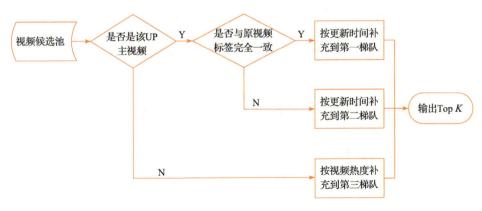

图 3-19 相关视频推荐分支策略流程图

⊖ UP 主是指在视频网站上上传视频的人。

也可以设计公式对候选池中的视频（该 UP 主上传的其他视频 + 热门视频）进行排序，例如下面这种最简单的线性函数的形式：

$$f(原视频信息, 候选视频信息) = f(x_{UP主}, x_{tag}, x_{时间}, x_{热度})$$
$$= \beta_1 x_{UP主} + \beta_2 x_{tag} + \beta_3 x_{时间} + \beta_4 x_{热度}$$

其中，4 个输入特征分别表示候选视频是否为该 UP 主的视频、是否与原视频信息标签完全一致、视频更新时间因子和视频热度因子。当四个可调节参数关系为 $\beta_1 \gg \beta_2 \gg \beta_3 \gg \beta_4$ 时，上述公式与流程图中逻辑的主要框架是接近等价的，即优先推荐该 UP 主上传的其他视频，其次推荐标签完全一致的视频，只是在每个梯队内部的具体排序上可能会有些许差异。

具体采用哪种实现方案，取决于对规则精度和策略弹性的要求。举这个例子是为了同时说明**补丁思维**和**模型思维**在系统设计方面的差异，相比于前者，后者能够带来的好处如下。

- 可调节参数有利于策略上线后人工运营介入调整：例如上述例子中，当我们希望去掉"优先推荐该 UP 主的视频中与用户观看视频标签完全一致的视频"这条规则时，将参数 β_2 热调整为 0 即可。
- 便于后续策略的扩展与团队分工：如果能够尽早将策略用业务函数表达，那么随着业务和团队的不断扩大，对于后续策略的迭代优化，团队分工会更为清晰。其中，策略产品经理与算法工程师将共同负责基于评估结果的**特征增减**与**函数优化**，数据工程师将负责**函数输入**的数据准备，业务工程师将负责在调用函数后对**函数输出**在业务逻辑中进行渲染与应用。

以上列举了三种最常见的基准策略，由于实现成本低且效果尚可，在业务刚启动或模块刚构建但未能建立理想策略时，这些基准策略将作为一种妥协方案被先行使用。但这并不意味着基准策略的寿命很短。事实上，由于模型的迭代周期较长，这些策略可能会长期存在，或者在线上策略逐渐演变成理想策略后，原有的基准策略成为一种兜底策略被长久保留下来。

第 4 章
函数方法论三要素详解

第 3 章介绍了策略产品经理函数方法论的 3 + 1 要素——样本、特征、评估 + 模型与算法,本章将详细地解读与前三个要素相关的一些原则与方法。作为知识的补充,我们将在第 7 章和第 8 章单独介绍一些常见模型。

4.1 三要素之样本

真实业务中的样本数据往往不会像学术研究或 Kaggle 竞赛一样完备且恰好与问题匹配,除了一些有样本闭环的成熟业务可以由算法工程师驱动项目迭代外,更多的时候需要策略产品经理扮演一个衔接业务与模型的角色,同时协调数据工程师、爬虫工程师甚至商务经理等来获取必要的样本数据。因此作为策略产品经理,有必要了解一些样本选取的基本原则与常见方法。

4.1.1 样本选取的原则

样本是一组已知输入和输出的例子,那么样本选取具体有哪些需要遵循的原则呢?下面简单介绍。

1. 样本完整性

样本应当是完整具备输入和输出的一组例子，尤其是输出。以 3.2.2 节提到的图片验证码问题为例，其业务函数为：

$$f(图片, 识别文本) = 是否一致 / 一致概率 \text{ 或 } f(图片) = 识别文本$$

那么一个完整的样本应该既包括图片验证码本身，又包括与图片验证码对应的识别文本。如果只有前者而缺少后者，即只有图片验证码而缺少对应的识别文本，那么就无法成为可用的样本。

这个原则看上去是正确的，但在实际工作中会发现，我们往往拥有数量最多但不完整的样本：例如内容风控业务中，系统里可能存在大量的图片、音频、视频、文章等内容，却并不知道到底哪些是不符合风控要求的内容；或者教育业务的在线判题场景中，系统有机会收集到大量小学数学计算题作业照片，却并不知道结果的对错……系统中看上去正确的"样本"非常多，完整可用的却不够，我们做的一些工作，如人工标注，其目的也是把不完整的样本转化为完整的样本。

2. 业务目标一致性优先

这一原则是指在样本量充足的情况下，建模与评估优先使用与业务目标一致的样本；如果样本量不足，也可以使用整个转化漏斗中处于前面环节的漏斗部分的样本，但用于评估的样本还是尽量选择与业务目标一致的样本。

以商品推荐为例，一个简单的业务转化漏斗可以描述为：商品浏览→下单→支付→评价。假如推荐的业务目标是成交 GMV（Gross Merchandise Volume，一定时间段内的成交总额），那么在样本量充足（例如一些 SKU 较少、复购率高的业务）的情况下，我们应该优先选择**支付订单**作为推荐业务的样本，即系统尽量推荐可能成交的商品给用户；在样本量不足的情况下，模型效果较差，也可以考虑将**未支付订单**甚至**商品浏览记录**纳入样本中，只是在最终业务函数评估时还是以成交 GMV 为准。

3. 样本多元化

怎样理解样本多元化？下面举例说明。

假如要对文章做自动分类，分类到财经类目，开始时上线一个非常简单的规则作为基准策略，这个策略是"只要文中出现股票、基金、债券等关键词中的一个，就把文章分类到财经类目"。现在我们希望基于函数方法论改进这个策略，那么是否可以简单地把之前按照基准策略分类的文章及对应的分类作为所有样本？即把出现过上述关键词的文章都作为正样本，反之则作为负样本？

答案是否定的。在介绍函数方法论的时候提到过，我们的目的是找到一个与理想的业务函数尽可能接近的函数，假如**仅用特征推断的方式生成所有样本，并以此作为评估标准**，则意味着可以直接写出基于特征的业务函数作为理想函数，本例中即为：

$$f(文章内容,财经类目) = \begin{cases} YES, & 文章内容包括关键词 \\ NO, & 文章内容不包括关键词 \end{cases}$$

那么无论怎样拟合都无法在这组样本上找到比这一业务函数在评估上更优的函数，模型与算法也就失去意义了。

事实上，上面这一分段函数并不是理想中的业务函数：一方面不是所有包括这些关键词的文章都应该被分类到财经类目，如提到了买股票一事的家庭情感故事；另一方面这些关键词覆盖未必是完整的，也会有许多未提及这些关键词的文章，但是应当分类到财经类目。因此在实际应用中，我们会尽可能使用多种获取样本的方法让样本多元化，这在某种程度上避免了因为样本来源的单调性带来对理想业务函数的有偏估计。例如在上述这种生成样本的基础上，人工剔除一些错误的样本，以及标注一些未被正确收录的样本。更多样本获取的方法将在下一节介绍。

4.1.2 样本获取的方法

如果按数据源头来分类，样本又可以大致分为内部样本与外部样本两类，如图4-1所示，下面分别介绍这两类样本的获取方法。

1. 内部样本

内部样本指根据企业自身数据组织样本的方法，它的获取方法主要有以下几种。

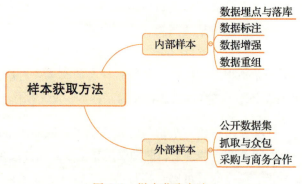

图 4-1　样本获取方法

（1）数据埋点与落库

这里提到的埋点与落库主要针对的是样本数据，包括正样本与负样本。样本数据埋点与落库应当完整地描述样本输入与输出，尽可能忠实并详细地还原每个样本产生时的相关数据。

例如内容推荐场景中（见图 4-2），正样本是系统推荐后用户接受推荐并点击浏览的记录，这部分数据一般比较容易采集，可以从内容的访问日志中还原出用户索引和内容 ID 并将其落库存储；负样本⊖是系统推荐并展现后用户没有点击的内容，这部分数据的采集落库则需要把每次推荐后展现在用户面前的所有内容 ID 都记录下来，并在使用时与正样本做一个差集计算。

上面提到的用户索引可以是手机号、用户 ID、设备号等一切可以关联到用户信息的唯一标识。除用户索引和内容 ID 以外，我们还应记录上下文信息，例如内容在此次推荐中出现次数的排名、用户翻页次数、用户停留时间等。上下文环境数据的详细程度取决于当前模型需求与复杂度，如果成本允许，也可以前瞻性地在前端或客户端埋点。除此以外，样本数据还应该包括输出推荐结果的模型的版本编号或批次，一方面用于上面提到的负样本获取时的差集计算，另一方面用于模型迭代时进行对比与分析。

⊖ 负样本并不一定可以完全获取，有一些专门的学习方法可以处理这种没有明确负样本的情况，如 PULearning。

第 4 章 函数方法论三要素详解

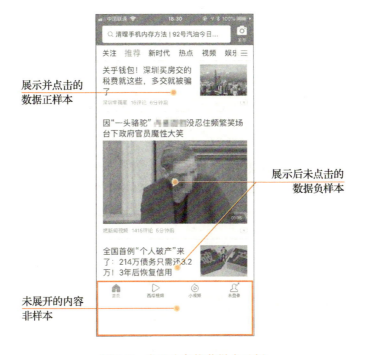

图 4-2 今日头条推荐样本示例

数据埋点与落库这一方法可以确保以一个相对固定的成本稳定持续地获取样本数据，并随着业务量的增长而增长，形成一个有效的正反馈。这一方法构成了之前提到的最基本的样本闭环，也是所有能够与用户反馈交互场景的策略类产品都应该实现的模块。

（2）数据标注

如果业务处在从 0 到 1 的初创阶段，系统还未上线，此时往往不具备构建样本闭环的条件，数据埋点与落库也无从说起。这个阶段可以如之前提到的，上线一个简单且成本低廉的基准策略后用样本闭环来持续收集样本。但这种方法需要接受产品上线初期效果或体验较差的状态。如果是面向终端用户的产品，可能更为常见的方法是数据标注，即根据输入人工标注一些样本。

数据标注在工作量较少的情况下可以由策略产品经理及其策略团队一起完成，如果量大的话也可以交给企业内部专门的数据运营、数据标注团队（如果有的话）或市面上的第三方数据标注企业完成。无论是由企业内团队协作完成还是交给第三方标注企业完成，策略产品经理都需要做一件重要的事情——制定验收方法和统一的验收标准[一]。例如对于标注结果明确且唯一的标注任务来说（如图片识别、小学作业判题等），可以准备一份已标注好正确答案的样本与标注团队的标注结果进行比对以测算其准确率，或者将同一组待标注样本随机分发给两个独立的标注人员测算标注的一致性。

数据标注并不局限于业务初期。对于一些缺乏样本粒度直接反馈的业务场景来说，数据标注是需要持续进行的工作，如仅输出业务函数的 API 业务（图像识别、人脸识别等 API）、业务函数拆解后的中间环节（智能音箱的语音识别等模块）等。

（3）数据增强

对于一些特定的任务，例如图像分类、语音识别等任务，可以在已有样本的基础上通过数据变换的方法对样本进行扩充，这个过程被称为数据增强（Data Augmentation）。例如对于图像分类任务，可以对图像进行翻转、平移、旋转、剪裁、拉伸等操作生成新的图像，甚至是改变图像的亮度、对比度、饱和度等。这些变换后的图像在语义上依然属于原有的分类，但是对机器来说相当于新的图像，某种角度上可以说实现了有效的样本扩充。

类别为猫的图像变换前后的示意如图 4-3 所示。

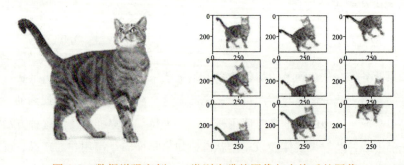

图 4-3 数据增强案例——类别为猫的图像与变换后的图像

[一] 部分标注需求量巨大的人工智能企业会将这部分中与沟通、项目管理、标注工具设计等相关的职能与职责从策略产品经理中分离出去，设立一个新的岗位负责，如数据标注经理等。

(4) 数据重组

数据重组指的是根据样本特性，从已有的产品业务数据中筛选或构造符合条件的样本的过程。这是一个容易被忽视、实际上却非常有效的样本获取方法，运用得当的话可以用较低的成本获取大量样本数据。

我们可以对不同产品功能产生的数据进行交叉筛选来获取样本，例如在内容风控业务中，希望获取色情内容或"擦边球"内容的样本，除了基于内容本身的数据标注方法以外，还可以借助评论功能提供的信息，把在评论区出现大量"留邮箱"和大量类似"好人一生平安"的留言内容筛选出来作为样本。

我们也可以从数据本身入手构造样本，例如通过在线招聘业务为候选人推荐工作岗位或企业时，除了在招聘系统业务闭环中收集候选人入职样本以外，还可以将所有候选人简历构造为样本，把简历中提到的最后一段工作经历视为在本次推荐给该候选人的工作岗位或企业的一个正样本。

2. 外部样本

以上是一些内部样本的获取方法，也是大部分业务最重要的样本来源，还有一些是外部样本，可以作为样本的补充。

(1) 公开数据集

为了统一数据标准，以及降低公众的数据获取成本，许多学者自发组织资源，完善和整理一些针对特定任务的样本，并共享给其他人员，这便是许多公开数据集的由来。

一份完整的数据集包括数据的来源、描述以及每个样本的输入和输出。一些典型的大型公开数据集包括计算机视觉领域的 ImageNet、语音识别领域的 Switchboard 以及自然语言处理领域的 SQuAD 等。更多数据集可以从 Google 发布的数据集搜索引擎⊖中获取，如图 4-4 所示。

⊖ https://toolbox.google.com/datasetsearch。

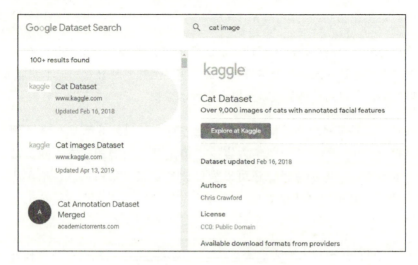

图 4-4　Google 数据集搜索引擎

这些数据集大部分来自学术界，针对的也是比较通用的任务，因此基于公开数据集的样本得到的模型不一定能够达到业务中理想的结果，需要从实际的生产系统中补充内部样本后进行有针对性的模型优化。

（2）抓取与众包

除公开数据集以外，另一个比较常见的获取外部样本的方法还有数据抓取。例如通过对一些竞品内容或消费平台用户的浏览、消费、点评历史数据的抓取，可以在缺乏内部样本的情况下构建一个简单的基于内容的推荐系统；或者将一部分外部数据引入业务系统作为补充，例如对于一些支持第三方登录（如新浪微博等）的内容平台，可以通过获取用户授权的第三方平台信息（如最近发布的微博等）来构建一个基于第三方信息的冷启动业务函数：

f(微博内容,待推荐内容) = 是否推荐

众包也是一种低成本获取外部样本的方法，一个典型的众包案例可以参考 reCAPTCHA 项目，如图 4-5 所示。

2007 年，卡内基梅隆大学的 Luis von Ahn 对

图 4-5　reCAPTCHA 项目

其发明的验证码项目 CAPTCHA 进行了升级，如图 4-5 所示。该项目除了展示系统生成的已知结果的单词（右侧 overlooks）外，还从旧报纸电子扫描件中截取了一个未知结果的单词（左侧 morning）进行展示。已知结果的单词用于判断用户是否是一个真实用户，即当用户输入正确的单词时，系统认为面对的是一个真实用户，并认为用户提交的另一单词也具备一定可信度。同一未知结果的单词将分发给不同的独立用户进行交叉检验，一致的结果将被认为是最终正确的匹配结果。

这一简洁优美的解决方案被命名为 reCAPTCHA。截至 2011 年，借助用户的众包力量，reCAPTCHA 项目成功完成了纽约时报自 1851 年以来发布过的 1300 万篇文章的数字化，与此同时收录了海量的 OCR 样本。

与上述类似，一些第三方验证公司或者自己有大量验证场景的公司，也可以设计这样基于众包的样本获取系统，例如与教育公司合作，把拍摄的小学数学计算题照片作为验证码的一部分，经过交叉验证之后将累积样本数据返售给教育公司，用于提升机器判题的准确率。

如果把思路再打开一些，把抓取与众包结合起来，我们可以发现一些新的样本来源。

举例来说，在一些地图、本地生活等搜索场景中，用户提交搜索的地点往往是地名的缩写或别称，例如北京大学第三医院缩写为北医三院、国家体育馆别称为鸟巢等；又比如说，在一些职场社交或在线招聘业务中，用户手动输入的履历常常使用中学、高校或企业名称的缩写或别名，例如北京市第四中学缩写为北京四中、哈尔滨工业大学缩写为哈工大、中国石油天然气集团有限公司缩写为中石油等。我们希望识别同一实体的多个名称，以便更好地实现搜索提示、好友推荐或候选人推荐等功能。

对于这类同义词识别或同实体识别问题，除了人工标注以外还有一个低成本的来源——百度百科。如图 4-6 所示，在百度百科中许多词语与同义词的对应关系是可以从页面或 URL 中获取的，而这些对应关系本身是由广大网友众包编辑完成的，这意味着借助百度百科，可以有效且低成本地获取关于这一类业务问题的样本。

图 4-6 百度百科"哈工大"词条跳转结果

（3）采购与商务合作

采购与商务合作是一类比较特殊的外部样本获取方式，一般需要商务部门同事的支持。对于采购，在目前的政策环境下需要谨慎对待，对出售方数据的所有权需要更加细致地确认；对于商务合作，常见于 To B 或 To G 业务，在与企业合作过程中对方会提供自己业务中一部分样本数据。

这类方法并不常规，往往需要企业高管或商务部门的同事根据实际情况进行洽谈协商，策略产品经理参与不多，因此不再详细展开。

4.2 三要素之特征

特征又被称为策略因子或线索，是业务函数输入在数学上的形式化表达。特征可以选择的范围非常广泛，可以是静态的信息（例如用户身份画像），也可以是动态的信息（例如用户最近一段时间的行为）。好的特征能够提供足够的信息量用于业务函数的推断，就好比一个西瓜有许多属性，例如形状、敲声、纹路、色泽、触感、瓜蒂等，有经验的人仅仅通过瓜蒂和敲声就能判断其是不是一个好瓜，所以说有效的特征选择是提升策略成功率的关键之一。

一般情况下，特征处理的具体过程不需要策略产品经理参与，但特征的范围需要策略产品经理与算法工程师一起明确，即业务当中哪些数据应当被纳入进来作为业务函数的输入。因此，这里不对具体的特征处理和特征工程做过多阐述，而是更多地介绍一些对于策略产品经理来说需要了解的特征选择的原则，以及策略产品经理能够参与的特征选择方法。

4.2.1 特征选择的原则

大致来说,特征的选择应当遵循如下几个原则。

1. 注意特征的时效性

当我们向一位用户提供服务时,有这样几个问题需要注意。

- **垃圾邮件分类问题**:是否可以把该用户对该邮件的分类操作作为特征?
- **商品推荐问题**:是否可以把该用户对商品的评价作为特征?
- **内容风控问题**:是否可以把该用户对内容的投诉动作作为特征?

答案都是否定的。原因也比较容易理解:第一,这些特征都是在业务当前场景下无法获取的后置信息,即俗话说的"马后炮",而业务场景本身要求系统在用户做出这些动作之前就做出判断。例如在垃圾邮件分类问题中,在用户看到邮件并决定将邮件分类到某个类别之前,系统就应当做出这封邮件是否是垃圾邮件的判断。第二,这些后置的信息携带了一部分能够影响系统判断的信息,这可能提升一定的实验效果却无法在线上重现。

在实际工作中由于大都是离线进行模型预测,上述这种问题藏得更加隐蔽。再举一个容易掉进陷阱的例子——在内容推荐的场景中,假如我们收集到的样本是 9 月 15 日的用户点击结果,而模型是在 10 月份开发的,开发时构建了一个特征叫"用户当月点击某类内容的比例"。特征本身定义没有问题,但在实际构建特征的过程中,如果 9 月 15 日(甚至是 9 月底)的样本被这一统计特征包括在内了(即统计了 9 月整月的数据),最后在模型真实上线时这一特征却只能统计到截至每个月当天的数据(往往不足一个月),那么最终就会造成模型的实验结果与真实结果有偏差。

所以,在设计特征与选择特征时,有一个非常重要的原则:**不使用未来信息**。就好比买西瓜时,瓜蒂、色泽、纹路等都可以作为挑选西瓜的标准,但是红瓤与否不行,因为这是买完西瓜回家切开后才知道的事情。

2. 注意特征的获取成本

特征使用的数据有来自外部的,也有来自业务内部的,前者的典型代表为广告业务中使用的 DMP 数据,后者的典型代表为来自数据埋点的数据。两部分数据对应两类特征获取成本：数据采购成本和研发成本。

具体到研发成本，又可以分为静态特征与动态特征两种情况。前者指的是一些相对静态的属性类特征，例如用户归属地、商户的分类与经营范围等，这些信息大部分时候是不变的，更新频率较低，可以离线计算并存储在系统中以供使用，开发和维护成本较低且一般为固定成本；后者指的是一些相对动态的信息，例如用户的访问时间、GPS等与用户当前环境相关的上下文特征，以及最近一周点击产品类别占比、最近一个月消费额等时间窗口类特征，这类特征一般需要在线实时获取或频繁维护更新，开发成本较高。

仅从特征获取成本角度考虑，建议在产品从0到1设计基准策略的阶段优先使用静态特征，同时尽可能收集动态特征数据，根据业务发展和产品模型验证情况逐步引入动态特征。

3. 注重特征带来的收益

在实际工作过程中确定特征范围，除了需考虑评估特征获取成本以外，还需要考虑特征能够带来的收益。

特征的收益一方面体现在单个特征或一组特征的引入为评估函数带来的提升，评估函数的提升往往意味着业务目标的提升，例如选择有更大信息量或区分度的特征；另一方面则体现在特征的精选对模型稳定性的提升，特征数量的增加意味着样本分布的可能性呈指数级增加。如果特征过多而样本数量不够，样本在空间中分布稀疏，那么根据样本数据拟合出来的业务函数可能对新的样本缺乏预测能力，故而特征也并不是越多越好，即使一些特征能够带来评估函数的微弱提升。经过筛选的特征能够在一定程度上避免这种过拟合的情况出现，从而提升模型的稳定性，而模型稳定性的提升最终意味着业务稳定性的提升。

4.2.2 特征选择的方法

根据上述特征选择的原则，可以得到以下几种特征选择的方法。

1. 基于业务知识的特征选择

一个常见的特征选择方法是根据业务知识进行特征筛选，即基于一些业务上的假设进行筛选，如图4-7所示的案例。

- "用户往往持续喜欢某一种菜系的外卖"——门店所属菜系、用户过往对菜系的筛选动作等特征；
- "用户想尽快吃到外卖"——门店与用户距离、门店平均备餐时间、用户过往筛选距离动作等特征；
- "用户对食品安全有要求"——门店是否为品牌商家、门店卫生等级、用户过往筛选评价动作等特征。

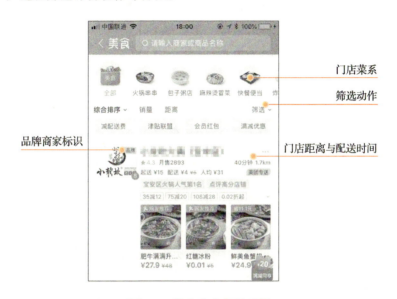

图 4-7　外卖业务特征示例

除了具备简单的业务常识外，策略产品经理有时还需要对产品与业务有深刻理解与洞察。

例如信贷风控业务中，将信贷申请页面身份证输入的时长作为重要特征，是基于以下假设：正常用户是自己手动输入身份证号的，大部分人都能记住自己的身份证号，因此输入时长应该在一定的范围内，不会太长也不会太短；如果太长说明申请人可能是拿着别人的身份证，一个一个比对着输入的号码，反之则说明申请人可能是从某个外部文档复制粘贴的他人号码，两种情况都有可能存在巨大的骗贷风险。

又例如用户风控业务中，把用户手机平均剩余电量或电量分布作为重要特征,是基于以下假设:正常用户的手机电量处于各种状态的都有,有时是满电有时是不足一半或低电量状态,而黑产用户的手机电量则因为常年在机架充电,一般长时间处于满电状态,所以手机剩余电量这种 iOS 和 Android 系统都开放的数据能够作为一种重要特征,有效地帮助甄别用户。

2. 基于模型收益的特征选择

进行特征选择最终还是为了模型收益,那么从提高模型收益的路径出发进行特征选择不失为一种更直接的方法。基于模型收益的特征选择方法又称**封装法**(Wrapper Method),如图 4-8 所示。

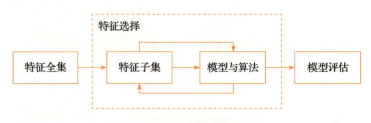

图 4-8 特征选择中的封装法

对于特定类型的模型与每个特征子集,都可以训练得到一组模型参数,并在用于验证的样本上评估这组模型参数的效果;假如有 N 个特征,那么可能的特征子集就有 2^N-1 个,经过反复尝试不同的特征子集并计算评分,最终可以选择出模型效果最好的特征子集。除了穷举所有特征子集以外,还有一些启发式的方法。

- **前向启发式搜索**:从空集开始,每次从剩下的特征中加入一个特征构成新的特征子集,把评估结果最好的特征子集留下,迭代加入特征直到无法提升或达到评估阈值。
- **后向启发式搜索**:从全集开始,每次从集合中去除一个特征并将剩下的特征构成新的特征子集,把评估结果最好的特征子集留下,迭代去除特征直到无法提升或达到评估阈值。
- **双向启发式搜索**:同时从空集和全集开始,分别执行上述前向和后向启发式搜索,直到搜索到相同的特征子集为止。

与基于业务知识的方法相比,基于模型的特征选择方法不依赖人的业务能力，更具普适性，同时能够为特定类型的模型找到最优的特征子集；另一方面从执行的过程可以看到，这种方法需要多次迭代模型，计算开销较大，为此我们将模型迭代的过程剥离出来，通过引入一些代理指标衡量特征的价值。

3. 基于代理指标的特征选择

基于代理指标的特征选择方法又称**过滤法**（Filter Method），可以用图 4-9 来描述这一过程。

图 4-9　特征选择中的过滤法

在将特征送入模型与算法过程以前，可以通过一些代理指标对特征进行筛选。代理指标不直接决定模型效果，更多的是通过描述特征的分布或关系对特征进行侧写。具体的指标可以从两个方向来考虑：一个是与特征 X 本身相关的指标，一个是度量特征 X 与标签 Y 之间关系的指标。

（1）特征 X 本身相关的指标

1）**覆盖率**：假如有一个特征，有效数据只能覆盖少量的样本，其余均为未知数据，那么这个特征能够带来的业务收益上限不超过这个特征的覆盖率。例如信贷风控业务中，假如我们通过一些外部数据获取了 0.1% 用户的收入数据，则意味着即使这个特征有足够的区分度（只要该特征有值，就可以获得绝对准确的预测输出，可以使分支策略得到局部最优解），对于业务上准确率的提升上限也只有 0.1 个百分点（即至多只有 0.1% 的用户因为该特征的引入被准确预测，其余用户的预测结果与之前策略一致）：

$$f(用户收入, 其他特征) = \begin{cases} 通过贷款申请, & 用户收入 \geq A 元 \\ 拒绝贷款申请, & 用户收入 < A 元 \\ f(其他特征), & 用户收入未知 \end{cases}$$

因此，需要尽量选择数据覆盖率较高的特征。对于覆盖率较低的特征，可以在后续迭代过程中综合成本与收益进行批量引入。

2）**方差**：不同样本在同一特征值上的差异越小，则意味着区分度越低。极端情况下，假如所有样本这一特征的取值都一样，则无法从这个特征获取任何信息。描述这种差异的大小可以用方差来衡量[⊖]：

$$\sigma_X^2 = \frac{\sum_{i=1}^{N}(x_i - \mu_X)^2}{N}$$

（2）特征 X 与标签 Y 之间关系

1）**Pearson 相关系数**：Pearson 相关系数等于两个变量的协方差除以标准差，一般用于度量两个变量之间的线性相关性。其计算公式如下：

$$\rho_{X,Y} = \frac{\text{cov}(X,Y)}{\sigma_X \sigma_Y} = \frac{E[(X-\mu_X)(Y-\mu_Y)]}{\sigma_X \sigma_Y}$$

$$= \frac{\sum_{i=1}^{N}(x_i-\mu_X)(y_i-\mu_Y)}{\sqrt{\sum_{i=1}^{N}(x_i-\mu_X)^2}\sqrt{\sum_{i=1}^{N}(y_i-\mu_Y)^2}} = \frac{\sum_{i=1}^{N}\left(\frac{x_i-\mu_X}{\sigma_X}\right)\left(\frac{y_i-\mu_Y}{\sigma_Y}\right)}{\sqrt{\sum_{i=1}^{N}\left(\frac{x_i-\mu_X}{\sigma_X}\right)^2}\sqrt{\sum_{i=1}^{N}\left(\frac{y_i-\mu_Y}{\sigma_Y}\right)^2}}$$

$$= \cos\left(\frac{X-\mu_X}{\sigma_X}, \frac{Y-\mu_Y}{\sigma_Y}\right)$$

可以看到 Pearson 相关系数等价于经过标准化之后的余弦相似度，因此，Pearson 相关系数的取值范围为 $[-1,1]$。当特征 X 与标签 Y 的 Pearson 相关系数为 1（$\cos 0$）和 -1（$\cos \pi$）时，两个变量分别表现出完全线性正相关与负相关；当 Pearson 相关系数为 0$\left(\cos\frac{\pi}{2}\right)$时，两个变量表现为线性无关。

Pearson 相关系数计算速度快，可用于快速评估特征与标签的线性相关性，但对非线性关系无法做出有效判断。

部分 Pearson 相关系数示例如图 4-10 所示。

⊖ μ_X 和 σ_X 分别为变量 X 的均值和标准差，下同。

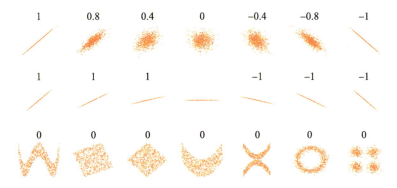

图 4-10　部分 Pearson 相关系数示例

2）**Fisher 得分**：Pearson 相关系数度量的变量均为数值变量，如果特征 X 为数值变量，标签 Y 为类别变量，可以基于下面的假设对特征价值进行度量。一个有区分度的特征 X 应该在同一类样本中取值尽可能接近（类内方差较小），而在不同类别样本中取值尽可能远离（类均值差距较大）。

我们可以用 Fisher 得分 S_X 来描述特征 X 的这种差异性：

$$S_X = \frac{\sum_{j=1}^{K} N_j (\mu_{X,j} - \mu_X)^2}{\sum_{j=1}^{K} N_j \sigma_{X,j}^2}$$

其中，K 为标签 Y 的类别数量；N_j 为类别 j 中的样本数量；$\mu_{X,j}$ 和 $\sigma_{X,j}$ 分别为特征 X 在类别 j 中样本的均值和标准差。Fisher 得分越高说明特征 X 在不同类别之间差异越大，在同一类别内差异越小，即特征 X 的价值越大。

3）**假设检验与方差分析**：如果特征 X 为类别变量，而标签 Y 为数值变量，则可以用简单的假设检验或方差分析（Analysis of Variance，ANOVA）来解读特征 X 的价值。

如果特征 X 有两个类别，如性别特征男和女，同时假设每个类别对应的标签 Y 都服从独立的正态分布，且两组分布的真实标准差未知，那么可以提出零假设 $H_0: \mu_男 = \mu_女$。假如最终统计上验证的结果是两者均值具有显著性差异，那么可以认为特征 X 是具备一定的区分性的。这一方法也就是常说的双样本 t 检验。当然，在进行 t 检验以前，需要进行方差齐性 F 检验，以判断两个类别标签的方差是否具有显著性差异，从而决定我们是使用等方差双样本 t 检验还是异方差双样本 t 检验。

与此类似，如果特征 X 有多个类别，除了进行多组双样本 t 检验以外，还可以通过单因素方差分析对这一特征进行判断。假设每个类别对应的样本均服从独立的正态分布（方差一致），同样可以提出零假设 $H_0: \mu_1 = \mu_2 = \cdots = \mu_k$，则可通过 F 检验来判断是否至少有一个类别的均值与其他类别具有显著性差异，从而得到这一特征是否具备一定区分性的结论。

4）**Pearson 卡方检验**：如果特征 X 和标签 Y 均为类别变量，我们可以提出这样的零假设 H_0：X 与 Y 条件独立，这一假设也就意味着 $P(X, Y) = P(X)P(Y)$，由此可以计算 Pearson 卡方检验统计量 χ^2：

$$\chi^2 = \sum_i^{|X|} \sum_j^{|Y|} \frac{(N_{i,j} - E_{i,j})^2}{E_{i,j}} = \sum_i^{|X|} \sum_j^{|Y|} \frac{(N_{i,j} - N \times P(X_i, Y_j))^2}{N \times P(X_i, Y_j)}$$

$$= \sum_i^{|X|} \sum_j^{|Y|} \frac{(N_{i,j} - N \times P(X_i)P(Y_j))^2}{N \times P(X_i)P(Y_j)} = \frac{1}{N} \sum_i^{|X|} \sum_j^{|Y|} \frac{(N_{i,j}N - N_i N_{,j})^2}{N_i N_{,j}}$$

其中，N、$N_{i,\cdot}$、$N_{\cdot,j}$ 和 $N_{i,j}$ 等分别代表观察到的样本总数与特征 X 或标签 Y 在某个类别下的样本数。当统计量 χ^2 大于某个临界值时，可以从统计上得到两个变量条件相互不独立的结论，即两个变量具备一定的相关性；统计量 χ^2 从某种程度上可以用于排序，或用于选择在标签 Y 确定的情况下相关性较大的一些特征 X。

针对以上几种方法我们整理了一份表格，如表 4-1 所示。

表 4-1　过滤法特征选择推荐方法

自变量（特征 X）	因变量（标签 Y）	推荐方法
数值变量	数值变量	Pearson 相关系数
数值变量	类别变量	Fisher 得分
类别变量	数值变量	假设检验与方差分析
类别变量	类别变量	Pearson 卡方检验

5) **互信息**：还可以从信息论角度来看两个变量之间的关系。**KL 散度**是一种用来度量两个概率分布差异的方法。借助这一度量方法，可以定义特征 X 与标签 Y 的互信息 $I(X;Y)$ 为联合分布 $P(X,Y)$ 与乘积分布 $P(X)P(Y)$ 的差异。

$$I(X;Y) = \text{KL}(p(x,y) \| p(x)p(y)) = \sum_{y \in Y} \sum_{x \in X} p(x,y) \log\left(\frac{p(x,y)}{p(x)p(y)}\right)$$

其连续形式如下：

$$I(X;Y) = \iint p(x,y) \log\left(\frac{p(x,y)}{p(x)p(y)}\right) \mathrm{d}x \mathrm{d}y$$

当 X 与 Y 相互独立时，$p(x, y) = p(x)p(y)$，上述互信息 $I(X;Y)$ 取值为零，意味着特征 X 的引入没有给标签 Y 的区分带来任何信息；若 $I(X;Y)$ 取值足够大，则表示两个变量相关性足够大，此时可以基于互信息来对特征进行筛选。

以上是特征选择常用的过滤法，过滤法聚焦于特征数据本身的特点，运用代理的统计指标来为每个特征进行评估并筛选有价值的特征。其优点是计算快且不依赖于具体的模型，是每个掌握了一定统计学基础的策略产品经理都可以参与的部分。更多其他过滤法这里不再赘述，有兴趣的读者可以阅读相关资料或书籍。

除了上面这三种方法，还有一种基于具体模型的特征选择方法，将特征选择与模型构建的过程融为一体，我们称之为嵌入法（Embedded Methods）。其过程可以用图 4-11 表达，第 7 章会对一些模型展开讨论。

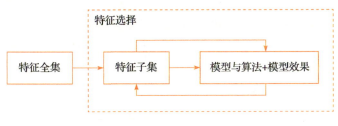

图 4-11 特征选择中的嵌入法

4.3 三要素之评估

在介绍基于模型收益的特征选择方法——封装法时提到过，我们可以反复训练每个特征子集并得到一组模型参数，这组参数可通过验证样本获得**评估**效果，最终选择出模型效果最好的特征子集。接下来要介绍的就是这里面提到的评估方法。

模型评估包括**离线评估**和**在线评估**，这里将首先介绍一些针对业务函数的常见离线评估指标，关于在线指标的评估方法与观点将在第9章继续讨论。

离线评估又可以分为**评价指标**（Evaluation Metrics）和**目标函数**（Objective Function）[1]，二者都是用来衡量模型预测结果与样本的相似度的。其中，前者是一个从整体上评估模型好坏的相对宏观的指标，同一类问题（分类、聚类、回归等）的评价指标基本是一样的；后者则更多用于最优化计算，同一类问题不同模型的目标函数也是不一样的。二者在有些情况下度量方法是一致的，例如回归问题的评价指标与线性回归模型的目标函数均为 MSE。作为策略产品经理往往更关心前者，一方面是因为解决一类问题的模型可以有很多，但评价指标基本一致，在前后迭代模型时评价指标是一个稳定的参考；另一方面是因为这些评价指标更容易与业务指标挂钩。

对策略产品经理而言，对业务函数（策略）的评估是最重要的工作之一，无论是自己主导的基准策略的制定，还是与算法工程师合作过程中解读模型报告，都需要对这些评估指标有清晰和完整的理解。

4.3.1 评估前的样本切分

假定准备好了包括特征 X 和标签 Y 在内的所有样本数据，是否可以基于全体样本数据来预测或拟合一个业务函数 $f: X \to Y$，然后将其直接上线到业务

---

[1] 目标函数又包括损失函数（Loss Function）和代价函数（Cost Function）。Andrew Ng 在其《机器学习》公开课中将前者定义为单个样本与预测结果的差异，后者定义为整体样本与预测结果的差异，但在其他一些场合中并未做这样的区分（如李航所著的《统计学习方法》）。同时由于我们后续会与经济学中的方法进行对比，因此本书后续内容统一使用更为泛化的术语**目标函数**或**最优化目标**。

系统当中？

可以预见到的是，这个方案会遇到很多阻力，原因在于不知道这个业务函数的效果是怎样的，直接上线的风险巨大。尤其是在线上已经有一个策略的情况，可能这个方案的结果比线上策略更差。

打个比方，所有的样本就相当于高中平时做的习题与习题答案，而线上验证就相当于高考，如果只是做这些习题就直接上高考考场，相信老师与家长们心里都没底。最好的解决办法是在高考前进行模拟考试，用这次考试的成绩来评估学生平时学习的成果，以便对学生们最终的高考成绩有一个合理的预估。

所以，对于所有样本数据，可以随机切分出一大一小两份数据，前者量大用于模型训练（平时学习），我们称之为**训练集**（Training Set）；后者用于验证由前者得到的业务函数（考生能力），即测试新数据中输入（模拟试卷）的预测结果（答卷）与真实结果（答案）的差距，我们称之为**测试集**（Testing Set）。理想的情况是，业务函数在线上的表现（高考）与在测试集上的表现（模拟考试）保持同一水平。

对于确定的简单模型来说，将样本数据集切分为训练集与测试集已经足够了，例如后面会提到的最基本的决策树模型等，使用训练集在确定的模型基础上拟合出模型参数后，在测试集中验证模型效果即可。

对于更复杂的模型，例如深度神经网络，除了模型参数需要学习外，超参数也需要明确，如迭代计算的次数、网络的层数与节点数等。超参数不需要像参数一样最终构成业务函数的一部分，但作为影响模型结构和参数的重要因素，其在整个模型训练中将起到重要的作用。为此，一个好的办法是从训练集中再随机切分出一块小的数据集，我们称之为**验证集**（Validation Set）。通过选择出验证集上表现最好的一组超参数完成了对模型的选择（Model Selection）。

验证集就相当于在平时学习与模拟考试中间增加的一些考试（例如月考），老师通过这些考试来检验学生这段时间的学习方法（模型）是否是有效。

样本数据的训练集（Training）、验证集（Validation）与测试集（Testing）示意如图 4-12 所示。

图 4-12　样本数据的训练集、验证集与测试集

4.3.2　常见的评估方法

最后介绍一些模型评估的常用指标。

1. Accuracy、Precision、Recall 与 F_β-Measure

对于分类问题（标签 Y 为类别变量），Accuracy、Precision、Recall 是最常用的评估指标，因为这组指标往往能与商业指标直接关联，如点击率、风控识别率等。

在介绍这组指标之前，先来看一个二分类问题[一]的混淆矩阵，即通过一个业务函数对测试集中的样本进行预测，得到预测的正例和负例与原本的正样本和负样本的比对统计，如表 4-2 所示。

表 4-2　二分类问题混淆矩阵

预测＼真实	正样本	负样本
正例	TP（True Positive）	FP（False Positive）
负例	FN（False Negative）	TN（True Negative）

基于这个混淆矩阵，我们可以定义如下几个常用指标。

（1）准确率（正确率，Accuracy）

$$ACC = \frac{TP + TN}{TP + FP + FN + TN}$$

准确率表示所有预测的样本中，正确判断了正样本和负样本的比例。就好比是一张全是判断题的考卷，所有判断正确的题数总和即最终的考试成绩。不

一　多分类问题可以按多个二分类问题理解。

过在正负样本比例极度不均衡的情况下，这个指标的意义就不大了，就好比一张考卷中如果99%的考题答案都是否，那么只要答题时全部答否就能得到99分，这种情况下的分数是无意义的。而业务中的实际问题大部分都存在这种比例不均衡的情况，为此引入了后面两个指标。

（2）**精确率**[①]（**查准率**，Precision）

$$P = \frac{TP}{TP + FP}$$

精确率表示所有**预测为正例**的样本中，预测成功的数量。例如在推荐场景中，把点击的样本视为正样本，相比未展示推荐的部分，我们更关心展示推荐（预测为正例）的样本中用户点击了多少：点击的样本比例越高精确率越高，推荐系统越有效。

（3）**召回率**（**查全率、灵敏度**，Recall）

$$R = \frac{TP}{TP + FN}$$

召回率表示所有**应当预测为正例**的样本中，预测成功（召回）了多少。例如在风控场景中，把最终违约的样本视为正样本，相比正常履约的样本，我们更关心最终违约（应当预测为正例）的样本中实际提前找出来多少：提前找出来的真实违约样本比例越高则召回率越高，可以提前防止的损失也越多，风控系统越有效。

Precision 与 Recall 这两个指标此消彼长，可以用 Precison-Recall 曲线（简称 P-R 曲线）来表达，如图 4-13 所示。

为综合评估和比较模型的优劣，同时考虑业务对 Precision 与 Recall 指标的侧重性，常常会引入一个综合指标——F_β-Measure：

[①] 事实上，Accuracy 与 Precision 两词的翻译在一些著作中是相反的，如《统计学习方法》（李航 著）和《机器学习》（周志华 著）就是如此。为避免歧义，建议大家在日常沟通中使用括号中的代称（即正确率（Accuracy）和查准率（Precision）），在书面沟通时使用英文原词。

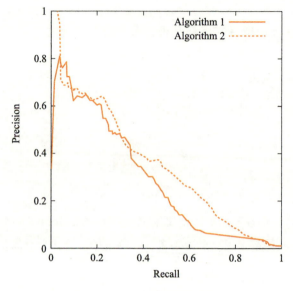

图 4-13 Precision-Recall 曲线

$$F_{\beta} = \frac{(1+\beta^2)PR}{\beta^2 P + R}$$

其中，$\beta \in [0, \infty)$，当 $\beta = 0$ 时，指标 $F_{\beta} = P$ 即精确率；当 $\beta = \infty$ 时，指标 $F_{\beta} = R$ 即召回率；当 $\beta = 1$ 时，指标 $F_{\beta} = \frac{2PR}{P+R}$ 即精确率 P 与召回率 R 的调和平均数 F_1-Measure。

2. ROC 曲线和 AUC

对于绝大部分分类模型，其都可以对测试集中的每个样本做出一个实值或概率预测，并选择一个分类阈值（Threshold），将大于阈值的判断为正例，反之判断为负例。假如将测试样本按预测值从大到小排序，并且从大到小依次选择样本预测值作为分类阈值，可以得到多个混淆矩阵与对应的 P 和 R 指标。

（1）**真正率**（True Positive Rate，TPR）

$$TPR = \frac{TP}{TP+FN} = Recall$$

真正率与召回率一致，表示所有**应当预测为正例**的样本中，被**正确**预测为正例的比例。

(2) **假正率**(False Positive Rate,FPR)

$$FPR = \frac{FP}{FP + TN}$$

假正率表示所有**应当预测为负例**的样本中,被**错误**预测为正例的比例。

当取分类阈值为最大的预测值,即所有测试样本均预测为负例时,按定义可得 TPR = FPR = 0;当取分类阈值为最小的预测值,即所有测试样本均预测为正例时,按定义可得 TPR = FPR = 1;当遍历所有预测值为分类阈值时,可以描绘出一条横坐标为假正率、纵坐标为真正率、从(0,0)到(1,1)的曲线,我们称之为 ROC[⊖] 曲线,如图 4-14 所示。

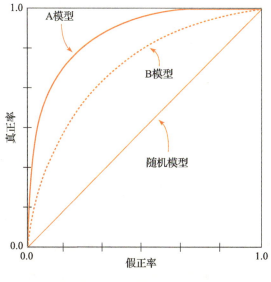

图 4-14　不同模型的 ROC 曲线

ROC 曲线可以用于评估模型中哪个效果更好。如图 4-14 所示,假如 A 模型的 ROC 曲线可以完全"包住"B 模型的 ROC 曲线,即对于任意 FPR 取值,A 模

⊖ ROC(Receiver Operating Characteristic,接收者操作特征)曲线,最早是"二战"中用来侦测战场上的敌军载具,后被引入心理学、医学、机器学习等领域。

型的 TPR 均大于 B 模型，那么可以得到"A 模型优于 B 模型"的结论。由此可以用一个综合指标来对模型本身做出评估——AUC（Area Under ROC Curve），即 ROC 曲线下方的面积。

- AUC = 1，分类模型可以达到的效果上限，这是实际业务中基本不会存在的完美分类模型。
- 0.5 < AUC < 1，大部分有效的分类模型的 AUC 得分，得分越高意味着分类模型越有效；当然，如果 AUC 得分接近 1，也有可能是模型中发生了数据泄露等问题，此时需要重新检查建模过程。
- AUC = 0.5，随机分类模型，所有分类模型的基准。
- AUC < 0.5，比随机分类还差，这种情况一般应检查是否将正负例判断反了。

3. Lift 曲线和 K-S 曲线

上述两组指标虽然能够有效描述模型的预计效果，但从沟通的角度看还不够直观，为此常会引入一些与业务指标联系更为密切的指标或示意图来帮助理解，例如 Lift 曲线和 K-S 曲线。

Lift 曲线描述的是与先验精确率相比，不同分类阈值下模型的精确率的倍数，这里面先验精确率即为所有测试样本中正样本占比，那么 Lift 值为：

$$\text{Lift} = \frac{\text{Precision}}{\text{先验精确率}} = \frac{\frac{TP}{TP + FP}}{\frac{TP + FN}{TP + FP + TN + FN}}$$

如果将横轴定义为分类阈值，按从大到小的顺序预测正样本占比，纵轴定义为对应分类阈值下的 Lift 值，此时可以画出 Lift 曲线，如图 4-15 所示。

从 Lift 曲线可以直观地看到，模型在某个样本百分位下，与随机先验策略相比的倍数，如图 4-15 所示，模型对前 10% 的样本预测分类的精确率是随机策略的 4.5 倍。

K-S（Kolmogorov-Smirnov）曲线与 ROC 曲线同样考察真正率 TPR 与假正率 FPR，与之不同的是其横轴与 Lift 曲线的横轴一致，而纵轴则是对应分类阈值下的 TPR 与 FPR 取值，如图 4-16 所示。

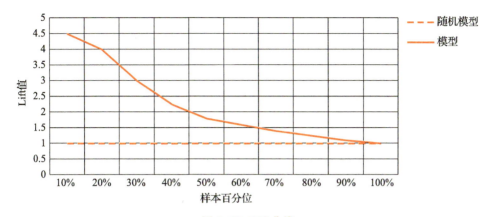

图 4-15　Lift 曲线

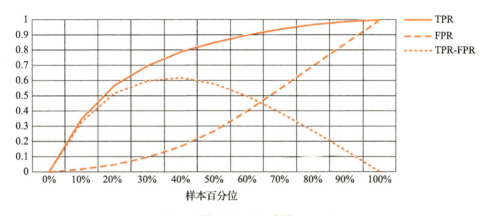

图 4-16　K-S 曲线

从图 4-16 中可以直观地看到，真正率 TPR 与假正率 FPR 之间的差距 TPR-FPR 越大，意味着在这一分类阈值下，模型能够尽可能多地正确找出正样本和尽可能少地误判负样本。分类阈值在 40% 样本分位数处 TPR-FPR 达到最大，即模型达到最大的区分度。

从上面的定义可以看到，Lift 与 K-S 这组评估指标与 ROC 等指标一样均由混淆矩阵衍生而来，且相比之下有更直观的业务解释性，因此在金融与风控等业务中使用最为广泛。

4. MAE、MSE 和 RMSE

对于回归问题（标签 Y 为数值变量），例如消费额预估、配送时间预估等业务问题，上述从混淆矩阵出发的评估方法就不再适用了，我们一般使用另一组指标来评估预测的结果与真实结果之间的差异。评估指标主要有以下两个。

1）**平均绝对误差**（Mean Absolute Error，MAE）：

$$MAE = \frac{1}{N}\sum_{i=1}^{N}|f(x_i) - y_i|$$

2）**均方误差**（Mean Squared Error，MSE）和**均方根误差**（Root Mean Squared Error，RMSE）：

$$MSE = \frac{1}{N}\sum_{i=1}^{N}(f(x_i) - y_i)^2$$

$$RMSE = \sqrt{MSE}$$

这些误差越小，意味着预测的结果与真实结果的平均差异越小，预估的业务函数与真实世界越接近。

5. MAP 和 nDCG

对于搜索、推荐等一些输出排序结果的业务场景，我们除了关心前面几组指标以外，还关心结果的输出顺序，也就是说即使在同样的相关性或点击率情况下，是否把相关或被点击的结果排在了前面。

对排序结果的评估一般使用两个指标：MAP 和 nDCG。

1）**MAP**（Mean Average Precision）顾名思义，是指对输出结果的精确率求两次平均值。以搜索业务场景为例，第一次平均值针对每次搜索，假设搜索出的所有结果中有 M 个是相关结果，那么可以计算这次搜索的 AP（Average Precision）如下：

$$AP = \frac{1}{M}\sum_{i=1}^{\infty}P(i) \times \text{rel}(i)$$

其中，$P(i)$ 表示前 i 个结果的精确率；$\text{rel}(i)$ 表示第 i 个结果是否是相关结果，相关结果排序越集中且靠前，则平均精确率 AP 越高。

从业务的角度出发，我们可能更关心前 K 个搜索结果，毕竟每次能够返回给用户的搜索结果是有限的，并且用户的注意力大部分都在搜索结果首屏或首页，因此，可以用上式乘以一个脉冲函数 $\delta(i \leqslant K)$ 来表达。对于该脉冲函数 δ，当 $i \leqslant K$ 时取值为1。由此可以计算前 K 个结果的平均精确率 AP@K，公式如下：

$$\text{AP@K} = \frac{1}{M}\sum_{i=1}^{\infty} P(i) \times \text{rel}(i) \times \delta(i \leqslant K) = \frac{1}{M}\sum_{i=1}^{K} P(i) \times \text{rel}(i)$$

最后对于所有 Q 次搜索，可以计算总体的平均精确率均值 MAP，公式如下：

$$\text{MAP@K} = \sum_{q=1}^{Q} \frac{\text{AP}_q\text{@K}}{Q}$$

2）**NDCG**（Normalized-Discounted Cumulative Gain）是另一个评估排序结果的指标。在介绍 NDCG 以前，先介绍一下对模型预测的前 K 个排序结果的评估指标 DCG（Discounted Cumulative Gain）：

$$\text{DCG@K} = \sum_{i=1}^{K} \frac{\text{score}_i}{\log_2(i+1)}$$

其中，分子 score_i 是一个提前定义好的描述第 i 个结果相关性的得分，相关性越高得分越高，可以是类似 {0, 1} 这种离散型得分，也可以是类似 [0, 1] 这种连续型得分；分母 $\log_2(i+1)$ 则代表随着排序不断靠后，位置因素对得分影响不断衰减。

为了比较不同模型的排序结果差异，引入用于归一化的得分 IDCG@K，计算把前 K 个结果按相关性从大到小重新排列，在理想情况下的得分如下：

$$\text{IDCG@K} = \sum_{i=1}^{|\text{REL}|} \frac{\text{score}_i}{\log_2(i+1)}$$

最终得到可用于比较不同模型排序方案优劣的指标 NDCG：

$$\text{NDCG@K} = \frac{\text{DCG@K}}{\text{IDCG@K}}$$

第 5 章
基于函数方法论的业务策略分析

第 4 章介绍了函数方法论及其要素的一些框架,本章将延续这一框架,具体分析实际工作当中常见的业务,包括营销投放业务,以及最成熟的搜索、推荐和广告三大业务,并从函数方法论的角度出发对业务进行问题与要素的拆解。

5.1 一个简单的案例——营销投放的策略分析

5.1.1 营销投放的三大流派

如同金庸先生在《笑傲江湖》书中所写的华山派分为气宗与剑宗两种流派一样,营销投放领域的投放人也可以分为多种流派。

如果把所有用户按一定的粒度不重复地分为多个人群,每个人群对应一幅用户画像,假设每个画像下圈定的人群在理想情况下的转化率是一定的,则可以按转化率从高到低描绘出一条曲线,如图 5-1 所示。

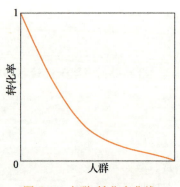

图 5-1 人群-转化率曲线

在这一人群-转化率曲线基础之上,按可触达的用户画像粒度大小与投放关注点,营销投放的流派大致可以分为以下三种。

1. 素材派

对于一些传统的营销投放渠道,例如电视、纸媒等,主要投放的广告类型为品牌广告。这类广告和渠道能够覆盖大量的人群画像,同时广告的制作成本也很高,因此这一流派的投放人员更加关注投放素材的利用与优化,通过多次投放覆盖或者精美的设计让人对投放素材印象深刻,不断地触达和影响潜在客户,把转化率全面拉向理想情况下的转化率。这一流派的投放策略如图 5-2 所示。

2. 渠道派

有一些投放渠道能够提供一定的基础用户画像,能够通过投放触达画像描述的人群,但也仅限画像粒度,用户粒度的数据并不在投放人员手中,这类渠道包括公众号等支持画像描述的投放平台。这一流派的投放人员更加关注有哪些渠道或这些渠道下画像圈定了哪些人群。这一流派投放策略能够带来更高的转化率。其投放策略如图 5-3 所示。

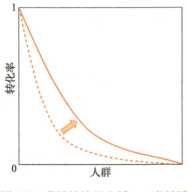
图 5-2　营销投放的流派——素材派

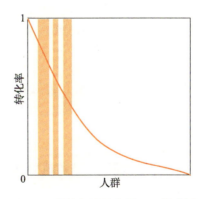
图 5-3　营销投放的流派——渠道派

3. 数据派

最后一个流派是数据派。主要的使用者是针对自有用户进行营销投放的运营、增长人员或设计这类投放工具的策略产品经理。由于对自有用户可以拿到个体粒度的用户行为数据,同时也有触达个体粒度用户的方法(如短信营销、电话营销、EDM 投放、App Push 等），即最小可以支持到单个用户的投放粒度，因此这是数据最丰富的一个流派，也更加关注怎样通过这些数据发现成交可能性更高的用户。其投放策略如图 5-4 所示。

以上三种流派并不是互斥的，例如数据派的投放人员通过数据分析或挖掘找到待投放的用户后，如果能在素材方面（如文案）再进行测试与雕琢，则有助于在投放效果上实现进一步的提升。这好比剑气两宗本是同宗同源，剑宗也要练气，气宗也要练剑，只是侧重点有所不同，两宗归一方是正道。

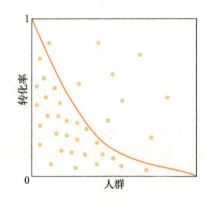

图 5-4　营销投放的流派——数据派

5.1.2　RFM 模型与营销投放策略

对于拥有用户体系的企业而言，其在营销投放方面更多使用数据派的策略，关注怎样通过这些数据发现成交可能性更高的用户。

当我们手里拿到了用户粒度的所有相关数据后，有哪些策略能够用于营销投放呢？这里介绍一个最常使用的基准策略——基于 RFM 模型的策略。

1. RFM 模型

RFM 模型是一个来自传统零售行业、有着几十年历史的客户关系管理（CRM）模型。基于这一模型，能够对现有客户进行分层，对其中不同类型的客户进行差异化营销管理。

如果把所有客户过往的消费数据拉出来，可以用以下三个核心指标来对客户进行分类。

- R（Recency，最近消费时间）：指客户最近一次消费与当前时间的间隔。R 越大，表示客户最近一次消费时间距现在越远；反之，则越近。从营销角度看，这一指标的作用与品类有关，对于一些高频消费品，如食品，可以认为 R 越小，客户越容易受营销影响并产生复购；而另一些低频消费品，如大宗商品、定期消费品等则恰好相反。

- F（Frequency，消费频率）：指客户最近一段时间消费的次数。F 越大，表示客户消费频次越高；反之，则表示客户消费频次越低。这一指标是复购率的另一种体现，一定程度上代表用户对品牌的忠诚度或认可度。
- M（Monetary，消费金额）：指客户最近一段时间消费总金额。M 越大，表示客户最近累计消费额越大；反之，则表示客户累计消费额越小。一般情况下，这一指标在统计上服从幂率分布，即大家熟知的"二八定律"，20% 的客户贡献了 80% 的消费额。

如果根据一定的业务先验知识，针对以上三个维度选择一个阈值将该维度切分为两部分，可以得到最常见的 8 分类 RFM 模型，如表 5-1 所示。

表 5-1 常见的 8 分类 RFM 模型

R	F	M	客户分类
近	高	大	高价值客户
远	高	大	重点唤醒客户
近	低	大	重点发展客户
远	低	大	重点挽留客户
近	高	小	一般价值客户
远	高	小	保持客户
近	低	小	潜在客户、新客户
远	低	小	流失客户

基于上述 RFM 模型对客户进行分类后，可以对不同类别的客户展开差异化的营销投放，例如针对重点发展客户投放会员类服务，提升客户消费频率；针对重点挽留客户和重点唤醒客户投放召回类广告，吸引客户回流等。

RFM 模型并不一定局限于零售与消费领域，可以将"消费"这一概念替换为其他概念，再将模型应用到更广泛的互联网产品中。例如对于一款 App 而言，就可以如此设定：

- R（Recency）：用户最近登录距当前的时间间隔。
- F（Frequency）：用户最近一段时间登录频率。
- M（Monetary）：用户最近一段时间在线时长。

或者，在应用时不局限于上面这三个维度，例如在航空业中常常使用扩展后的 LRFMC 模型对旅客进行用户分析。LRFMC 在 RFM 三个维度基础上，增加了 Lifetime 和 CostRatio 两个维度。

- *L*（Lifetime）：用户加入会员的时间距当前的时间间隔。
- *R*（Recency）：用户最近一次乘机距当前的时间间隔。
- *F*（Frequency）：用户最近一段时间乘机次数。
- *M*（Monetary）：用户最近一段时间飞行总里程。
- *C*（CostRatio）：用户最近一段时间乘坐舱位的平均折扣率。

2. 基于样本的营销投放策略

RFM 模型从用户运营的角度出发，对用户进行细分后，针对不同用户群体采取差异化的运营与营销投放策略。如果从某个具体的投放需求出发，例如推广某个单品，或者通过优惠券召回特定的用户，又或者作为产品经理希望设计一个支持这些投放需求的运营工具，可以考虑基于函数方法论对问题与要素进行定义。

以推广某个单品为例，在假设具体投放素材和投放方式确定的情况下，这个问题的业务函数可以简单定义为：

$$f(用户) = 是否进行营销投放 / 投放后成交概率$$

同时，其余 3 个要素如下：

- **样本**：按照"业务目标一致性优先"的原则，优先选择所有成交过这个单品的用户作为正样本，期望模型能够最终预测投放后其他用户成交的概率；如果是新产品，也可以做出"购买同类产品的用户可能会更愿意购买该新产品"的假设，选择成交过同类产品的用户作为正样本。
- **特征**：针对用户的营销投放问题，其模型特征大部分来自用户画像系统，包括用户本身的一些属性，例如性别、年龄与地域等，也包括用户的一些消费或其他行为，例如前面 RFM 模型中提到的最近消费时间、消费频率、消费金额等。
- **评估**：从业务角度看，营销投放问题最直接的指标为投产比 ROI，在自有投放渠道（如短信、EDM 等）上，单位成本是固定的，因此只需要关注同样投放量下的产出即可，即该单品的成交率；对应的模型离线评估指标即为精确率，通过 PR 曲线与 AUC 指标来选择在同样比例的测试样本下，精确率更高的那个模型。

此外，当成交链路较长（例如投放落地页为产品清单等）或产品本身成单率较低时，往往可用于模型训练的成交样本量较少，这时可以根据"推送—点击—下单—支付"这一成交路径，选择路径前面节点的样本，如将点击样本作为正样本，在"点击—成交率"不变的假设下用点击率来近似产品成交率，相应的业务函数为：

$$f(用户) = 投放后点击率$$

与基准策略相比，基于样本的营销投放策略需要累积一定数量的样本与丰富的用户画像数据，并且需要投入研发资源，这是这种策略的约束条件；另一方面，这种策略更具有普适性，可以应用到大部分产品的营销投放中。

我们回过头来再看 RFM 模型在营销投放方面的应用，从函数方法论的角度看，RFM 模型的本质是一个**三元自变量的分段函数**：

$$f(x_R, x_F, x_M) = \begin{cases} 高价值客户, x_R < R, x_F > F, x_M > M \\ 重点唤醒客户, x_R > R, x_F > F, x_M > M \\ \cdots\cdots \end{cases}$$

其中，x_R，x_F，x_M 分别为最近消费时间、消费频率与消费金额。

了解 RFM 模型的这一本质，有助于我们更深入地理解它，在使用模型时不迷信、不盲从。例如：

- 增加或减少一个参数可不可以？可以。R、F、M 三个参数本质上是零售行业信息量最大的三个特征，如果在其他场景应用时发现有新的更具备信息量的特征，当然可以酌情增减，如前面说的 LRFMC 模型。
- 每个参数分成 3 个或者更细粒度可不可以？可以。进行细分本质上就是增加分段函数的分支，如果样本量足够支持这样的细分且细分后能够带来更多收益，当然可以从更细的粒度来对用户进行分层运营。

5.2 三大应用场景之搜索业务的策略分析

5.2.1 搜索系统的演进

搜索引擎的诞生可以追溯到 1990 年，McGill University 的三位大学生设计了一个支持输入文件名查找校园各 FTP 文件的检索系统 Archie。Archie 算是搜索引擎的前身。在随后的 20 世纪 90 年代，随着互联网的快速发展，诞生了许多优秀的商业搜索引擎，包括 InfoSeek、Altavista、Google 等，这些搜索引擎收录并索引了大量 Web 网页，支持用关键词或自然语言检索相关网页并跳转。

随着互联网与移动互联网的进一步发展，搜索引擎不再局限于单纯的独立产品，而是逐渐以一个重要的用户交互入口成为各大互联网产品的标配，如图 5-5 所示。

图 5-5 搜索引擎概念的泛化

搜索产品大致来说又可以分为如下几类。

- **通用搜索引擎**：这类搜索引擎本身不生产内容，其通过对互联网全网内容进行抓取和建立索引，为用户提供搜索服务，例如 Google、百度、Bing 等。
- **垂直搜索引擎**：这类搜索引擎一般会将搜索对象限定在一定范围内，可以是限定在特定领域或类别中，如文献搜索、图片搜索；或限定在一些内容类（如知乎等）、电商类（如京东等）垂直领域。具体表现为应用内置搜索框，其作用除为用户提供热门导航、分类导航等传统导航路径以外，还能提供主动触达自己生产内容（商品）或第三方生产内容（商品）的路径，让应用拥有了一个了解用户需求的入口。
- **专用搜索引擎**：这类搜索引擎使用范围相对窄一些，一般而言其支持的用户输入范围是高度限定的，例如机票搜索系统（如去哪儿网等）、医疗挂号系统（如挂号网等）等。与前面两类搜索引擎相比，专用搜索引擎的用户搜索意图相对更为明确一些，从某种角度而言可以简单理解为一个查询系统。但与普通的数据库查询系统相比，这类系统的后端查询逻辑会复杂得多，需要对接许多来自不同数据源的第三方实时库存系统，并在此基础上处理好高并发等问题。

作为一个重要的信息获取工具，搜索引擎在过去 20 多年的演进过程中发展出了许多优秀的技术，如大规模爬虫、倒排索引与压缩、分布式存储与计算等，不过这些技术的演进不在本书的讨论范围内。

从产品层面来看，搜索产品的一些新的变化可以用一个词来概括——"**体验前置**"，具体体现在这些方面。

- **关键词预设**：在用户点击搜索框输入搜索关键词以前，会在搜索框下方的交互区中看到预设的一些关键词，这些关键词或来自近期的热门搜索（热门排行策略），或来自该用户的历史搜索（最近行为策略），当用户点击关键词时直接跳转到对应的搜索结果页，如图 5-6 所示。
- **即时搜索**：2010 年，Google 推出了 Google Instant 功能[⊖]，这是一个搜索交互方面的改进。与过去用户输入关键词后回车或点击搜

图 5-6 爱奇艺搜索框交互区预设关键词

⊖ 2017 年 7 月，随着用户搜索习惯向移动端迁移，为了确保用户搜索体验一致性，Google 关闭了网页版 Google Instant 功能。

索按钮得到搜索结果不同,这一功能让用户在键入关键词的同时可以实时得到搜索结果,减少了一次用户确认操作,即所谓的"键入即搜索"。

- **搜索列表页结果直达**:对于一些更为明确的可预测的搜索意图,与过去引导用户跳转到第三方网站相比,搜索引擎越来越多地选择在搜索结果中直接提供结构化的信息或服务,将与用户体验相关的工作进一步前置,如图 5-7 所示。

图 5-7 百度搜索"北京天气"的实时结果

总体来说,无论是在用户搜索前、搜索中还是搜索后,这些在产品层面体验前置的变化,最终目的都是缩短搜索路径,将搜索产品和搜索结果尽快提供给用户。

5.2.2 搜索系统的策略分析

对于搜索问题,可以简单定义其业务函数为:

$$f(query, doc) = 搜索结果点击概率/评分$$

其中，query 为用户输入的内容，doc 为被索引的文档（在其他搜索场景，如电商，可以泛化为商品及其上下文）。函数的输出为用户 query 对每一个 doc 的评分或用户点击的概率，系统对这一输出从大到小排序并作为最终的搜索结果；这个业务函数表面上看非常简单，实际上拆解之后我们会发现有非常多的工作可以去做。

从整体上看，搜索系统至少包括两个重要的组成部分：query 分析和 doc 排序。

1. query 分析

当用户提交 query 后，系统是否可以直接将其用在 doc 中做文本匹配和查询后输出？

答案是否定的。一方面，并不是所有的用户都能在输入的 query 中准确表达自己的搜索意图，例如当用户搜索"米月传"时，实际上想要查找的是电视剧《芈月传》，如果直接用前者进行匹配查找的话返回的结果会很少。另一方面，我们知道搜索引擎中的网页内容是以关键词-倒排索引（见图 5-8）的形式进行索引存储，尽管有信息编码或索引压缩等技术能够提高索引效率，但搜索引擎的长尾特性决定了仍然有一部分长尾 query，例如虽然只有 20% 的查询量，但这部分 query 本身占比可能高达 80%，如果对其进行索引将消耗大量资源，因此这些长尾 query（往往由一些高频词组成）并不会直接从索引中被查询，而是分解后被查询。

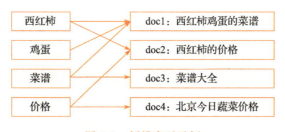

图 5-8 倒排索引示例

所以，当接收到用户的 query 时，系统通常会对 query 做进一步分析，再送入下一阶段的匹配查询。这一过程可以通过对上面业务函数的纵向拆解来表达，如图 5-9 所示。

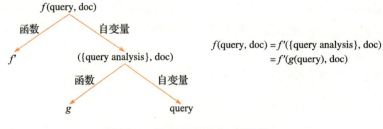

图 5-9　搜索问题业务函数拆解

query 分析至少包括如下模块。

1）查询改写（Query Rewrite），用新的 query 更准确或更完整地表达用户的搜索需求，如下例所示。

- **关键词纠错**：修正一些因为输入、同音字等原因导致的 query 问题，例如 "liulangdiqiu" 与 "流浪地球"、"米月传" 与 "芈月传" 等。
- **同义词识别**：识别一些别名、全称与简称，以及书面语与日常用语等同义词，如 "西红柿" 与 "番茄"、"北京大学" 与 "北大" 等。
- **关键词扩展**：根据词的相似度、上下位属性或用户习惯对 query 进行扩展与延伸，例如 "酸酸乳" 与 "酸奶"、"红烧肉" 与 "红烧肉的做法" 等。

2）意图识别（Intent Detection），准确地识别用户的搜索意图有助于我们更快速和深入地为用户提供搜索价值，如上一节搜索结果直达等。意图识别应用的场景如下。

- **意图分类**：如搜索 "北京到深圳" 将其分类到 "机票" 类别，可以在搜索结果中直接提供北京飞往深圳的机票查询结果。
- **类目识别**：对于电商等本身具备类目路径的场景来说，可用于搜索结果的范围引导，例如搜索 "李锦记生抽" 将其识别为 "粮油调味-调味品" 这一类目，可以提供这一类目下的各调味产品。

3）查询解析（Query Parse），从语义理解的角度对 query 进行解析，为后续的 doc 匹配查询做准备，流程如下。

- **query 分词**：将原始的 query 进行切分，例如将 query "附近的特价酒店"

切分为"附近 的 特价 酒店"。
- **权重计算**：对 query 中各关键词进行权重计算，标注出用户查询的重点，例如将"附近的特价酒店"的权重标记为"附近（0.3）的 特价（0.2）酒店（0.5）"。

query 分析中的每一个模块都可以作为一个独立的子问题，例如关键词纠错或同义词识别问题，其子函数如下：

$$g(\text{query}) = \{\text{new query}\}$$

这一问题的三要素包括：样本、特征和评估。

- **样本**：样本的来源可以是用户搜索和点击的日志（数据埋点与落库）、人工对输入输出进行的标注（数据标注）、已收录的网页语料库（数据重组）、WordNet 等词典或词数据集（公开数据集）、维基百科或百度百科（抓取与众包）等。
- **特征**：根据样本来源的不同，特征可以是 query 本身的语义分析结果、query 搜索链中前面若干次 query 以及语料库中关键词上下文等。
- **评估**：评估方法一般是 4.3.2 节中介绍过的精确率与召回率、AUC 等指标。

最终根据不同来源的数据，可以用各种模型去描述原始 query 与 new query 之间的函数关系。这里所说的模型包括但不限于基于编辑距离等文本相似度的模型、基于搜索链的随机游走或共现模型、基于语料库的向量模型等。

与此同时，搜索引擎交互上的一些功能设计也让这些子问题的样本闭环更为清晰，例如常见的关键词提示与纠正，如图 5-10 所示。

图 5-10 百度搜索"米月传"的关键词提示（左）与纠正（右）

这些交互上的设计一方面为用户缩短了搜索路径，实现了用户体验方面的价值（这些价值可以用各种交互指标去评估，例如平均搜索深度、二次搜索率、搜索键入长度等）；另一方面为 query 分析中这些子问题的模型提供了线上验证的环境，同时累积了新的正样本或负样本，实现了数据价值。

2. Doc 排序

搜索策略的另一个重要问题是 doc 排序，即根据用户 query 或 query 分析结果，依次输出相关性最高或点击概率最高的 Top K 个 doc 结果。

早期的 doc 排序方法一般为基于一些假设构建的模型，这也是一些搜索产品在上线初期缺乏样本的情况下常用的基准模型，比如以下列举的几种。

- **TF-IDF 模型**：这一模型假设 query 在目标 doc 中出现频率较高，且在其他非目标 doc 中出现频率较少，即认为该 query 与目标 doc 相关性更高。
- **BM25 模型**：这一模型在 TF-IDF 模型的基础之上，假设在其他指标一致的情况下，doc 越短其与 query 的相关性越高。
- **PageRank 模型**：这一模型与互联网特性有关，假设大量用户在包含 query 的网页上根据网页上的超链接不停地随机跳转，那么最终停留用户越多的网页，则认为是重要性和价值越高的、应该排在前面的网页结果。

这些搜索系统的经典模型将会在 7.4.1 节具体介绍。

随着搜索产品上线，用户的使用为系统累积了大量的样本数据，这些低成本的样本数据使排序策略逐渐向样本模型转移成为可能，即**排序学习（Learning To Rank，LTR）**方法。

根据评估方法与样本数据构造的差异，排序学习的模型可以从整体上分为以下三种类型。

（1）单文档方法

单文档方法（PointWise Approach）是比较容易理解的一种排序学习方法。如果把用户在 query 后返回的结果列表中点击的文档认为是相关的，未点击的文档认为是不相关的，那么可以将排序问题转化为一个二分类问题，并通过对点

击概率函数 $f(query, doc)$ 的预测，针对新 query 将所有 doc 按点击概率从大到小输出，得到的即为最终的排序结果。这一过程中，业务函数 f 可以用 4.3.2 节中介绍过的常见分类指标来进行评估。样本的构造与评估过程如图 5-11 所示。

$$query \begin{Bmatrix} doc1 \\ doc2 \\ \mathbf{doc3} \\ doc4 \\ \ldots \end{Bmatrix} \xrightarrow{样本} query \begin{Bmatrix} (doc1, -1) \\ (doc2, -1) \\ (doc3, +1) \\ (doc4, -1) \\ \ldots \end{Bmatrix} \xrightarrow{评估} f = \arg\min_f \sum_i L(f(x_i), y_i)$$

图 5-11　PointWise 的样本构造与评估过程（用户点击了 doc3）

（2）文档对方法

在单文档方法中，建模过程对排序问题进行了简化，即只是从单个文档的角度出发，对文档是否点击或者是否相关进行分类判定，而没有考虑文档与文档之间的排序关系。实际上，文档之间这种先后关系也是很重要的。对于两个文档 doc1 和 doc2（假设我们认为 doc1 应该排在 doc2 前面），我们更希望模型能够对类似 doc1 > doc2 这种偏序关系作出预测。由此可以基于"用户所点击的文档应该排在前面"这一假设，从用户的点击数据中抽取出这种偏序关系作为模型的输入样本，构建出文档对方法（PairWise Approach）的分类模型，如图 5-12 所示。

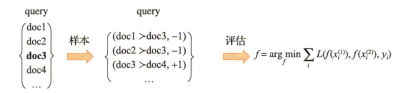

图 5-12　PairWise 的样本构造与评估过程（用户点击了 doc3）

（3）文档列表方法

相比于前面两种方法，文档列表方法（ListWise Approach）不再将排序问题转化为常规的机器学习问题（如分类问题等），而是直接对每一个 query 搜索结果中的 doc 序列整体进行预测与评估。即对于用户提交的 query，假设存在一个理想函数 f，其能够针对各 doc 输出符合排序预期的评分（例如在统计上去除位置偏置情况下 query 返回结果中各 doc 的点击率），那么我们希望预测得到的函

数 f 能够尽可能在分布上（如 KL 距离[一]）或者在输出的结果序列上（如 NDCG 相关指标）接近理想的函数，用建模语言描述为：

$$f = \arg\min_f L(f, \bar{f})$$

文档列表方法更加贴近排序问题的本质，因此在数据量足够的情况下一般能够得到比前两者更好的效果。

排序学习起源于搜索领域，目前依然是许多搜索系统的核心模块。同时由于排序问题的普适性，这些方法不仅用于搜索系统，也在推荐、广告等许多其他业务场景中发挥着重要作用。

5.3 三大应用场景之推荐业务的策略分析

5.3.1 推荐系统的演进

最早的推荐系统可以追溯到 1994 年，美国明尼苏达大学计算机系 GroupLens 研究组推出了 GroupLens 新闻内容推荐系统[二]，并首次提出了协同过滤（Collaborative Filtering，CF）推荐思想；1998 年，当时还是图书领域垂直电商的 Amazon 上线了首个基于物品（商品）的协同过滤（Item-Based Collaborative Filtering）电商推荐系统；2007 年 10 月，首届推荐系统领域国际学术顶级会议 ACM RecSys 在明尼苏达大学召开[三]并延续至今，伴随着互联网的蓬勃发展和个性化推荐的普及，成为最受欢迎的学术会议之一。

推荐系统在国际互联网上大规模成功应用的势头也扩散到了国内：内容推荐方面，2012 年今日头条上线，2016 年抖音上线，这两款从出生就携带了个性化推荐基因的航母级应用与其他内容平台一起组成了如今字节跳动这个内容"帝国"；商品推荐方面，2015 年，淘宝"双 11"全面开启个性化推荐，"双 11 主会场"多年以来首次达到了个位数的跳失率[四]；2016 年，"京东 618"期间引

[一] 又称相对熵，是对两个概率分布差异的度量。
[二] Resnick, Paul, Neophytos Iacovou, Mitesh Suchak, Peter Bergström, John Riedl. GroupLens: an open architecture for collaborative filtering of netnews. ACM CSCW'94, pp. 175-186.
[三] http://recsys.acm.org/recsys07。
[四] 参见阿里巴巴集团双 11 技术团队撰写的《尽在"双 11"——阿里巴巴技术演进与超越》，由电子工业出版社于 2017 年出版。

入的个性化推荐也大放异彩,实现了活动会场的个性化分发,不仅带来 GMV 的明显提升,也大幅降低了人工成本⊖。

从产品层面看,推荐系统的最新发展趋势可以用一个词来概括——**全面个性化**,具体来说体现在两个方面。

1)越来越多的应用与服务开始尝试个性化推荐。以内容场景为例,过去我们提到推荐系统时,大部分案例来自支持用户对内容评价的网站,在内容详情页面中推荐用户可能感兴趣的内容,例如豆瓣、Netflix 等。

现如今,大部分内容平台在首页上线了推荐模块,作为默认的用户入口对平台内容进行个性化分发,如图 5-13 所示。

图 5-13　各内容平台首页推荐模块

2)全面个性化的另一个体现是在推荐系统中开始对用户使用产品的全场景进行覆盖,即从局部推荐发展到全场景推荐。以电商场景为例,过去当我们谈到电商的个性化推荐时,出现最多的案例是 Amazon 等网站商品详情页或首页上专门的关联推荐模块,如图 5-14 所示。

这些推荐模块作为辅助用户做出购物决策的工具,无论是用户还是网站对其效果的期望都是"有则改之,无则加勉",即能推荐出准确的结果固然不错,如果推荐失败对用户的购物体验影响也不大。

⊖ 参见京东集团 618 作战指挥中心撰写的《决战 618:探秘京东技术取胜之道》,由电子工业出版社于 2017 年出版。

图 5-14　Amazon 首页个性化推荐模型

随着淘宝和京东这两大电商平台对个性化推荐的成功应用，我们看到国内电商平台越来越多地在各场景中引入个性化推荐逻辑，其产品形态不仅包括过去的关联推荐，还包括首页或活动页等用户主入口处的个性化广告、搜索或购物车等交易主路径上的商品推荐等。现如今推荐系统已经成为各电商平台的标配，并逐步从一个辅助功能演变为电商平台的核心能力之一。这样的变化从用户体验的角度而言大幅缩短了用户的决策路径，同时也意味着对推荐系统的推荐效果提出了更高的要求。

京东推荐产品演进过程如图 5-15 所示。

如果把电商场景与线下购物类比的话，这样的变化相当于从过去的商品导购员推荐变成一个完全私人定制的商场，商场中所有的货架都是为你量身定做的。这在传统线下世界是无法实现的，而在互联网世界却能做到——每个人的手机屏幕都变成了货架，互联网的规模效应大幅降低了单次推荐的成本，让个性化陈列成为可能。

推荐产品"全面个性化"这一发展趋势，为用户与内容或商品建立了更多可能的连接路径。对于用户而言，在互联网信息过载的背景下，这是一种经过验证的提升信息获取效率的解决方案；对于平台与生产者而言，全面个性化推荐也让中小生产者提供的长尾内容或商品更有机会被用户消费，一定程度上避免了强者恒强的"马太效应"，有助于维护一个更多样化的商业环境。长尾效应与分发方式示意如图 5-16 所示。

第 5 章 基于函数方法论的业务策略分析

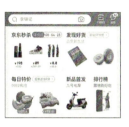

2016—2017年
京东秒杀、
智能卖场、
陪伴计划、
我的6.18、
好货、清单、
东家小院

2014—2015年
首页猜你喜欢、
购物车猜你喜欢、
免运费凑单、
活动、楼层、优惠券

2012—2013年
看了还看、
买了还买、
看相似，找搭配

图 5-15　京东推荐产品演进过程㊀

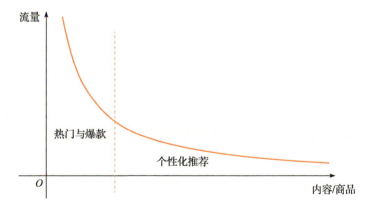

图 5-16　长尾效应与分发方式

㊀ 参见京东集团 618 作战指挥中心编著的《决战 618：探秘京东技术取胜之道》一书第 287 页。

5.3.2 推荐系统的策略分析

通常来说，我们可以定义个性化推荐问题的业务函数为：

$$f(user, item) = 推荐结果点击概率/评分$$

其中，user 为用户；item 为待推荐的物品（内容或商品）；函数的输出为根据用户对每一个物品进行评分或物品推荐后用户点击的概率，系统根据这一输出从大到小排序并将排序结果作为最终的推荐结果。

一个从零开始构建的个性化推荐系统策略的发展大致上会分为如下几个阶段。

1. 基于内容的推荐

第一个阶段称为基于内容的推荐策略，这一推荐策略的核心思想是基于物品本身的一些属性或内容元数据（例如标题、描述文本等），根据物品与物品之间的相似度进行推荐。根据这一思想，我们可以将用户最近一段时间或最近浏览/购买过的物品作为一个集合，计算他们与目标物品的相似度。由此可将业务函数转化为：

$$f(user, item) \Rightarrow f(\{items\}_u, item)$$

更具体来说，可以有下面两种思路。

1）**文本方法**。在这一方法中，我们把物品的集合视为用户搜索的一个 query。query 可以由物品的标题组成（短文本），也可以由与物品相关的所有描述文本组成（长文本），这样将推荐问题转化为已知的搜索问题，从而通过复用搜索策略中的方法来求解：

$$f(\{items\}_u, item) \Rightarrow f(query_u, item)$$

2）**向量方法**。对于一些不适合转化为 query 文本的属性，例如商品价格、上架时间、标签化信息等，可将其连同物品描述文本信息整体抽取为一个特征向量，通过计算其与目标物品特征向量的各种相似度度量来进行推荐：

$$f(\{\text{items}\}_u, \text{item}) \Rightarrow \text{sim}([\text{items feature}]_u, [\text{item feature}])$$

这样最终得到了一个推荐问题的策略,即业务函数 $f(\{\text{items}\}_u, \text{item})$。这一策略依靠用户的少量访问或购买记录就可以启动,对用户量、DAU 等都没有要求。同时,这也是一个较为通用的业务函数,它既可以应用于物品详情页,作为详情页的一个关联推荐模块(取物品集合 {items} 为当前物品即可),也可以应用于首页或用户中心作为个性化推荐模块,例如基于用户最近浏览内容进行推荐,或类似图 5-14 中所示的"根据您所购商品推荐商品",因此,非常适合早期没有多少用户量时作为个性化推荐的基准策略使用。

2. 基于用户评价或行为的推荐

随着时间的推移,基于内容的推荐策略的问题逐渐凸显出来。虽然说每次给用户推荐的结果确实与用户最近浏览的物品非常相关,但时间一长用户就会发现自己就好像被困在了同一个主题或一类商品中,无法看到其他物品,除非自己跳出循环主动寻找新的内容或商品——这样的推荐系统好像总是缺乏一些"不期而遇的惊喜"。

不过好在现在用户规模与用户活跃度上来了,基于这些用户的评价或行为,我们又有了新的策略。在这一策略中,将每个用户和物品都视为独立个体,根据用户历史上对物品是否访问或访问后的评价数据构建图 5-17 所示的用户-物品评分矩阵。

	item1	item2	item3	item4	item5
user1		5		3	
user2	2	3		?	1
user3	1		3		
user4			5	4	5

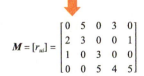

$$M = [r_{ui}] = \begin{bmatrix} 0 & 5 & 0 & 3 & 0 \\ 2 & 3 & 0 & 0 & 1 \\ 1 & 0 & 3 & 0 & 0 \\ 0 & 0 & 5 & 4 & 5 \end{bmatrix}$$

图 5-17 用户-物品评分矩阵

与之对应,待求解的问题即为预测矩阵中未知的部分,即当用户面临未曾访问或评价过的物品时会做出怎样的评分，并以此作为是否将该物品推荐给该用户的依据。用形式化语言表达即为对于任意用户 u 和物品 i，预测其评分的业务函数：

$$f(u,i) = \hat{r}_{ui}$$

从不同的假设出发，函数的模型具体来说又可以分为如下几种。

- **基于用户的协同过滤模型**：这一模型假设爱好类似的人喜欢的物品也是高度相似的，因此，通过与目标用户相似度高的其他用户的喜好去推荐。
- **基于物品的协同过滤模型**：这一模型假设物品与物品之间也存在相似度，并且这种相似度不是通过标题、描述文本等内容来体现的，而是通过同时喜欢这两个物品的用户群来体现的，根据这一信息我们可以对目标用户喜欢的物品进行扩展推荐。
- **隐语义模型**：这一模型假设用户与物品之间的连接存在一些隐含的变量，这些隐变量在模型内部借助矩阵分解的方法表达了用户的喜好与物品的属性，同时为目标用户对目标物品的评价做出了预测。

这些模型作为推荐系统的经典模型，其推导过程将会在 7.4.2 节详细介绍。这些模型建立在用户量与用户行为数据达到一定规模的基础之上，借助群体的智慧帮助用户发现更多潜在的兴趣。

3. 基于用户特征与内容特征的推荐

基于用户评价或行为的推荐策略虽然对过去的方法进行了升级，但距离上一节提到的"全面个性化"的状态还是存在一定的差距，无论是多业务还是多场景下的个性化需求，按照目前系统对用户与物品的刻画粒度都无法支撑。

究其原因，这与模型建立的过程有关，在基于用户评价或行为的策略中，我们将用户和物品视为一个完整的个体，但实际上围绕用户和物品本身有非常丰富的信息未被利用，例如用户的年龄、性别、浏览与消费历史，以及商品的品牌与价格等，这些信息或多或少都影响着用户对物品的偏好。

所以，个性化推荐系统目前最常见的策略是，通过引入用户特征与物品特征对用户偏好进行预测，即：

$$f(\text{user}, \text{item}) \Rightarrow f([\text{user feature}], [\text{item feature}])$$

其中，用户特征与物品特征的构建又主要有以下几种方法（以用户特征为例）。

（1）业务规则用户画像

用户画像（User Profile）是根据用户的身份信息、消费明细以及过往交互动作等底层数据抽象出的描述用户属性的一组标签。常见的用户画像如图 5-18 所示。

图 5-18　常见的用户画像

用户画像的生成规则与业务、场景高度相关，用于描述一些客观事实（如最近消费次数），或定义一些用户行为划分标准（如消费频率）；每一个用户画像都可以基于用户相关数据，用一些业务规则和逻辑来生成，或用分段函数来描述，例如画像"最近消费次数"和"消费频率"：

$$\text{feature}_{最近消费次数} = 最近3个月支付成功订单数$$

$$\text{feature}_{消费频率} = \begin{cases} 高, & \text{feature}_{最近消费次数} \in [10, \infty) \\ 中, & \text{feature}_{最近消费次数} \in [5, 10) \\ 低, & \text{feature}_{最近消费次数} \in [0, 5) \end{cases}$$

从业务沟通的角度看，一个用户画像代表符合某些条件的用户的集合，所以一组定义清晰的用户画像有助于产品经理与其他同事在用户分析、用户运营、营销投放等场合准确高效地传达沟通意图。

从模型与技术实现的角度看，业务规则用户画像的本质是一种特征工程的人工实施方法，所以用户画像的生成服从 4.2.2 节中提到的特征选择信息量原则，即优先构建那些与业务目标提升更相关、更有价值的用户画像，例如 K12 教育营销投放场景中类似"该用户是否有一个 6 ~ 12 岁的孩子"这样的画像。

（2）模型预测用户画像

业务规则用户画像依赖于产品经理对业务的深入了解，且画像粒度较为粗糙。另外还存在的一个问题是,不是所有的用户底层数据都是齐全和准确的,例如最简单的用户性别,在一些不强制要求实名认证的场景中这部分数据可能是缺失的,即使有也可能是用户随意填写或默认填写的。

这些问题可以从用户底层数据出发,通过将一些用户画像投射到一个概率分布上以求明确解决和描述,即**用户画像概率化**。假设我们退一步,将用户侧模型的输入定义为用户数据的原始输入(暂不考虑物品特征),这样一来问题实际上被纵向拆解为图 5-19 所示情形。

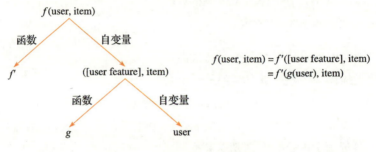

图 5-19　推荐问题业务函数拆解

这一拆解**将用户画像的预测转变为另一个问题**,通过对一些已知样本数据的函数拟合,对缺失或不准确的用户画像得到一个预估。以用户性别为例,$g(user) = gender$ 这个子问题的三要素如下所示。

- **样本**:准确的性别数据可以来自用户身份证号倒数第二位(奇数为男性偶数为女性),这部分准确的样本数据一般来自实名认证场景中,例如需要实名的业务或一些支付场景。
- **特征**:身份证号以外的、能够用于猜测用户性别的其他线索,例如用户姓名,叫"建国"的用户更可能是一位男性,而叫"淑芬"的用户则更可能是一位女性;或者用户常购的商品的类别,常购数码或游戏品类的用户更可能是一位男性,而常购化妆品或箱包品类的用户更可能是一位女性、其他类似数据都可以作为特征。
- **评估**:对已有样本数据预测的精确率与模型 AUC 等。

通过对模型的预测,对于缺失或不准确的用户画像最终可以输出一个概率值作为补充的画像特征并用于后续的推荐模型。

（3）嵌入式用户画像

还有一类特征与模型训练过程关联较为紧密，例如基于矩阵分解模型分离出来的隐变量可以看作一种嵌入式的用户特征，或者一些基于深度学习方法实现的对用户数据的编码等也可以作为一种用户特征。这些特征可能无法用一般的语义来表达，但是对于推荐模型的最终效果有很大的提升。具体内容会在第 7 章与第 8 章详细介绍。

基于用户特征与物品特征的推荐让模型能够以最细的粒度对用户的偏好进行预测，这是目前各大内容与电商平台应用最广泛的推荐策略。与此同时，各平台持续提升的用户量与用户活跃度所带来的海量用户数据也为这一方法的实施创造了良好的条件。

5.4 三大应用场景之广告业务的策略分析

5.4.1 广告系统的演进

1994 年 10 月，世界上第一个互联网在线广告在杂志 *Hotwired* 的在线版 hotwired.com 中以 Banner 广告的形式刊出，投放广告的是美国著名的电信公司 AT&T；时隔不久，IBM 在 1997 年向 ChinaByte 投放了美国国内首支互联网广告。时至今日，互联网在线广告作为历史最悠久的互联网商业模式，20 多年来得到了长足发展，并衍生出了多样的业态。

从互联网广告业态的角度来看，广告的参与者大体上可以分为三个角色：提供流量的一方，一般称为（流量）供给方（Supply Side）或流量主；需要流量的一方，一般称为（流量）需求方（Demand Side）或广告主；以及连接流量与广告的中间角色，一般为广告平台方。

图 5-20 展示了互联网在线广告发展至今业态角色的划分与一些主要的企业名单，偏左侧为广告主以及对接广告主的平台，如 DSP、DSPAN 等；偏右侧为流量主（媒体）以及对接流量主的平台，如 SSP、Ad Exchange 等；还有一些第三方服务平台，如数据服务 DMP、广告监测平台等，和同时扮演多种角色的大

型综合广告平台，如腾讯广告、百度营销等。

图 5-20　RTBChina 广告生态图（2019.8）[1]

对于广告相关业务的策略产品经理而言，通常根据其企业的角色被放在不同的团队：广告主类公司中一般放在增长团队，负责搭建投放工具以提高获客效率；流量主类公司中则放在商业化团队，负责通过广告实现流量变现以提高公司营收；大型综合广告平台类公司中则放在一个比较完整的广告团队，需要兼顾多方利益，从整体上提升广告匹配效率。对于广告主类公司的策略产品经理我们已经在 5.1 节简单讨论过，所以这里更多以后两者的身份从流量变现的角度去看广告系统的演进。

在谈广告系统的演进以前，需要先了解不同的广告结算方式。

1. 广告结算方式

从消费者行为角度来看，常见的广告结算方式可以分为以下几种。

❑ **CPM（Cost Per Mille**[2]**）**：每千次展现成本，广告主按广告在媒体处的展

---

[1] https://www.rtbchina.com/。
[2] Mille 一词在拉丁语、法语、意大利语等语言中意为"千"。

现次数付费⊖。

- **CPC（Cost Per Click）**：每点击成本，广告主按广告在媒体处展现后消费者点击次数付费。这种方式也是搜索广告、信息流广告最常用的结算方式。
- **CPA（Cost Per Action）**：每行动成本，广告主按广告投放后消费者某些特定的行动付费，例如提交手机号线索、下载 App、加微信号等。对于一些行业的广告主这种结算方式会更加细分，例如软件或游戏行业的 CPD（Cost Per Download，每下载成本）、CPI（Cost Per Install，每安装激活成本）、CPL（Cost Per Lead，每用户注册成本）等。
- **CPS（Cost Per Sale）**：每销售成本，广告主按广告投放后消费者支付成交付费，即我们常规意义理解的销售佣金。

下图按用户交互顺序以漏斗形式展示了这些广告结算方式，如图 5-21 所示。

从用户在媒体等流量主处看到广告开始，到点击广告，再到完成特定动作，最后到在广告主处进行支付成交结束，才算完成一个完整的从广告投放到投放成功的过程。

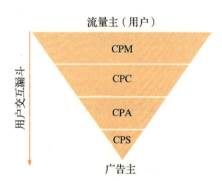

图 5-21 用户交互漏斗与广告结算方式

2. 流量主与广告主的矛盾

对流量主来说，其广告营收与 CPM 挂钩。在 PV 和广告曝光率不变的情况下，CPM 越高流量主的广告营收越高：

$$流量主广告收入 = PV \times 广告曝光率 \times CPM$$

而对于广告主来说，其业务营收则与 CPS 挂钩。在客单价与交易量一定的情况下，CPS 越低广告主的业务毛收入越高：

⊖ 在展现环节还有一种广告结算方式 CPT（Cost Per Time，按广告展现时长付费），更多为固定广告位的品牌广告，与我们更关注的效果广告销售方式与投放策略有一定差异，所以后续不再讨论。

广告主业务毛收入 =（客单价 − CPS）× 交易量

流量主与广告主两方各自最关注离自己最近的一个结算指标且期望相反，而中间所有的转化率都存在不确定因素，**这种矛盾是广告系统中所有产品逻辑产生的根源。**

从这一矛盾出发深入观察，我们会看到以下差异。

- **数据所有权**：用户的交互动作从流量主处出发，结束于广告主，所以越往上游结算流量主拥有的数据越多，如用户画像数据、广告行为数据；反之，越往下游结算广告主拥有的数据越多，如用户交易数据。
- **承担的风险**：从广告展示到用户成交支付，中间所有环节都存在不确定因素，从 CPM 到 CPC 叫点击率（Click Through Rate，CTR），从 CPC 到 CPA 叫点击转化率（Conversion Rate，CVR），从 CPA 到 CPS 一般为广告主业务中的交易转化率。由于存在这些不确定性，因此，越往上游靠近流量主关注的方式结算，对流量主风险越低，而对广告主风险越高；反之亦然。
- **作弊的可能**：在广告业务中有一个基本假设——每一个角色尤其是靠近结算方式的角色都有作弊的动机。所以，许多产品的设计与机制的形成基于这一假设，一方面需要有办法监控对方是否作弊，如第三方监测分析工具等；另一方面在必要情况下也需要自证清白以维护一个良好的信任环境，例如 oCPC 中的赔付机制等。

最终在流量主和广告主双方长时间的博弈之下，广告业态中的广告结算方式形成了以中间的环节 CPC 和 CPA 结算为主的格局。

3. 广告业务的价值

接下来将讨论对于广告策略产品经理所在的商业化团队（流量主）或者广告团队（综合广告平台方）而言，应该怎样发掘广告业务的价值？

首先流量本身是有成本的，这对起连接作用的平台方来说很容易理解。而对于一个公司内部的商业化团队来说，可以用这样一个思路去看待：假设商业化团队从公司剥离出来成为一家新的子公司，那么实际上就等价于采买了母公司的流量，借助母公司的用户数据作为 DMP，去设法对接下游的广告业务做变现，商业化团队这时就相当于平台方的广告团队。从母公司采买流量的成本相当于行业或竞品平均每 PV 广告营收，这也是大部分母公司对流量变现的底线指标。这一指标如果转换回公司内部即为商业化团队 KPI 的起点。

由此可见，从统一的角度来看，怎样提升广告的变现效率（如每 PV 营收指标）就成为团队需要思考的问题了。

我的理解是，广告业务的价值主要来自下面两个效率差。

（1）两个投放流派的效率差

在 5.1.1 节我们从广告主的角度介绍了三个营销投放的流派：素材派、渠道派和数据派。对于广告主而言，投放方法多属于渠道派；而对于广告平台而言，投放方法则多属于数据派。两种方法投放用户的不同分布形成了一个效率差，如图 5-22 所示。

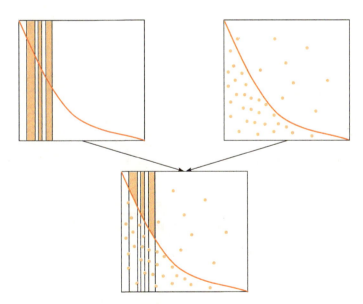

图 5-22　渠道派（左上）与数据派（右上）的效率差（下图阴影部分）

这种效率差是由广告平台和广告主这两个角色的天然数据边界决定的。前面提到，从广告投放开始到用户完成交易，用户在双方产生的交互和交易数据是割裂的，广告平台和广告主各持一半，前者有用户画像和点击行为等数据，后者有应用激活与内购消费、商品成交等数据。所以如果说效率差的填平能够带来价值，那么对双方来说需要突破数据边界，实现一定程度上的数据共享。

基于这样的逻辑，广告系统的一些产品方向或解决方案都和数据边界有关。对于广告平台来说，一方面开放了更多数据和权限给广告主，这些产品方案包括为广告主提供丰富的用户画像，通过提供 A/B 测试工具共享更多交互与反馈数据，甚至是支持自定义人群投放——即让自有用户数据的广告主提供用户唯一标识进行投放，广告平台只提供触达用户的管道；另一方面，广告平台也在尽可能收集下游的行动或成交数据，例如在一些特定的广告类型下选择可监控的浅层转化指标（如应用下载、复制微信号等），或者与有一定技术能力和反馈意愿的广告主合作对接交易数据，甚至是自建闭环让整个用户流程都在平台上完成，如各广告落地页、二类电商平台等。

（2）不同广告优化师投放的效率差

和任何其他行业一样，决定广告主执行投放动作的广告优化师，其投放水平一定是有差异的，即使平台开放了足够多的用户画像数据（这种开放或许进一步放大了广告优化师的投放水平差异）。

广告优化师投放的水平差异带来的效率差如图 5-23 所示。

因此，如果能够用机器代替投放水平较差的那部分广告优化师，拉高平台优化师的平均水平，那么就有机会从中获取更多价值，提升广告平台的整体投放效率，或者降低广告投放的能力门槛，让更多广告主入场进行投放。

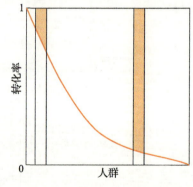

图 5-23　不同水平广告优化师投放效率差

这部分产品趋势可以用一个词来概括——**"投放自动化"**，具体表现在如下几个方面。

❑ **动态创意**：广告素材（用户能看到的所有广告图片、文案、视频等）测试是过去广告优化师投放过程中重要且非常耗时的工作内容。在这个阶段，广告优化师需要针对各个人群不断测试不同的广告素材组合来确定转化率最高的一组素材；而在动态创意的解决方案下，广告优化师只需要一次性上传所有广告素材，系统则自动完成素材组合、人群分发与效果测试动作，最终实现在兼顾成本的情况下向不同人群投放转化率最高的广告素材组合。

- **人群自动匹配**：在人群匹配阶段，过去的解决方案是广告平台提供一些用户画像，包括地区、年龄、性别等，由广告优化师或广告主通过筛选用户画像圈定一些目标用户进行投放，或者提供自有目标用户（如已成交用户）的某些唯一标识，例如手机号、设备码，借助广告平台对接的媒体管道触达用户并进行投放。现在对于广告平台而言，可以借助人群扩散（Lookalike）解决方案进一步帮助客户选择人群，即将上述目标用户作为种子包进行定向扩散，通过分类、社交网络等模型寻找与目标用户类似的其他用户进行人群扩散，达到一定程度上的精准投放效果。

- **自动出价**：效（点击率与转化率）、价（投放结算单价）和量（广告曝光量）往往是一组矛盾的共同体，构成了广告投放的不可能三角——即不可能同时达到转化率高、投放单价低且能够跑量的投放状态。所以在广告出价阶段，广告优化师过去最重要的工作是在量的约束（由广告主预算决定）和效的结果（由广告平台人群匹配、素材等因素决定）下，根据情况不断调整 CPM 或 CPC 出价以完成投放。近些年来出现的 oCPC、oCPM 等 oCPX 类自动出价解决方案则将预算控制、转化率预估以及广告出价等逻辑全部内化在了广告平台系统当中，让广告优化师或广告主只需要关注 CPA 或 CPS 等指标并为之付费即可，出价这一动作将由机器自动完成。

这些投放自动化产品带来的变化对广告主来说不一定是坏事：如果说广告主是 3.2.1 节结尾中餐厅故事中的店主小明，那么广告优化师就是中餐厅里的"大厨"，投放自动化这样的"空气炸锅"所提高的效率能够让广告主人均投放量提升，或者让更多自己不会"下厨"（投放）、不知道怎么请"大厨"或者请不起"大厨"的"小明们"能够来广告平台"开店"进行投放。当然，广告平台并不一定从"空气炸锅"中挣钱，这些"空气炸锅"都是免费赠送的，他们的收入来自店铺房租、食材和调味料……

5.4.2 广告系统的策略分析

相比搜索和推荐，广告是最为复杂的一个业务，这种复杂本质上来自上一节提到的流量主与广告主利益诉求的矛盾，因此广告平台在分配利益时需要对第四方——用户的行为进行准确预测。考虑到这种复杂性，这一节我们从效果广告业务的基本原理入手进行介绍，希望能够在有限的篇幅内把广告业务的轮廓描述清楚。

1. 广告问题的业务函数

我们依然从问题的业务函数开始说起。在第 3 章介绍业务函数的拆解方法时，我们用广告业务举过例子，其中提到过计算广告收益 eCPM 的业务函数如下：

$$eCPM = r(a, u, c)$$

这一业务函数度量了每次广告展现时的平台收益，即每次用户 u 访问或搜索时，在上下文 c 情况下，系统展示广告 a 的期望收益。那么广告的核心问题就可以用下面这个最优化目标，即最大化所有展现广告的 eCPM 的和来表达：

$$M = \arg\max_{M \in \Gamma} \sum_{i=1}^{|M|} eCPM_i = \arg\max_{M \in \Gamma} \sum_{(a_i, u_i) \in M} r(a_i, u_i, c_i)$$

其中，如果把向用户 u_i 展现一次广告 a_i 称为一次投放 (a_i, u_i)，那么所有投放人次的集合 $M = \{(a_i, u_i)\}$ 即称为一个匹配（Match）；Γ 为满足投放条件匹配的集合。因此上式表达的是，广告问题的本质是在所有可能的用户-广告匹配 Γ 当中，寻找一个使得最终广告期望收益总和最大的匹配 M。

前面介绍业务函数拆解方法时，对于采用 CPC 计费的情况，引入了从展现到点击的转化率 CTR，则 eCPM 横向拆解的过程如图 5-24 所示。

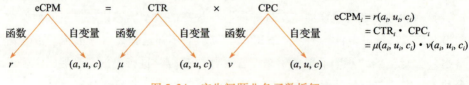

图 5-24 广告问题业务函数拆解

将上面的最优化目标分解为点击率 CTR 预估和 CPC 竞价两个子问题：

$$M = \arg\max_{M \in \Gamma} \sum_{(a_i, u_i) \in M} r(a_i, u_i, c_i) = \arg\max_{M \in \Gamma} \sum_{(a_i, u_i) \in M} [\mu(a_i, u_i, c_i) \cdot \nu(a_i, u_i, c_i)]$$

与上述类似，如果采用 CPA 计费，则可引入从展现到行动的转化率 CVR_m 或从点击到行动的转化率 CVR_c，将 eCPM 分别拆解如下：

$$eCPM = CVR_m \cdot CPA = CTR \cdot CVR_c \cdot CPA$$

在定义了广告的业务函数与核心问题的基础上，围绕着这组最优化公式，有更多细节和思路可以延伸。

（1）约束条件

在没有任何约束条件的情况下，这样的匹配是很容易用贪心思路求解的，即针对用户的每次访问或搜索，展现期望收益 eCPM 最高的广告。

现实情况中没有任何约束条件是不可能的，最常见的约束条件来自每个广告主或广告主设定的投放计划 k 的投放预算 B_k，即一段时间内广告消费的金额上限。如果考虑这一约束条件，那么上式即可抽象为一个带约束条件的二分图匹配（用户-广告匹配）问题：

$$M = \arg\max_{M \in \Gamma} \sum_{(a_i, u_i) \in M} r(a_i, u_i, c_i), \text{s.t.} \sum_{(a,u) \in M \& a \in k} \text{bid}_a \leq B_k$$

这一约束条件的加入，加上广告在线分配的特性（即在全天预算约束情况下，需要对当前投放做出决策），让广告问题的求解变得更加复杂，不仅需要考虑收益，也需要考虑流量调度，例如需要根据历史数据对每天剩余时间的流量和分配情况进行预估等。

（2）基于用户体验的调整

前面提到，广告问题不仅有流量主、广告主、平台方三方，也有一个隐含的第四方——用户的参与。如果无视用户体验问题而一味地追求收益，那么平台不久就会被出价高但质量低的广告充斥，这对平台方和流量主的长期发展不利。

一种方案是用质量分（Quality）替换点击率，常见于搜索广告，如百度关键词竞价、淘宝直通车等。通过广告的预估点击率、广告与用户搜索 query 的相关度、用户在落地页或店铺停留时间等因素综合评估广告对用户的价值：

$$质量分 = f(预估点击率, query, a, \cdots)$$

另一种方案是引入价格挤压系数 κ：

$$eCPM = CTR^{\kappa} \cdot CPC$$

当 $\kappa \to 0$ 时，相当于只考虑广告主竞价，展现出价最高的广告；当 $\kappa \to \infty$ 时，相当于不考虑广告主竞价，只根据广告点击率来分配广告。当出现大量质量不高的广告，意图提高出价获取曝光时，可以通过调高价格挤压系数 κ 来降低广告主出价和提升广告质量对展现的影响。这一系数也可以根据行业或类目进一步细分。

（3）流量成本

截至本书完稿时，我们讨论的最优化目标主要是从流量变现的商业化团队、大型综合广告平台，以及按广告收入比例与流量主分成的广告平台等角度出发的，其广告系统优化目标仅与收入相关。对于一些套利型广告平台，如 DSP 等，收入来自广告预算与流量成本的差价，因此，还需要在前面的最优化目标基础上去掉流量成本 $q(a_i, u_i, c_i)$：

$$M = \arg\max_{M \in \Gamma} \sum_{(a_i, u_i) \in M} [r(a_i, u_i, c_i) - q(a_i, u_i, c_i)]$$

这些平台在设计广告系统时，不仅需要考虑各广告主的预算约束，还需要考虑接入的各流量主的流量约束。

（4）广告场景的推广

这组最优化目标不仅可以用于各类广告场景，还可以进一步推广到推荐场景中。

以电商推荐（尤其是自营电商）场景为例，可以将推荐位视为广告位，通过最大化 GMV 或最大化毛利来求解这一推荐问题：

$$M = \arg\max_{M \in \Gamma} \sum_{i=1}^{|M|} \text{GMV}_i = \arg\max_{M \in \Gamma} \sum_{i=1}^{|M|} \text{CTR}_i \cdot \text{CVR}_i \cdot \text{Price}_i$$

对于自营电商来说，自己既为流量主，也为广告主，每个商品的价格可视为对用户与推荐位的 CPA 广告出价。这样一来，我们就将一个推荐问题转化为无预算约束的广告问题。由此可见，两个系统中的许多方法与逻辑实际上是可以共通和复用的。

2. CTR/CVR 预估问题

由于大部分广告平台都是按 CPC 或 CPA 结算的，因此拆解后公式中的 CTR/CVR 预估问题就成为广告问题中的核心之一。

CTR/CVR 预估问题的三要素如下。

- **样本**：这一问题的样本基本上来自闭环样本。对于 CTR 预估而言，即为广告展现后用户点击或未点击的样本；对于 CVR 预估而言，则为广告展现后或用户点击广告后的样本。
- **特征**：预估用户是否点击或转化的所有线索，包括与用户 u 相关的用户信息或用户行为画像，与广告 a 相关的文案、图片等广告素材信息，以及当前时间、客户端环境、广告位附近内容等上下文 c；对于搜索广告而言，还有用户提交的 query 以及历史 query 等信息。
- **评估**：分类指标 AUC 依然是一个常用的评估指标，我们不仅关心预估结果的排序，还关心预估的点击率分布是否与真实点击率分布接近，因此两个概率分布的 KL 距离也是用于评估 CTR/CVR 预估模型好坏的指标。

基于上述三要素，按照时间顺序，CTR/CVR 预估模型经历了如下几个阶段。

- **逻辑回归（Logistic Regression，LR）模型**：这是最早被验证的 CTR/CVR 预估模型，作为一个基本的线性模型，由于其同时具有速度快、灵活性高等工程优点和较好的可解释性，因此在广告的 CTR/CVR 预估问题中得到了广泛应用。
- **因子分解机（Factorization Machines，FM）模型**：2010 年提出的因子分

解机模型从基于特征二阶组合的 PLOY2 模型出发，在解决了计算量的问题之后，其提升模型效果的优势开始凸显，这也让因子分解机模型逐渐走出学术界，在工业界得到应用。另一方面，这一模型也一定程度上帮助工程师从人工特征组合与特征工程的重复工作中解放出来。

- **特征嵌入方法**：因子分解机模型虽然只对特征进行了二阶组合，但是得到的效果提升不禁让人思考——如果能够对特征进行更高阶的组合，那是否能够进一步提升 CTR/CVR 预估的效果？2014 年，Facebook 在一篇论文中公布了其广告推荐系统的方法——GBDT + LR。该方法在广告 CTR/CVR 预估问题中创造性地将梯度提升树 GBDT 与 LR 模型前后连接融合，通过 GBDT 对原始的特征进行了更高阶的组合。这些对特征的高阶表达与后续深度学习方法类似，本质上应用的都是一种特征嵌入（Embedding）的思想。

逻辑回归模型、因子分解机模型以及模型融合经典的 Stacking 方法——GBDT + LR 将在第 7 章介绍；深度学习对特征处理方法的影响将在第 8 章进行探讨。

3. 广告定价问题

广告中的另一个核心问题是广告定价问题，即前面业务函数拆解后的子问题 $CPC = v(a, u, c)$。

在讨论广告定价问题以前，我们先从广告主的角度出发，聊一聊广告主的市场投放逻辑。所有广告主在市场投放方面的策略可以用图 5-25 所示形式表达。

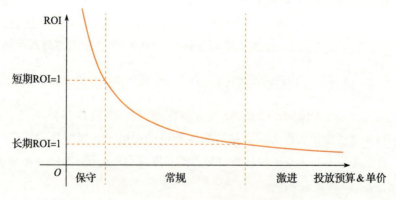

图 5-25　广告主的市场投放策略

一般而言，随着投放预算或单价的增加，广告投放的 ROI（Return On Investment，投产比）呈现递减的趋势。那么根据二者的关系，可以将广告主的市场投放策略大致分为以下三种。

- **保守市场策略**：在短期 ROI≥1 的预算区域进行投放。此时要求投放当期能够收回投放预算，这是一种不考虑复购率、较为保守的市场投放策略。
- **常规市场策略**：在长期 ROI≥1 的预算区域进行投放。长期 ROI 被定义为 LTV/CAC。LTV（Life Time Value）是用户在整个生命周期为企业带来的价值；CAC（Customer Acquisition Cost）是获取一个新用户的成本，该成本包括获取单个用户的营销成本，如 CPA 或 CPS。这种投放策略在市场上最为常见。
- **激进市场策略**：在长期 ROI<1 的预算区域进行投放。这意味着企业是持续亏损的，是一些特殊情况下为了争抢市场份额的激进市场投放策略。

对于广告主而言，具体采取哪种市场策略与竞争环境有关，但总体而言都是倾向于提高 ROI、降低投放成本；对于广告平台而言，则希望广告主都能提高投放预算和单价。由于缺乏具体的市场信息，相比于直接对广告进行定价出售，作为卖方来说更好的方案是广告平台设计一个机制，能够让买方即广告主们的广告投放在竞争中达到均衡，最终实现广告平台收益最大化。

因此，在广告定价问题中，最常见的解决方案是引入**拍卖机制**，即把定价权交给市场。我们可以把每一次向用户展现广告的机会看作商品，通过创造一个拍卖市场，让每个广告主带着自己业务的 ROI 信息和这一商品的估值入场，与同行或者其他行业的竞争者共同去竞拍这些机会。关于各拍卖机制我们将在 6.1.3 节详细介绍。

经过长期的发展与验证，目前使用最为广泛的拍卖机制是**第二价格密封拍卖**（Second Price Auction，又称 Vickrey 拍卖）。对于同时拍卖多个位置的情况，如搜索广告，则每个位置的获胜者按照下一位置获胜者的报价进行支付，即推广为**广义二价拍卖**（Generalized Second Price，GSP）。这一拍卖机制相比其他机制而言具有以下特点。

- 与**英式公卖**[1]相比，密封拍卖充分利用了在线竞拍的特性将报价隐藏起来，避免参与竞拍的广告主通过公开报价等信息达成"串谋"。
- 与**第一价格密封拍卖**（或等价的**荷兰式拍卖**[2]）相比，第二价格密封拍卖中参加竞拍者的最优策略是提交自己对商品的"真实估值"，因此这是一个鼓励竞拍者"Tell the Truth"即说真话的竞拍规则，这让一个广告系统更加稳定，避免了第一价格密封拍卖机制下广告主不断下调（获胜者）或上调（失败者）报价对广告系统带来的波动。
- 与 **VCG 拍卖**相比，尽管 VCG 拍卖在理论上被证明是多位置拍卖下最大化社会效用的最优机制，但 GSP 的理解和解释成本更低，因而仍然被广泛采用。

在广告平台定义了拍卖机制，构建了竞价市场的基础上，我们再回到广告主和广告优化师的视角。正如前面所说，不同的广告优化师水平是有差异的，这种差异在竞价市场上体现为对不同时间、不同人群调整出价等细节方面的把握存在一个效率差。另一方面，人不是万能的，不可能盯住每次针对用户展现广告机会的竞拍，因此在制定广告投放计划时往往是按平台提供的诸如时间、人群画像等粗粒度选项进行区间分段出价，这种方法与最细粒度的投放相比也存在价值间隙，即图 5-22 中提到的两个投放流派的效率差。

因此，广告平台最新的趋势是提供 oCPC、oCPM 等 oCPX 自动出价产品供广告主和广告优化师使用，期望能够借助平台累积的数据与机器的力量抹平效率差。oCPX 产品与过去的 CPC、CPM 出价产品相比，最大的变化是出价点与付费点分离，由过去统一根据展现或点击进行出价与支付，转变为在行动或交易阶段按自己关注的市场成本出价，同时付费点保持不变。

这意味着平台需要代替客户过去在展现或点击上的出价动作，并确保最终到行动或交易阶段的转化成本能够控制在一定的客户出价范围内（一般为 ±20% 以内）。一种简单的策略是设计一个仅负责调价的系统，代替人参加每一次竞拍，通过监测当前实际转化成本 CPA_{real} 与广告主目标转化成本 CPA_{obj} 的差值

---

[1] 又称公开拍卖，是一种增价拍卖，即出价高者作为赢家。
[2] 又称减价式拍卖，即拍卖标的竞价由高到低依次递减，第一个应价者为赢家。

来调整出价：

$$v(a,u,c) = \underset{v=f(\text{CPA}_{real},\text{CPA}_{obj})}{\arg\min} |\text{CPA}_{real} - \text{CPA}_{obj}|$$

但这种策略无法填平后一种效率差即两个投放流派的效率差。另一种更为全面的策略则是同时接管出价策略和人群匹配策略，从整体上对广告主的投放策略进行优化。这种策略更为复杂，对行动或交易的样本数据量也有一定的要求。因此，常见的策略是提供双阶段出价的方案，在第一阶段由广告优化师进行常规的 CPC 或 CPM 出价，借助优化师的智慧累积一定量的样本数据；在行动或交易量达到一定数量之后由系统接管进入第二阶段，基于这些样本数据用模型统一进行 oCPX 出价。

由于这种 oCPX 系统自动出价是一个新生事物，其效果存在一定的不确定性，因此当前国内的广告平台针对这一系统通常会出台一个赔付机制，即对超出广告主预期转化成本上限范围（通常为基础成本的120%）的消费进行赔付。从另一个角度看，这也是一种自证清白的方案，由于所有的出价和人群匹配动作都内化在广告平台系统当中，且广告平台有足够的动机去提高出价和消费，通过引入自我约束的规则在一定程度上能够让广告主更快地接受这一新生事物。

5.5 三大应用场景小结

5.5.1 三大应用场景的关系、共性与差异

在本章中，我们分别介绍了搜索、推荐和广告三大应用场景的历史演进，并对其常见策略进行了分析。最后我们再分别从业务和函数视角来分别解读这三个应用场景的关系、共性与差异。

1. 业务视角

从业务的视角看，三个应用场景的关系基本上可以用图 5-26 所示形式来表达。

搜索与推荐代表了用户获取信息的两种途径——**主动获取**与**被动接收**。

图 5-26 三大应用场景关系

搜索是在用户隐约有一些信息获取意图时，通过关键字具象化意图并主动提交给平台得到目标信息的解决方案，例如百度；推荐是用户没有明确的信息获取意图时，平台通过计算分析用户可能感兴趣的信息并推送给用户的解决方案，例如今日头条。

搜索与推荐有各自适用的信息分发场景，但同时也各有场景缺失，所以更多时候我们看到的是两个场景在产品中融合互补，即搜索应用中加入推荐模块，推荐应用中也拥有搜索模块。

而广告则是二者商业变现的共同途径（见图5-27），对应的产品形态即为搜索广告与信息流广告。广告的出现实现了商业闭环，让免费的信息分发服务拥有了可持续性。

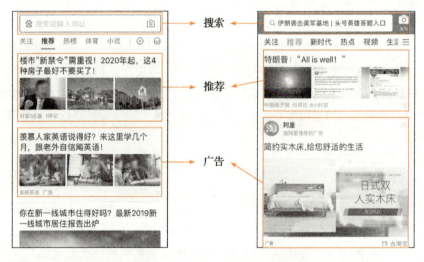

图5-27　殊途同归：百度App（左）与今日头条App（右）

2. 函数视角

从函数的角度看，三大应用场景的业务函数如图5-28所示。

搜索　⟶　$f($[user]$, $**query**$, $context$, $item$) = $**点击概率**
推荐　⟶　$f($**user**$, $[query]$, $context$, $item$) = $**点击概率**
广告　⟶　$f($[user]$, $[query]$, $context$, $item$) = $**点击概率**

图5-28　三大应用场景的业务函数

从图 5-28 可知，三个场景业务函数的特征部分可统一为同一形式，其中 item 在各场景中代表不同含义，在搜索和推荐场景中为内容（content、doc）或商品（product）特征，在广告场景中为广告素材（ads）特征。除 item 以外，其他部分可以认为是相同含义的特征，包括用户画像特征 user、用户 query 以及上下文特征 context，方括号内的特征为该场景下的可选项。

同时，粗体的部分标识出了三者的重点与差异：搜索问题是对用户主动搜索意图的解读，因此，尽管有一些情况下会引入用户喜好、用户过去浏览行为等 user 特征，但核心策略还是围绕用户 query 进行分析的；推荐问题则是推荐用户可能感兴趣的信息，用户在同一应用搜索模块中提交的历史 query 可以作为了解用户兴趣的线索，核心策略还是围绕用户画像特征进行分析的。

对于广告问题而言，最大的差异表现在函数目标与评估方面。正如我们之前的分析，广告问题是一个整体的优化问题，点击率预估只是其中一个步骤，预估的结果会用于后续的期望收益预估和优化。因此在广告问题中，对点击概率的准确性要求更高。同时作为其他两个业务的变现通道，广告问题的输入（即特征部分）也是和原业务紧密关联的，可以分为出现在搜索结果中的**搜索广告**、出现在推荐结果中的**信息流广告**、与内容一同出现的**内容贴片广告**（如视频片头广告、文章结尾广告）等。其各自的业务函数如图 5-29 所示。

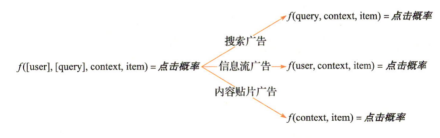

图 5-29　广告问题三种业务函数

从样本的角度来看，样本闭环作为成本最低的样本获取方法之一，与搜索和推荐应用的活跃度构成了一个良好的正反馈：活跃度越高带来的样本就越多，而样本越多意味着能够给模型效果带来更大提升，从而促进活跃度提升。这些应用场景的演进趋势也印证了这一点，当这些应用累积了一定的样本数据之后，逐渐从一些基于简单假设的基本模型过渡到基于样本的机器学习模型中。

最终我们看到，由于这三个场景都具备丰富、低成本的特征和样本数据，加上成熟的商业环境，以及清晰的模型评估目标函数，因此发展成为最成熟的三大应用场景。统一的函数视角也让我们能够以一致的角度，看到三大应用场景的解决方案向相同的架构方向靠拢。

5.5.2 殊途同归：召回-排序架构

在5.5.1节我们看到，无论是搜索、推荐还是广告问题，都可以将其整体或一部分子问题的业务函数归约为 $f($user, query, context, item$)=$点击概率。当公司业务发展到一定阶段，过去的一些经典模型在系统计算性能方面就会遇到瓶颈。一方面 user 和 item 的数量都在爆发式增长，从百万级到千万级甚至到亿级，即使不考虑 user 和 item 的数量，基本也是有增无减或增长远大于减少；另一方面，用户侧的交互需求是毫秒级的，并且大部分用户只关注前 K 个结果，因此这里面存在不小的优化空间。

随着业务的持续增长，三大应用场景的系统逐渐形成了图 5-30 所示的召回-排序架构。

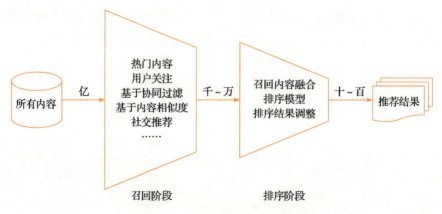

图 5-30　召回-排序架构（内容推荐）

以内容推荐问题为例，在召回阶段使用的一般是多路召回策略，其中每一路召回策略都是独立的，可以是一些简单的业务策略，例如当前的热门内容、用户关注的作者发布的内容等；也可以使用一些前面介绍过的经典模型，例如基于内容相似度、协同过滤推荐等。召回阶段的目的是在确保召回率的前提下，使亿级别的候选集快速收敛，输出一个千级别到万级别的潜在推荐结果并进入下一个排序阶段。

在排序阶段，需要对前面多路召回的结果进行合并融合，这种融合在某种角度上也可以理解成一种 Bagging 的模型融合方法（参见 7.5 节），同时去掉系统或用户黑名单中的内容。接下来进入排序模型中进行排序，也就是我们前面提到过的 Learning to Rank 方法，包括逻辑回归 LR、因子分解机 FM 等经典模型，或近年来快速发展的深度学习相关方法。最后在输出给用户前，还需要对排序结果做一些调整，主要采用一些突发新闻或政治内容固定位、已读过滤、推荐多样化等业务策略。排序阶段最终将对千级别到万级别的潜在推荐结果进一步截断，向用户输出 10 到 100 条左右的推荐内容。前面步骤也可以根据情况进一步细分为粗排、精排、重排模块。

在搜索问题中，召回阶段主要完成前面提到的基于 query 分析的召回动作，包括查询改写、意图识别、查询解析等，排序阶段同样从非样本的策略排序过渡到了学习排序以及深度学习排序。在广告问题中，需要考虑的因素更多一些，召回阶段不仅需要考虑 query 或 user 与广告计划的相关性，还需要考虑这条广告计划预算是否已经消耗完或即将消耗完等。同时，在排序阶段不仅需要关注广告点击率，还需要结合广告出价对整体收益进行度量与排序。

总体来说，统一的函数视角让我们看到了不同业务的共同点，不仅包括这里介绍的召回-排序架构，还包括一些共同的模块或解决思路，例如：

❑ 抽取商品信息构建 item 特征，用于电商搜索与商品推荐。
❑ 通过用户行为、用户画像等提取 user 特征，用于个性化推荐与信息流广告。
❑ 用户 query 分析模块，用于搜索与搜索广告。
❑ 探索与发现（Exploration and Exploitation，E&E）策略，用于解决推荐的冷启动问题，或在 oCPX 广告中替代第一阶段。
❑ 在用户侧展现与点击流数据收集可以实现样本闭环，这在搜索、推荐和广告场景中都有应用。

这些共同架构或模块的整合，按现在流行的概念来看，或许能够成为模型中台或算法中台的开端。

第 6 章
策略产品经理必备的经济学方法论

如果说搜索、推荐、广告这三大业务场景的共同点在于绝大多数时候是人与机器交互的过程，那么定价、匹配（调度）这两种业务场景则可以认为是更原生的一种人与人之间交互的过程。

作为一个研究人与人之间互动行为的学科，有着 300 年历史的经济学积累了许多解释这个世界的模型。所以为了做好产品，不妨来了解一些经济学知识。

6.1 几个重要的经济学概念

在展开本章内容之前，我们先介绍一些经济学的基本概念，这些概念只是诸多经济学概念中的一部分，还有许多其他常见的经济学概念并未提及，如均衡、弹性等。本节内容仅作为接下来对业务展开策略分析的基础。

6.1.1 理性人假设、偏好与效用函数

理性人假设是经济学中一个经典的基本假设，这一假设之于经济学如同质点、光滑等假设之于物理学，是一个宏观抽象的理想假设。尽管这些假设在复

杂的真实世界中无法找到完全成立的场景，但这并不妨碍根据假设导出的结论在绝大部分情况下近似反映真实世界的运行规律。亚当·斯密所著的《国富论》中描述了这样一个"经济人"[⊖]："**他通常既不打算促进公共的利益，也不知道他自己是在什么程度上促进那种利益。**"

"由于他管理产业的目的在于使其生产物的价值能达到最大程度，**他所盘算的也只是他自己的利益**。在这种场合，像在其他许多场合一样，他受着一只**看不见的手**的指导，去尽力达到一个并非他本意想要达到的目的。也并不因为事非出于本意，就对社会有害。**他追求自己的利益，往往使他能比在真正出于本意的情况下更有效地促进社会的利益。**"

这一关于"经济人"的描述也被解读为理性人假设的开端，即"理性"意味着追求个人利益的最大化（或代价最小化），在市场（"看不见的手"）作用下达到社会利益的最大化。当然，这样的定义难免让人将其和人性中的"自私"联系到一起，因此，随着经济学的发展，理性人假设也在不断调整，在现代经济学中"理性"一词发生了泛化，对其进行定义时引入了"偏好"：对于每个人在某个场景面临的所有选择，可以将其抽象表达为一个集合 S，例如点菜时的备选集合 $S = \{辣子鸡丁，红烧肉，干煸豆角……\}$。基于此，我们可以定义**偏好**为集合上的二元关系 $\geqslant$，当有 $x,\ y \in S$ 时，$x \geqslant y$ 意味着"x 至少和 y 一样好"，例如"辣子鸡丁至少和红烧肉一样好"。

基于上面的定义，当一个人的偏好即二元关系 $\geqslant$ 满足下面两个条件时，我们即称这个人在经济学意义下是**理性**的。

1）**完备性**：对于任意 $x,\ y \in S$，有 $x \geqslant y$ 或者 $y \geqslant x$，即理性人在任意两个选项当中总是有自己的偏好。

2）**传递性**：对于任意 $x,\ y,\ z \in S$，如果 $x \geqslant y$ 且 $y \geqslant z$，那么 $x \geqslant z$，加上完备性可知，理性人总是可以将所有选项按偏好排成一个队列，并且优先选择排在队列靠前的选项。

因此，在经济学中我们认为理性人总是能够做出选择（完备性），并且这种

⊖ 参见《国富论》（亚当·斯密著，郭大力、王亚南译）一书第四篇第二章。

选择不能互相矛盾（传递性）。

再进一步，我们常用**效用函数**来描述这种偏好关系[⊖]。效用函数定义为从备选集合 S 到实数集 R 的映射 $u: S \rightarrow R$，当 $x \geq y$ 时，其对应的效用函数满足 $u(x) \geq u(y)$。在经济学场景中，我们常常将效用函数货币化，例如转变为收益函数、成本函数等，而前面基于个人利益的理性人假设我们也可以理解为**个人效用函数最大化**。

6.1.2 成本、收益与边际

经济学研究的一大作用是为企业解决经营决策的问题，根据理性人假设，如果将企业视为一个整体，企业的经营决策应当遵循最大化企业利润的原则。而利润又可以表达为收益减去成本：

$$\text{Profit} = \text{Revenue} - \text{Cost}$$

因此，企业的经营决策主要取决于**收益**与**成本**两个方面。

1. 成本函数与成本曲线

首先看企业成本。一般而言，企业成本主要分为两个部分——固定成本（Fixed Cost，FC）和可变成本（Variable Cost，VC），前者为企业不生产也要支付的成本，例如房租、设备成本等不随产量变化的成本；后者为随企业产量增加而增加的成本，如原材料、为了增加产量额外雇佣的员工的工资等。企业的成本构成如下：

$$\text{Cost} = \text{FC} + \text{VC}$$

如果将成本定义为关于产量 Q 的函数，由此可以得到成本函数和平均成本（Average Total Cost，ATC）函数：

$$\text{ATC}(Q) = \frac{\text{Cost}(Q)}{Q}$$

平均成本可表示为对于企业生产的所有产品，每单位产品分摊到的成本。

⊖ 构建效用函数需要满足第三个假设——偏好连续性假设。

然而对于企业而言，当已经决定投产，投入了固定成本后，企业更关心的是后续每增加一单位产品，需要额外投入多少成本。因此，引入了"**边际**"的概念来描述这一成本，即**边际成本**（Marginal Cost，MC）。根据上述定义，边际成本函数即总成本 Cost 对产量 Q 的导数：

$$\mathrm{MC}(Q) = \frac{\partial \mathrm{Cost}(Q)}{\partial Q}$$

这些成本函数如果用成本曲线来描述即为图 6-1 所示。

图 6-1 展示了一般企业的典型成本曲线，其中边际成本 MC 随产量的增加而增加，并且在平均总成本 ATC 的最低点处与之相交。

过去在经济学课堂上，老师讲解边际成本时常常用互联网产品来举例，即互联网产品的特点是前期研发、服务器

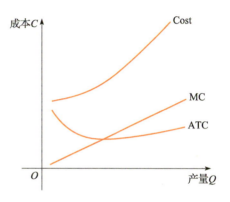

图 6-1 一般企业的成本曲线

等固定成本投入很大，但一旦产品上线后除非突破服务器上限，否则额外增加一个用户需要投入的成本接近零。而在我们实际工作时会发现，额外增加一个用户虽然在生产环节不需要额外投入成本，即不需要再开发一遍产品，但在将产品产量转化为销量的过程中却需要额外的获客成本[⊖]。虽然前期即在流量红利期获客成本较低，但越到投放后期获客成本越高。因此，如果将获客成本加入总成本，会发现其实互联网产品也符合边际成本递增的规律。

2. 收益函数与收益曲线

接下来再看企业的收益。在讨论企业收益以前，我们先了解一下市场的需求规律。产品的需求量为市场上用户愿意购买的产品数量，需求量由多种因素决定，但大部分时候有一种因素会占据主导地位——产品价格。一般而言，在其他条件不变的情况下，产品价格越高，市场的需求量越低，反之亦然。因此，

⊖ 新制度经济学中将其定义为交易成本。

产品的价格 P 和需求量 Q 大致可以用一个向下倾斜的曲线表示，如图 6-2 所示。

假设这个市场由一家企业负责供应用户需求的所有产品，那么企业的总收益函数 Revenue(Q) 为价格 P 和需求量（产量）Q 的乘积：

$$\text{Revenue}(Q) = P \times Q$$

类似边际成本，可以定义企业的**边际收益**（Marginal Revenue，MR）函数为总收益 Revenue 对产量 Q 的导数：

$$\text{MR}(Q) = \frac{\partial \text{Revenue}(Q)}{\partial Q}$$

当需求曲线为直线，即价格与需求量的关系为线性关系时（$P = \alpha Q + \beta$），由上式可知，需求曲线与企业的各收益曲线如图 6-3 所示。

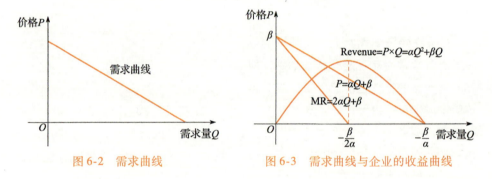

图 6-2　需求曲线　　　　图 6-3　需求曲线与企业的收益曲线

6.1.3　博弈论与拍卖

20 世纪 50 年代被引入经济学的**博弈论**（Game Theory）从另一个视角解释了市场参与者是怎样从理性人假设出发，基于最优化个人利益决定各自行动，从而影响市场演进的。

1. 博弈论概述

在博弈论中，除了理性人假设以外，还引入了另外两个假设。一个是规则共享假设，即一场博弈的参与者都了解这场博弈的规则。这一点相对容易理解。另一个假设是共同知识（Common Knowledge）假设，即博弈的所有参与者都是理性人。更通俗地解释就是，每个人都知道对方是足够聪明的（能够做出最优决策），每个人也都知道对方知道自己是足够聪明的（能够根据对方决策做出最优应对决策），每个人也都知道对方知道自己知道对方是足够聪明的（能够根据应对决策做出相应的最优应对决策），不断"套娃"直到无穷……

"囚徒困境"是博弈论中的一个经典问题。假如现在有两个共同犯罪的犯罪嫌疑人落网，警察将两人分开审讯，并提供给他们以下选择：如果两人都坦白，那么两人将作为共同犯罪各被判处3年有期徒刑；如果两人都不坦白，那么两人将因为证据不足拘押1年后释放；如果两人中一人坦白一人不坦白，那么坦白的一人将作为从犯，因态度良好被立即释放，而不坦白的一方将作为主犯从重处罚，判处8年有期徒刑。两人面临的抉择如图6-4所示。

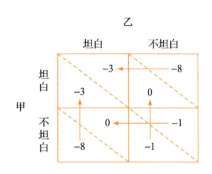

图6-4 囚徒困境博弈矩阵

图6-4中嫌疑人甲的决策收益在虚线左下方，嫌疑人乙的决策收益在虚线右上方。我们可以看到，无论甲选择坦白还是不坦白，乙选择坦白都是更好的策略（横向箭头所示），同理无论乙选择坦白还是不坦白，甲选择坦白都是更好的策略（纵向箭头所示）。因此如果甲和乙都是理性人，在不管对方如何决策的情况下都将选择对自己最有利的动作，那么两人都将坦白最终各获刑3年，即博弈矩阵左上角的结果。

然而仔细观察会发现，如果能够达成博弈矩阵右下角的结果，即甲乙双方都不坦白，那么最终两人都将在拘押1年后释放，这个结果对两人来说都优于两人坦白后各获刑3年的结果。可见在博弈论的视角下，这个世界未必会像《国富论》中描述的那样通过追求个人利益促进社会的利益，即个人的理性未必能够导致集体的理性。

2. 不对称信息与拍卖机制

在博弈论中还有一个重要的概念——信息（Information）。以出售商品为例，如果卖家出售的是100元货币，那么相信所有买家对该商品的价值判断都没有什么差异；如果卖家出售的是一份盖饭或者一杯芒果汁，那么买家中更饿或者更渴的那位会给予更高的估价。但买家是否更饿或者更渴的信息并不会告诉卖家，这种博弈参与方持有的另一方不知道的私有信息（或私有价值）被称为**不对称信息**（Asymmetric Information）。

因此，在博弈论中，常常通过博弈机制设计来解决这一问题，即怎样能够在信息不对称的情况下，尽可能让持有私有信息的人把信息真实地披露出来。对于商品出售问题，**拍卖机制**即为一种尽可能让买家表达真实估价的解决方案。常见的拍卖机制有以下 4 种。

- **英式拍卖**：英式拍卖就是我们在影视剧中常见的那种拍卖形式，所有买家在一起从底价开始公开出价，每一个价格要高于前一个价格，同时每个出价对其他所有买家来说都是公开的，最终出价最高的买家获得拍卖品，成交价即为最高价。
- **荷兰式拍卖**：与英式拍卖相反，荷兰式拍卖则是从一个较高的开价开始，由主持人或者卖家逐渐降价进行拍卖，直到有一个买家举手则立刻按当时的叫价成交，例如从 10 万元开始，每次递减 1 万元叫价，如果在叫价 8 万元时有人应价，那么该商品按 8 万元与应价人成交。这种拍卖方式常用于价值随时间下降的物品，最早广泛应用于荷兰郁金香交易市场，因此得名荷兰式拍卖。
- **第一价格密封拍卖**：这种拍卖形式其实也比较常见，仅考虑价格的招投标，可以理解为是第一价格密封拍卖。在这一规则下买卖双方约定一个截止时间，所有买家通过暗中投标的方式在截止时间以前提交自己的报价（相互之间不知道其他买家的报价），最终报价最高的人获胜并按他投标的报价成交。由于是暗中出价且获胜者按自己的出价支付，因此第一价格密封拍卖等价于荷兰式拍卖[⊖]。
- **第二价格密封拍卖**：这种拍卖形式的流程与第一价格密封拍卖类似，并且同样是最终提交报价最高的人获胜，唯一的区别是赢家只需要按第二高的报价（或一个底价）进行支付即可。

在这 4 种常见拍卖机制中，前面三种拍卖赢家支付的是自己的报价，最后

⊖ 参见由 Vijay Krishna 撰写，由罗德明、奚锡灿翻译的《拍卖理论》一书的第 4 页。

一种拍卖则有一个与第二报价差值的"净收益"作为说真话的"奖励"，因此，第二价格密封拍卖是最接近于让买家表达真实估价的拍卖机制。

当然，具体采用哪种拍卖机制还要根据拍卖品特性和交易环境来确定，例如集中拍卖成本很高的话就不适合采用前两种公开拍卖的机制。另外，除了这些常见拍卖机制以外，还有**英荷混合式拍卖**（先进行荷兰式拍卖确定底价，然后从这个底价开始进行英式公开拍卖）、**限期拍卖**（在英式公开拍卖基础上增加一个截止时间）、**VCG拍卖**（Vickrey-Clarke-Groves拍卖，获胜者支付给其他买家因为竞价失败带来的价值损失）等拍卖机制。所有这些拍卖机制也都将根据拍卖品特性和交易环境的差异，在不同的交易场景中得到应用。

6.2 基于经济学的业务策略分析

在 6.1 节介绍的经济学基本概念的基础上，我们看一下如何对定价问题和匹配（调度）问题进行具体的策略分析。

6.2.1 定价问题的策略

产品定价是企业经营决策的一部分，所以在讨论定价策略之前，我们先看企业的经营利润是怎样计算的。

如 6.1 节介绍的，企业的利润可以用一个非常容易理解的公式来表达：

$$\text{Profit} = \text{Revenue}(Q) - \text{Cost}(Q)$$

其中，Revenue(Q) 和 Cost(Q) 分别为关于产品产量 Q 的收益函数和成本函数，即企业的利润等于总收益减去总成本。

从经济学的角度看，一个服从理性人假设的企业应当按利润最大化的方式进行生产和定价。由中学数学知识可知，利润在其导数为 0 处取极值，即：

$$\frac{\partial \text{Profit}}{\partial Q} = \frac{\partial \text{Revenue}(Q)}{\partial Q} - \frac{\partial \text{Cost}(Q)}{\partial Q} = \text{MR}(Q) - \text{MC}(Q) = 0$$

由此可知，企业利润最大化的方式是在边际收益 MR(Q) 等于边际成本 MC(Q) 处进行生产，这时产品定价为 P(Q)。其中，边际成本 MC(Q) 一般服从边际递增的规律,而边际收益 MR(Q) 则与企业所处市场环境相关。

1. 完全竞争市场与非完全竞争市场的企业决策

完全竞争市场有时又被称为**自由竞争市场**,或简称为**竞争市场**,这一市场有以下特点。

- 市场上有足够多的买家和卖家。
- 每个买家和卖家都可以自由选择进入或退出市场。
- 各卖家提供的产品基本是同质化的。

由于各卖家提供的产品基本是同质化的,且市场上有足够多的卖家和可以自由进入的潜在卖家,单个卖家对市场的影响很小,因此,在完全竞争市场中所有卖家都是"价格接受者",即对于企业个体而言,无论该企业的产量 Q 是多少,其产品价格和边际收益 MR(Q) 均为市场售价 P 这样一个常数。因此,在完全竞争市场中,企业的生产决策如图 6-5 所示。

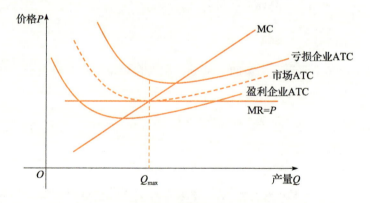

图 6-5 完全竞争市场中的企业决策

可以看到,在完全竞争市场中,产品的价格由市场决定,市场平均成本 ATC 在最低点处与边际成本 MC 相交。

对于竞争市场中的企业而言,水平盈利取决于对企业平均成本的控制,如果高于市场平均成本则面临亏损(上方曲线);反之,企业则有机会在价格一定的情况下在某个产量 Q_{max} 时最大化盈利(下方曲线)。在互联网中,最接近这一市场的是一些相对标准化的产品或业务,例如监管收紧以前的现金贷产品,整个行业的边际成本（获客成本）持续高居不下，企业盈利水平取决于企业各自的风险成本即风控能力。

完全竞争市场是一个比较理想化的市场。在互联网产品中上面所述的三个条件很难同时满足，或因网络效应与规模效应最终形成只有两到三家平台提供服务（如O2O业务），或因牌照限制导致企业无法自由进入（如部分金融业务），或企业提供的产品相互之间有一定同质性但也有一部分无法替代（如在线视频业务）。因此，在互联网产品中用户和企业一般面对的是非完全竞争市场，在这一市场中企业所面临的是向下倾斜的边际收益曲线和需求曲线，如图6-6所示。

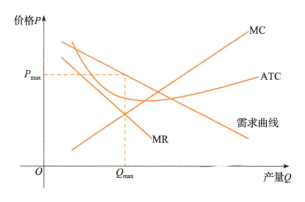

图6-6 非完全竞争市场的企业决策

在这一市场中，企业个体面临的是整个市场的需求曲线，即用户需求会随产品价格的上升而下降。同样，企业在边际收益 MR 和边际成本 MC 曲线的交点 Q_{max} 处实现利润最大化，但此处的价格 P_{max} 由需求曲线导出，并不容易和成本直接挂钩。因此，一个有效的定价策略是随竞品定价，如在线视频业务的会员定价、共享业务的租赁定价等。当然，如果能够知道整条需求曲线，那么从逆需求函数出发得到最优定价 $P_{max} = g(Q_{max})$ 则是一个更为直接的解决方案。

2. 从需求函数到定价策略

从供应者即企业的角度来说，可以用市场调研或小规模测试的方法在一定程度上还原市场中用户的需求曲线，即通过这些方法了解一个样本范围内的用户对产品设置不同价格时的接受程度。

而对于互联网企业而言，更多时候是作为平台方为供应者和需求者的交易提供交易市场，甚至是进行交易撮合，即扮演了一个"无形的手"或"有形的手"的角色。那么这时平台能够怎样协助供应者进行定价决策呢？

一方面平台本身承担了获客的职责，因此对于平台中的供应者来说，边际成本（获客成本）可以视为零，其总成本 $\text{Cost}(Q)$ 可以视为一个固定的常数 C。同时，总收益 $\text{Revenue}(Q)$ 可以表示为：

$$\text{Revenue}(Q) = P \times Q$$

其中，产品价格 P 和销量（或产量）Q 的关系为 $Q=f(P)$ 和 $P=g(Q)$。前者为需求函数，表示某价格下产品的售出量或售出概率；后者为逆需求函数。二者互为反函数，可以互相推导。

基于这些假设，我们对问题进行了简化，并得到了用于求解最大化收益时的价格 P 和销量 Q 的表达式：

$$P, Q = \mathop{\arg\max}_{P=g(Q)\text{或}Q=f(P)} \text{Revenue}(Q) = \mathop{\arg\max}_{P=g(Q)\text{或}Q=f(P)} P \times Q$$

当需求函数（逆需求函数）为线性函数时，可以用图 6-7 来表示这一求解过程。

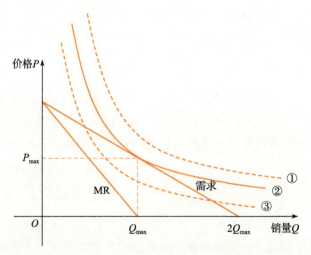

图 6-7 线性需求函数情况下求解最优化价格与销量

图 6-7 中所示的曲线①、②和③分别为三条利润无差异曲线，即同一曲线上利润 $P \times Q$ 相等，由图可知①>②>③。需求曲线表达了最优化公式中的约束条件，因此，求解的结果所在的利润无差异曲线应当与约束条件曲线相交，满足条件的曲线包括图中的②和③。在约束条件基础上需要使利润最大化，因此求解结果为与需求曲线相切的利润无差异曲线②的交点，其交点（Q_{max}，P_{max}）对应的销量 Q_{max} 即为边际收益 MR 为 0 时的销量。

当需求函数（逆需求函数）为非线性函数时，求解的过程也是类似的，更一般的情形我们将在 6.3.1 节继续探讨。

至于这类交易平台本身的盈利与相关模型，可以参考经济学的税收模型——如何在交易量和税收最大化之间取得平衡，此处我们就不再展开了。

3. 拍卖：把定价权还给市场

上述定价策略的前提是尽可能还原一个真实的需求曲线或需求函数，但在现实产品设计中需求曲线的获取是一件相当困难的事情。一方面产品可能是新产品，存在定价问题；另一方面互联网产品定价场景中不少场景是一次性定价，这些都导致缺乏足够的数据完成这类价格 P – 销量 Q 的需求函数预测。

因此，这种情况下一种有效的解决方法是把定价权还给市场，让市场来为产品定价。这一方法的核心是设计一个拍卖机制和入口，让消费者用价格表达他们的需求，通过消费者之间的博弈让产品在逼近真实价值的位置成交。

例如 5.4.2 节介绍的广告系统的设计机制，大型广告综合平台作为广告位的供应者，通过引入拍卖机制让需要广告位的广告主（即需求者）通过提交自己的报价来竞争这些广告位或广告展现机会。

对于撮合供应者和需求者交易的平台而言，设法提供一个交易双方的拍卖市场也是一个用定价策略解决匹配（调度）问题的良方。例如网约车平台发生局部运力供不应求这类供需不平衡的问题时，其动态定价的方案可以视为是同时进行的两场拍卖。

第一场拍卖发生在多位消费者与一位司机之间，拍卖品为卖家（司机）提供的运力，消费者作为买家将自己的出价（基础价格 + 额外加价）以密封形式提供给该司机，消费者之间不知道对方的出价，因此这是一场**第一价格密封拍卖**。

第二场拍卖则发生在一位消费者与多位司机之间的**荷兰式拍卖**。在荷兰式拍卖中，卖家不断公开叫价、降低拍卖品售价的本质，是降低买家手中物品（货币）与拍卖品的交换比例，直到有一位买家应答成交。那么在这一场景中，消费者则成为卖家而司机成为买家，消费者不断提高自己的出价即为降低买家司机手中物品（此时为运力）与拍卖品（此时为货币）的交换比例，直到有一位司机应答接受订单，因此，我们说这是一场公开的荷兰式拍卖。

6.2.2 匹配（调度）问题的策略

接下来看一看匹配问题与调度问题的其他策略。匹配问题与调度问题的区别在于，前者往往是静态的，而后者一般存在时间或空间的约束。典型的匹配问题包括婚恋匹配、招聘匹配等，而典型的调度问题则包括网约车调度、外卖骑手调度等。调度问题在业务初期可以简化为匹配问题，同时调度问题的核心也是通过匹配问题解决的。因此，接下来将着重从匹配问题角度出发，以经济学的视角去讨论匹配和调度问题的策略。

1. 婚恋业务的匹配问题

从某个角度看，经济学是一门研究稀缺性资源如何在不同人之间分配的科学，所以在经济学中一个重要的问题是如何把资源分配给**合适**的需求方。在一般的经济学理论中，常用的方法是用成本或价格来度量这种**合适**的程度，通过整体成本最低或价格最高来实现效率最大化的分配，例如前面介绍的拍卖就是一种通过价格实现资源分配的方案。

但在真实世界的供需关系中，并不是所有的效用函数都能用成本、价格来定义或唯一定义，例如谈恋爱这件事情，如果对一个人的判断都换算成身价，会让这件美好的事情变得过于世俗。所以还是让我们回到理性人假设上，从人的偏好开始定义问题。

假设有 4 个男生（1、2、3、4）和 4 个女生（5、6、7、8）报名参加了一场恋爱交友活动，在初步了解了对方 4 人的基本资料后，男生和女生将各自对对方的偏好（偏序关系）交给了红娘（其中，∅ 表示偏好单身，即就算单身也不愿意和排在后面的人在一起），如图 6-8 所示。

$$
\begin{array}{ll}
1 = (6 > 7 > 5 > \emptyset > 8) & 5 = (1 > 4 > 2 > 3 > \emptyset) \\
2 = (8 > 7 > 6 > 5 > \emptyset) & 6 = (2 > 1 > 3 > 4 > \emptyset) \\
3 = (7 > 6 > 5 > \emptyset > 8) & 7 = (1 > 2 > 3 > \emptyset > 4) \\
4 = (6 > 8 > \emptyset > 5 > 7) & 8 = (1 > \emptyset > 2 > 4 > 3)
\end{array}
$$

图 6-8 男生偏好（左）和女生偏好（右）

那么作为红娘，你应该怎么匹配双方呢？一种策略是采用简单的贪心算法，即从一方的偏好（如男生）出发，由男生向他最喜欢的女生表白，收到表白的女生选择她相对更喜欢的那个男生并宣布成为情侣；剩下的男生则按自己的偏好在剩下的女生中继续选择相对更喜欢的女生表白，依此类推。图 6-9 展示了这一决策过程（箭头为当轮男生的选择，实线箭头为当轮女生的选择，带圈数字为截至当轮双方的选择，下同）。

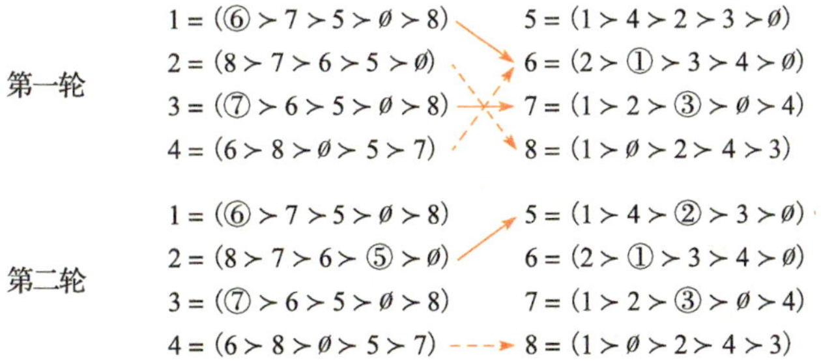

第一轮
$$
\begin{array}{ll}
1 = (⑥ > 7 > 5 > \emptyset > 8) & 5 = (1 > 4 > 2 > 3 > \emptyset) \\
2 = (⑧ > 7 > 6 > 5 > \emptyset) & 6 = (2 > ① > 3 > 4 > \emptyset) \\
3 = (⑦ > 6 > 5 > \emptyset > 8) & 7 = (1 > 2 > ③ > \emptyset > 4) \\
4 = (6 > 8 > \emptyset > 5 > 7) & 8 = (1 > \emptyset > 2 > 4 > 3)
\end{array}
$$

第二轮
$$
\begin{array}{ll}
1 = (⑥ > 7 > 5 > \emptyset > 8) & 5 = (1 > 4 > ② > 3 > \emptyset) \\
2 = (8 > 7 > 6 > ⑤ > \emptyset) & 6 = (2 > ① > 3 > 4 > \emptyset) \\
3 = (⑦ > 6 > 5 > \emptyset > 8) & 7 = (1 > 2 > ③ > \emptyset > 4) \\
4 = (6 > 8 > \emptyset > 5 > 7) & 8 = (1 > \emptyset > 2 > 4 > 3)
\end{array}
$$

图 6-9 恋爱匹配问题的贪心算法

贪心算法经过两轮高效匹配，最终产生了 1&6、2&5 和 3&7 三对情侣。但是仔细观察我们会发现，对于男生 2 来说相比现在的情侣女生 5，他更喜欢女生 7；而另一方面对于女生 7 来说相比现在的情侣男生 3，她更喜欢男生 2。因此，男生 2 和女生 7 很有可能会一起"出轨"。

那么有没有什么策略能够产生不"出轨"的匹配（称为稳定匹配）？1962 年，美国两位经济学家 David Gale 和 Lloyd Shapley 提出了能够产生这种稳定匹配（Stable Matching）的 Gale-Shapley 算法，又称为延迟接受算法（Deferred Acceptance Algorithm），二人也因在稳定匹配理论和市场设计实践中的突出贡献获得

2012年诺贝尔经济学奖。

Gale-Shapley算法与贪心算法的核心区别是收到表白的一方不立刻接受表白，而是将其视为"备胎"，如果后面有自己更喜欢的人表白则将"备胎"更换，拒绝掉之前的"备胎"；由于存在这种"备胎"策略，被拒绝的人不再只是向剩下的异性表白了，可以将选择范围扩大到所有异性。图6-10展示了这一过程。

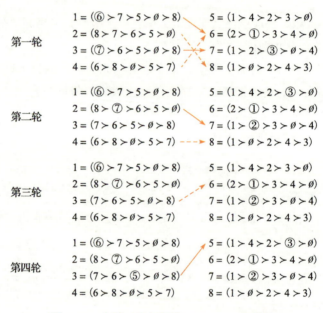

图6-10 恋爱匹配问题的Gale-Shapley算法

Gale-Shapley算法的匹配结果最终产生了1&6、2&7和3&5三对情侣，这是一个稳定匹配。

这种策略也可以在现实生活中的恋爱择偶平台中得到体现，例如在某婚恋应用中，如果把它看作一个恋爱择偶平台，颜值作为一种偏好，能让用户用最快速的交互动作（左右滑动）筛选掉不喜欢的异性（即∅以后的异性）；对于表达了好感的异性会在候选人列表中前置，这样能让用户尽快做出选择，从而释放掉之前存储的"备胎"。

值得一提的是，根据Gale-Shapley算法的匹配结果，在理论上可以证明以下两个有趣的定理。

1）**表白者优势定理**[一]：由男生主动表白最后得到的稳定匹配称为**男性最优稳定匹配**，由女生主动表白最后得到的稳定匹配称为**女性最优稳定匹配**。从图 6-11 所示的结果可以看到，与另一个最优稳定匹配相比，主动表白的一方能够和更喜欢的人在一起（例如男生表白结果中的男生 1、男生 2，女生表白结果中的女生 6、女生 7），即在爱情中主动的一方更容易获得幸福。

男生表白
1 = (⑥ > 7 > 5 > ∅ > 8)   5 = (1 > 4 > 2 > ③ > ∅)
2 = (8 > ⑦ > 6 > 5 > ∅)   6 = (2 > ① > 3 > 4 > ∅)
3 = (7 > 6 > ⑤ > ∅ > 8)   7 = (1 > ② > 3 > ∅ > 4)
4 = (6 > 8 > ∅ > 5 > 7)   8 = (1 > ∅ > 2 > 4 > 3)

女生表白
1 = (6 > ⑦ > 5 > ∅ > 8)   5 = (1 > 4 > 2 > ③ > ∅)
2 = (8 > 7 > ⑥ > 5 > ∅)   6 = (② > 1 > 3 > 4 > ∅)
3 = (7 > 6 > ⑤ > ∅ > 8)   7 = (① > 2 > 3 > ∅ > 4)
4 = (6 > 8 > ∅ > 5 > 7)   8 = (1 > ∅ > 2 > 4 > 3)

图 6-11　Gale-Shapley 算法表白者优势定理

2）**单身不动点定理**[二]：从上面的结果中我们也会看到，无论哪一方主动表白形成的稳定匹配结果（即使稳定匹配有差异），单身的人依旧还是单身，例如上面例子中的男生 4 和女生 8。由此可见，单身的人都是一样的，在一起的人各有各的幸福。

以上我们讨论了婚恋这类双边匹配问题的稳定匹配策略，但对于解决婚恋问题的平台来说，除了稳定性以外，匹配效率和匹配率是更为关注的目标。前者对应每一次平台收集用户对某个异性偏好的成本，这一成本线上和线下差异明显；后者对应平台的收益，对于撮合式交易则直接使二者挂钩。所以，从平台利益最大化出发，常见的策略如下。

1）**减少匹配次数**。优先匹配合适的人而不是从最优开始匹配，因为每一次

[一] 参见 Alvin E. Roth、Marilda A. Oliveira Sotomayor 撰，姚东旻、王麒植翻译的《双边匹配：博弈论建模与分析研究》一书的第 30 页。

[二] 学名为偏僻医院定理（Rural Hospitals Theorem），参见 1986 年刊发在 *Econometrica* 上的一篇文章："On the Allocation of Residents to Rural Hospitals: A General Property of Two-Sided Matching Markets"，作者是 Alvin E. Roth。

匹配本身是有成本的，而受欢迎的人总是受欢迎。用户的偏好越统一，这种策略收效越大，例如极端情况下，如果同性之间偏好都一样，那么直接按顺序两两匹配即可做到匹配成本最低同时最稳定，如图 6-12 所示。

$$1 = (⑤ > 6 > 7 > 8 > \emptyset) \quad 5 = (① > 2 > 3 > 4 > \emptyset)$$
$$2 = (5 > ⑥ > 7 > 8 > \emptyset) \quad 6 = (1 > ② > 3 > 4 > \emptyset)$$
$$3 = (5 > 6 > ⑦ > 8 > \emptyset) \quad 7 = (1 > 2 > ③ > 4 > \emptyset)$$
$$4 = (5 > 6 > 7 > ⑧ > \emptyset) \quad 8 = (1 > 2 > 3 > ④ > \emptyset)$$

图 6-12 恋爱匹配问题的极端情况

2) **引导单身用户调整标准**。由单身不动点定理可知，长期单身是有原因的，单身的原因不一定是接触面窄，也不一定是不够主动，有可能是择偶标准太严格（图 6-11 所示的男生 4 和女生 8），因此提高匹配率的有效策略之一是引导双方调整[一]自己的择偶标准，尽管这并不容易做到。

对于招聘、择校等匹配问题也可以用类似的思路去分析，这些匹配问题与婚恋匹配问题的差异在于这些是一对多的匹配问题，即一家公司可以招聘多个候选人。经济学匹配理论中用类似 NIMP 算法[二]来解决这类问题，这是一个最初用于解决医学实习生与实习医院匹配的算法，算法名称也来自项目名称"国家实习生匹配项目"（National Intern Matching Program），有兴趣的读者可以扩展阅读加以了解。

2. 网约车业务的匹配（调度）问题

对于网约车、外卖骑手等调度问题，在业务初期我们可以将其简化为匹配问题，即需求（从起点到终点的订单）与运力（司机、骑手）的匹配问题。

这类匹配（调度）问题与婚恋、招聘等问题类似，同样需要兼顾两个效率。一个是经济学意义上的效率，即追求最大化整体效用，从计算机科学的角度可以理解为求解目标函数的最优解或局部最优解；一个是计算机科学意义上的效率，即达成匹配需要的时间空间复杂度，从经济学的角度可以理解为成本。

[一] 由于不存在统一的效用函数，因此相比"降低"一词，此处用"调整"一词更为合适。
[二] NIMP 算法与 Gale-Shapley 算法是等价的稳定匹配机制，详见 Alvin E. Roth、Marilda A. Oliveira Sotomayor 撰写，姚东旻、王麒植翻译的《双边匹配：博弈论建模与分析研究》一书的第 131 页。

在前面关于 Gale-Shapley 算法的讨论中，我们没有考虑双方反馈偏好的成本，但实际上在一些产品模型中这种反馈成本是很高的，例如网约车场景就要比社交产品反馈成本高，在匹配成本和匹配时间的约束下，用户和司机不可能反复地与对方进行匹配以追求最优解。所以，我们需要尽可能减少双方的这种匹配交互，用牺牲经济学意义上的效率的方法换取计算机科学意义上的效率。

具体来说，可以对网约车问题进行如下抽象：对于用户侧，可以把用户的偏好定义为从叫车开始到司机抵达的时间间隔，即关于接驾时间的效用函数，并且代替用户做出决策；对于司机侧，则除了订单价格以外，司机还会结合订单终点与线路进行评估，在内心形成一个自己的偏好，例如即将收车的司机会优先考虑回家方向的订单，上下班高峰时会优先考虑非高峰路段的订单等。

机制方面，则可以借鉴 Gale-Shapley 算法和贪心算法，并在两个效率中间进行折中，设计一个结合两种算法优点的变种算法（见图 6-13），具体如下。

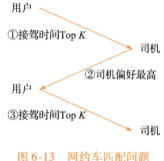

图 6-13　网约车匹配问题

1）根据表白者优势定理，按用户利益优先的原则，由用户侧首先发起匹配，即在所有司机中选择接驾时间最短的 Top K 个司机，由系统代替用户向这些司机发出接驾请求。

2）司机从收到的所有接驾请求中选择自己偏好最高的订单请求进行应答。

3）用户侧收到应答后，如果有多个司机同时应答，则系统根据效用函数代替用户决策，选择接驾时间最短的那个司机（一般情况下为距离最近的司机），完成这次订单-运力匹配。

这一变种算法一方面拥有贪心算法高效匹配的优点，一轮司机交互可以确保完成一次订单-运力匹配，不会出现反复匹配的情况；另一方面相比绝对贪心算法，即每一轮按用户接驾时间最短去匹配司机，这一变种算法又能够在局部实现供需双方经济学效率最优。实际上我们也会看到，这一变种算法的流程就是常见的抢单机制基本框架。

6.3 经济学方法论与函数方法论

6.2 节从经济学的角度对定价问题与匹配（调度）问题的策略进行了分析，接下来我们从函数方法论的视角对同一类问题进行拆解和解读，来观察两种方法论的共性与差异。

6.3.1 定价问题：Airbnb 动态定价策略

全球民宿短租共享平台 Airbnb 是共享经济的鼻祖之一，这一平台能够让拥有闲置住所的民宿经营者将住所按任意时间段切分并共享出来，以便其他旅行者租赁使用。由于这些民宿边际成本较低（本来就是闲置的，只是额外有一个固定的清洁成本），所以价格往往比一般的酒店低，对于旅行者来说还有机会与房东近距离接触以体验当地的风土人情，因此 Airbnb 上线后备受欢迎。同时，相比标准化的酒店，这些住所可谓五花八门，可能是一些常见的公寓、独立的经济型单间，也可能是城堡、房车或者一个可供过夜的沙发，甚至有可能仅仅是一个树洞。

由于这个平台上许多民宿经营者并不是职业房东，无法像专业的酒店经营者一样在定价方面对供需变化做出准确和及时的调整，为此 Airbnb 提供了两个工具——**价格提示**（Price Tips）和**智能定价**（Smart Pricing）。前者以色阶的形式对每一个可出租单元按当前定价被出售的概率进行标识，并且提供系统推荐的最优定价；后者支持经营者设置一个最低价和最高价，然后将定价完全托管给 Airbnb，Airbnb 会根据市场需求变化在最低价和最高价之间自动出价。

1. 常规定价策略

如 6.2 节介绍的，在传统的经济学方法中，对于市场中产品定价的策略一般是建立在同类产品基础上的，基于价格-需求曲线描绘需求函数 $f(P)$，并通过最大化收入 $P \times f(P)$ 来确定产品的最优价格 P：

$$P = \arg\max_{P} P \times f(P)$$

但是很显然，在 Airbnb 民宿定价这个例子当中，这样的模型过于粗糙了。"所有民宿是同类产品"的假设在这个例子中并不成立，与之相反，每一个民宿作为非标商品都是独一无二的个体，它们的地理位置、设施、历史评论等都不一样，而这些因素恰恰对入住者的购买决策有着重大影响，因此，可以说每个民宿都有自己独立的价格-需求曲线。

对于这一问题，Airbnb 的工程师们在数据挖掘顶级国际会议 KDD2018 上发表了一篇文章[1]对他们的动态定价系统进行了介绍。接下来，我们从函数方法论的角度出发，结合文章内容对这一问题进行解读和拆解。

首先，工程师们沿用了前面的思路，构建了如下业务函数：

$$f(P, \text{time}, \text{listing}) = 预订概率$$

这一问题的三要素描述如下。

- **样本**：过去成功预订的民宿订单可以视为正样本，未成功预订的库存按时间切片视为负样本。
- **特征**：除价格 P 以外，time 为时间特征，包括入住时间，其中包含时令信息（例如是否为周末、节假日等），以及当前时间与上一次入住时间的间隔；listing 为民宿特征，包括民宿本身的房型、面积、设施、所处地理位置等基本信息，以及民宿历史评分与评论、入住率、是否支持即时预订等经营信息。
- **评估**：这是一个典型的二分类问题，因此使用常用的分类指标，如精确率、召回率、AUC 评估即可。

在求得这一业务函数的基础上，民宿的定价 P 同样可以通过最大化收入的方法求解：

$$P = \arg\max_{P} P \times f(P, \text{time}, \text{listing})$$

不过，这一方法在 Airbnb 线上经过 A/B 测试后效果并不理想。从上式中我

---

[1] Peng Ye, Julian Qian, Jieying Chen, et al. Customized Regression Model for Airbnb Dynamic Pricing. ACM SIGKDD' 18。

们可以看到，对预订概率（或需求曲线）的准确预估是定价的核心前提，尽管工程师们已经对不同区域进行了细分建模，但在实践中依然难以进行准确预估，原因包括：

- 民宿经营者往往为所有日期的出价都设定一个或几个固定价格，模型难以观测到不同价格下对预订概率的影响；
- 民宿的非标特性进一步增加了模型泛化的难度；
- 一些特征之间并不是条件独立的，例如价格的调整会影响民宿的历史入住率、评分等特征。

2. 对价格本身建模

常规定价策略遇到的困难让工程师们重新回到对价格本身的建模问题中来，即是否可以求解这样的业务函数并用于输出建议定价 P_{sug}：

$$f(\text{time}, \text{listing}) = P_{sug}$$

一个容易想到的方案是，将所有成功预订的民宿订单视为样本，根据订单价格 P_{booked} 将这一问题建模为回归问题，并使用 MAE 或 MSE 等回归指标进行评估。

然而，这个方案存在一个根本性的缺陷——理论上"最优"的价格 P_{opt} 是无法从样本中直接观测到的。对于成功预订的民宿订单，其订单价格 $P_{booked} \leqslant P_{opt}$，因为可能价格上涨一定幅度这个民宿也能租出，订单价格说明至少有一位顾客能够接受这个价格，而"最优"价格则只需要刚好有一位顾客能够接受这个价格即可⊖。另一方面，如果一个民宿间夜过期后未订出，那么可知未订出时的价格 $P_{non\text{-}booked} > P_{opt}$，即可能价格下降一定幅度这个民宿就能订出了。

因此，如果直接对订单价格 P_{booked} 建模，那么得到的预估价格 P_{sug} 将大概率低于理论上"最优"的价格 P_{opt}。

Airbnb 的工程师们根据产品特性，对这个问题的建模方案进行了一定的调

⊖ 事实上，大部分供给有限的非标产品（如二手车、二手房等二手商品）都存在这种观测成交价小于或等于最优成交价的特性。

整。首先在特征方面，加入了经营者设置的价格 P_{user} 和需求指数 D。前者代表了经营者对民宿和当前市场价格的认知，实际上对定价进行预估是需要一定信息量的；后者则代表当前市场的一些需求信号[⊖]。基于调整后的特征，业务函数可拆解为图 6-14 所示形式。

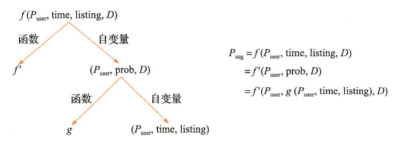

图 6-14　Aribnb 定价问题业务函数拆解

其中，函数 $prob = g(P_{user}, time, listing)$ 即前面提到的当前用户设置价格为 P_{user} 时的预订概率。

其次在样本方面的调整，同时使用了预订间夜和过期未预订间夜两种样本，因为它们分别携带了"最优"价格 P_{opt} 的下界和上界两种信息。样本可以统一形式化定义为 $S = \{x_i, y_i\}_{i=1}^{N}$，其中 x_i 代表上式中的所有特征，y_i 为是否预订（$y_i = 1$ 为预订间夜样本，$y_i = 0$ 为未预订间夜样本），这样我们要求解的业务函数即可简化为 $P_{sug} = f_\theta(x) = \hat{y}$，其中 θ 为函数参数。

最后在评估方面，考虑到无法直接观测到"最优"价格 P_{opt} 的问题特性，将 MAE 这一最优化目标的零点扩展为一个零区间，继而定义求解模型参数 θ 的方法为：

$$\theta = \arg\min_{\theta} \sum_{i=1}^{N} \max(0, L_i - f_\theta(x_i)) + \max(0, f_\theta(x_i) - U_i)$$

其中，L_i 和 U_i 分别为"最优"价格的下界与上界，即：

⊖ 论文中未明确表达需求指数 D 的计算方法，可能根据该地区最近搜索量、预订量等数据计算而来。

$$L_i = y_i \cdot P_i + (1 - y_i) \cdot c_1 P_i \leqslant P_i, \quad c_1 \in (0,1)$$

$$U_i = (1 - y_i) \cdot P_i + y_i \cdot c_2 P_i \geqslant P_i, \quad c_2 \in (1, \infty)$$

常数 c_1 和 c_2 为通过超参数搜索寻找到的预设超参数。当样本为正样本预订间夜，即 $y_i = 1$ 时，我们有 $[L_i, U_i] = [P_i, c_2 P_i]$；当样本为负样本未预订间夜，即 $y_i = 0$ 时，我们有 $[L_i, U_i] = [c_1 P_i, P_i]$。因此无论样本为哪种样本，当预测结果介于"最优"价格的下界与上界之间，即 $f_\theta(x_i) \in [L_i, U_i]$ 时，上面的最优化目标函数都能取到最小值 0，如图 6-15 所示。

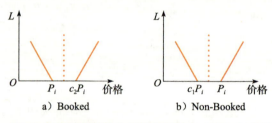

图 6-15　Airbnb 定价问题最优化目标之正样本（左）与负样本（右）

经过模型调整后，从最终输出的预估价格结果可以看到，该模型不仅能有效捕捉到周末与周中价格的周期性变化，也能对类似日本樱花季这种市场供需变化做出响应，如图 6-16 所示。

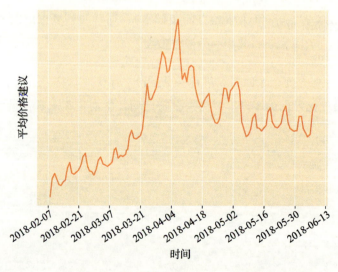

图 6-16　Airbnb 民宿平均预估价格随时间变化趋势（日本东京）

以上为 Airbnb 民宿自动定价（或辅助定价）产品的模型框架，具体的模型表达式这里就不再赘述了，有兴趣的读者可以查阅论文原文了解。在结束这个案例之前，让我们回到 Airbnb 自动定价产品的使用场景，从业务的角度出发去理解原文提到的另外两个评估指标。

要让系统自动定价功能被经营者接受，需要克服两方面的困难。首先，要让民宿经营者相信这个功能与他们的利益是绑定的。Airbnb 的盈利模式是从民宿租赁收入中抽成，扩大民宿经营者的租赁收入有助于提高 Airbnb 的盈利。那么，有没有哪个指标能够度量这一点呢？

在原文中提到了一个指标——**价格下降召回率**（Price Decrease Recall，PDR），这一指标被定义为**所有未预订间夜样本中模型预估的价格低于用户设置价格的样本量占比**，即 $f_\theta(x_i) = P_{sug} < P_i$ 的样本占比。这个指标可以理解为，假如民宿经营者当初能够听从模型建议下调定价，说不定这些之前未能租出去的民宿就能成功租出。所以，我将这个指标理解为**"睿智指数"**，这个指数越高意味着这个模型越智能，越能捕捉到哪些样本中的定价应当下调。

另一方面，一个好的系统自动定价功能还需要让民宿经营者相信使用这个功能后不会损害自己的利益，即不会减少已有的收入。在原文中提到了另一个指标**预定反悔率**（Booking Regret，BR），这一指标被定义为**所有已预订间夜样本中，模型预估的价格低于用户设置价格的样本幅度的平均值（中位数）**，即

$$BR = \text{median}\left(\max\left(0, \frac{P_i - P_{sug}}{P_i}\right)\right)$$

换句话说，这个指标可以理解为，还好民宿经营者当初没有听从模型建议下调定价，否则本来 P_i 能够被租出的民宿价格就被下调到 P_{sug} 了，虽说民宿也能被租出，但是白白损失了 $P_i - P_{sug}$ 的利润差。所以我将这个指标理解为**"憨憨指数"**，这个指数越高意味着这个模型越"憨憨"，听从模型建议后让民宿经营者损失更大。

最终从多个数据集的测试结果上看，与最开始提到的常规定价策略相比，直接对价格本身进行建模的策略整体上比"睿智指数"和"憨憨指数"更加符合预期，如图 6-17 所示。

数据集	PDR	BR
(a)	+15.6%	5.74%
(b)	+13.43%	−6.38%
(c)	+11.85%	−7.5%

图 6-17　与常规定价策略相比新模型指标变化

6.3.2 匹配（调度）问题：美团骑手派单策略

自从美团、饿了么等外卖平台快速崛起以来，这类将线下业务连接到线上的服务很大程度上改变了我们的生活方式。与过去餐饮业必须到店消费不同，如今用户只需要在家里用手机下单就能预定包括外卖（或生鲜、药品）在内各种各样的线下服务或商品。以外卖预定为例，从用户打开应用开始，到收到骑手送过来的外卖，双方的流程如图6-18所示。

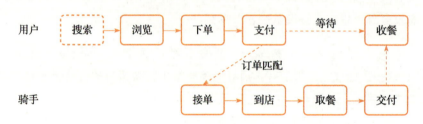

图6-18 美团外卖用户与骑手流程

用户在外卖平台浏览（可能会先搜索）并选择餐饮门店下单支付，然后等待预定的餐食被送货上门。在等待收餐的阶段，由外卖平台进行订单匹配，并将用户订单分配给合适的骑手进行配送，骑手收到订单后前往门店取餐，并将其送达用户手中完成交付。

前面介绍匹配（调度）问题时提到过，订单匹配这个环节在业务初期可以使用抢单作为解决方案。事实上，最早的运力调度系统使用的都是抢单方案，包括外卖配送、网约车等业务。抢单方案的优势是开发成本低，平台方可以快速上线运力调度系统，让骑手在系统中自行挑选用户订单进行配送，从而将线下运力与线上订单关联起来。

然而，抢单方案的缺点也很明显——容易存在局部的供需不平衡问题，那些配送距离短、交通方便、商家出餐快、能够快速交付的"好单"供不应求；反之配送距离长（如需要跨越多个街区）、交通不便（如只能步行到达的地址）、商家出餐慢（如过于火爆的餐厅）的"差单"无人响应。这一问题在需求高峰时期更加明显，用户侧的体现则是完单率降低或超时率增加，可以说很大程度上影响了用户体验。

尽管我们可以从经济学的角度出发，通过调整配送费来调节供需平衡，但依然存在两个方面的问题：一方面骑手从理性人假设出发做出的选择是个体或局部的最优选择，但个体或局部的最优选择加起来未必能够达到整体最优解；另一方面，人的判断是有局限性的，尤其是在信息不完备以及水平参差不齐的情况下，骑手未必都能做出当下的个人最优选择，仅用配送费来调度太过单薄。

因此，在实践过程当中常见的是，由抢单逻辑逐渐过渡到由专门的区域调度员进行中央调度分单的抢、派结合逻辑，并最终过渡到系统后台进行分单的全面派单逻辑。这样不仅解决了局部最优解与全局最优解的矛盾，实现整体用户体验最优化，同时用机器代替人工进行调度，还可大幅降低成本，提升并发调度能力。

接下来结合美团公开的一些技术资料，以外卖配送为例，从函数方法论的角度出发，对这种用系统派单解决运力匹配（调度）问题的方法进行拆分和解读。

1. 外卖配送匹配问题

前面提到，调度问题的核心是匹配问题。对于外卖配送这类问题来说，可以对匹配问题的建模简化如下：

$$\Omega = \underset{(o_i, s_j) \in \Omega}{\arg \min} \frac{1}{n} \sum_{i=1}^{n} f(o_i, s_j)$$

其中，$o_i \in O$ 为当前待分配的所有 n 个外卖订单，$s_j \in S$ 为所有骑手，$\Omega = \{(o_i, s_j)\}$ 为待求解的将所有外卖订单分配到骑手的分配方案。$f(o_i, s_j)$ 则为待定义的业务函数，根据业务情况，这一函数有以下三种定义方式[1]：①配送距离，对应目标即为单均配送距离；②是否超时，对应目标即为超时率；③配送时间，对应目标即为单均配送时间。

到底选哪个优化目标更合适呢？从用户体验的角度出发，目标①是用户感知不到的，因此，选择用户可感知的目标②或③更为合适。而从商业价值的角度出发，单均配送时间的降低意味着骑手平均每天可配送的单量上升，这意味

---

[1] https://tech.meituan.com/2017/10/11/o2o-intelligent-distribution.html。

着平台的单均配送成本降低,因此,目标③是一个与商业价值更容易直接挂钩的目标。

所以,一般情况下,能够同时兼顾用户体验与商业价值的优化目标③单均配送时间是一个更为常用的优化目标。根据这一优化目标的定义,对业务函数进一步横向拆解,如图6-19所示。

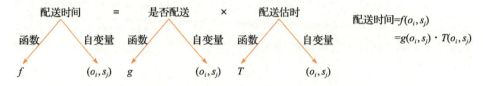

图6-19 外卖配送匹配问题业务函数拆解

由图6-19可知,业务函数可拆解为预估的配送时间 $T(o_i, s_j)$ 与表示是否配送的指示函数 $g(o_i, s_j)$ 的乘积。

至于前面提到的超时率,则可以作为众多约束条件中的一部分,纳入整个匹配问题的求解过程中来。这些约束条件至少包括:

- 超时率 k,大部分订单配送时间不应当超过固定的时间 d 或某个预估时间 d_i,即 $\sum_i sgn(f(o_i, s_j) \geq d_i) \leq k$;
- 一个订单 o_i 只能由一个骑手配送,即 $\forall i, \sum_j g(o_i, s_j) = 1$;
- 每个骑手 s_j 可同时配送的订单数量是有上限 U_j 的(新人骑手上限更低),即 $\forall j, \sum_i g(o_i, s_j) \leq U_j$;
- 一些特定的餐食需要由专门的骑手配送,例如火锅、冰鲜等。

2. 送达时间预估

从上面的业务函数拆解过程可以看到,送达时间(又称配送时间)预估(Estimated Time of Arrival,ETA)问题是解决运力匹配问题的核心子问题之一。准确地预估送达时间不仅能够在交互上给用户充分的预期,也能在运力匹配求解过程中发挥重要作用。美团外卖App送达时间预估如图6-20所示。

经济学告诉我们,**可以将配送时间 $T(o_i, s_j)$ 视为效用函数来解决订单匹配

（调度）问题，但经济学并不能告诉我们配送时间具体该**怎样**计算。因此，还是让我们从样本、特征以及评估这三个要素出发，来分析送达时间预估 ETA 问题究竟应该怎样解决。

首先可以根据图 6-21 所示的骑手流程，将配送时间继续横向拆解为到店时间 T_1、等餐时间 T_2 以及交付时间 T_3 的累加。

图 6-20　美团外卖 App 送达时间预估　　图 6-21　骑手流程：送达时间预估拆解

订单 o_i 与骑手 s_j 的门店地址 $shop_i$、用户地址 $user_i$ 以及骑手当前地点 pos_j 这些要素要分别剥离出来，将配送时间 T 拆解如下：

$$T(shop_i, user_i, pos_j) = T_1(pos_j, shop_i) + T_2(o_i) + T_3(shop_i, user_i)$$

其中，到店时间 T_1 和交付时间 T_3 基本可以视为同一类问题，即地点 pos_j 到地址 $shop_i$ 或地址 $shop_i$ 到地址 $user_i$ 的时间预估，并建模为一个基本的回归问题。样本、特征和评估三要素如下。

- **样本**：以样本闭环为主，历史上的外卖订单累积了大量骑手到店以及交付给用户的样本数据。骑手在骑手客户端上的收餐、交付等确认动作或骑手在店内停留时间的信息则为各样本时间切分提供了依据。
- **特征**：特征主要分为几类，一部分来自对商家地址和用户地址的信息提取，例如地址的类别（写字楼、商场、居民楼等）、楼层、交付点归类（作为聚类特征与历史样本关联）等；一部分来自地图信息，主要是从起点到终点的路径规划信息；还有一部分来自外部环境，如天气、交通管制信息等。
- **评估**：作为回归问题，可使用 MAE 或 MSE 等常见回归指标进行评估。

至于等餐时间 T_2 也类似，可以以商家历史订单和对应出餐时间为样本，基于订单内容、商家当前所有订单数量与订单内容、商家历史出餐速度等信息作为特征，对商家出餐时间 $ST(o_i)$ 进行回归建模预估，最终骑手的等餐时间 T_2 为：

$$T_2(o_i) = \max(ST(o_i) - T_1(pos_j, shop_i), 0)$$

3. 未来订单预估

像外卖配送这类即时配送问题与传统二元匹配问题的一个重要的区别是，用户的订单是随时间不断出现的，因此，即时配送模型做出的决策也不是静态的，而是需要随着时间的推移不断进行调整的。

因此，如果我们能够对未来可能发生的订单做出预测，就有机会让模型提前做出运力调度，为接下来可能的订单需求准备好合适的运力，以提升整体时间段的配送效率。换句话说，可以对是否配送的指示函数 $g(o_i, s_j)$ 进行扩展：

$$g^+(o_i^+, s_j) = p(o_i^+) \times g(o_i^+, s_j)$$

其中，$p(o_i^+)$ 代表订单产生的概率，当订单为已产生订单时有 $p(o_i^+) = 1$。那么对于未产生的订单，我们可以从用户进入外卖应用开始，根据用户做出的每一个交互动作来对未来订单产生概率 $p(o_i^+)$ 做出预测，如图 6-22 所示。

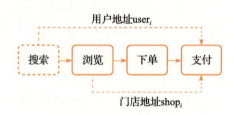

图 6-22　用户流程：未来订单预估

当用户进入外卖频道或搜索外卖时，意味着很有可能接下来会产生一个需要配送至用户当前地址或常用地址 $user_i$ 的外卖订单；而当用户在某个门店浏览挑选餐食时，则意味着很有可能接下来会产生一个从该门店地址 $shop_i$ 出发的外卖订单。

因此，这些用户的交互动作都可以成为未来订单预估的特征。同时，幸运的是，这也是一个可被样本验证的分类问题，历史上的所有订单都可以作为样本数据对这一订单预估问题进行预测与评估。

至此，我们从最初的抢单模式出发到现在大规模应用的派单模式，对外卖配送的匹配（调度）问题进行了简单的框架性分析。事实上除了上面提到的这些内容以外，外卖配送待解决的问题还有下面这些。

- 匹配调度方面：在一些时效要求不那么高的情况下，是否可以通过对订单进行延迟调度来尽可能实现最优解？对于骑手发生无法履约的情况，如交通事故等，怎样对订单进行改派？
- 送达时间预估方面：在送达时间预估分析中隐藏了一个条件独立假设，即"送达时间仅与两个地址有关，与骑手无关"，但实际上不同骑手的履约能力是有差异的。怎样将这种能力差异纳入优化预估模型？在成本可控的情况下，是否可以将手机传感器、商场室内定位等一些硬件设备带来的信息作为特征对模型进行进一步修正与优化？
- 供应链方面：怎样协调自营专送、商家自配送与外包运力之间的关系？怎样在它们之间分配订单？

这些细节问题构成了复杂的大规模即时配送运力匹配（调度）问题的冰山一角，也让这类匹配（调度）问题成为最有魅力的策略问题之一。

6.3.3 两种方法论的共性与差异

在经济学课堂上提到的许多基本的假设或概念，例如理性人假设、资源是稀缺的、效用函数（服务于公平或者效率）等，实际上都可以在一个统一的公式中得到体现，即公式中的最优化目标（理性人假设）、约束条件（资源是稀缺的）与模型函数（效用函数），如图 6-23 所示。

对比第 3 章介绍的函数方法论的公式，如图 6-24 所示，我们可以看到，两种方法论的共性正如策略产品经理的定义，策略产品经理的职责是将业务问题建模为业务函数 f，把握输入 X、输出 $f(X)$ 或 Y 与优化目标 arg max 或 arg min，推动策略在业务中应用并不断迭代，最终实现业务目标。

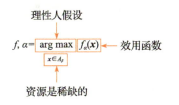

图 6-23　经济学的一些基本假设与概念

图 6-24　函数方法论的 3 + 1 要素

两种方法论的差异体现在对样本的使用方法上。经济学是一个自上而下的学科，往往从假设出发构建了许多模型，样本更多时候用于从统计上对模型进行实证分析与验证。从计算机科学延伸出的函数方法论则是一个自下而上的方法，虽然也存在模型假设，但更加偏向于尊重样本标签的可预测性（即评估方法），并且随着时代发展，在越来越多的情况下选择从样本出发直接构建模型（端到端模型）。样本展现的是什么模型，推导出的结果就是什么模型，哪怕这种模型不具备一般意义下的可解释性，例如深度学习模型。

因此，对于策略产品经理而言，在业务初期缺乏样本的情况下，可以尝试从经济学中寻找适用的模型，这些模型在人类历史上经过了验证，是对这个世界的一种客观解读，也是一个可以快速开发上线的低成本启动方案。当业务累积了一定的样本之后，可以考虑逐渐将方法迁移到函数方法论中来。后者对世界更为精确的模拟能够带来一些新的价值，无论是长尾价值还是大规模人工被替代带来的人效价值。比如前面我们介绍的案例，包括广告业务或平台类业务从博弈定价或市场定价演进到系统自动定价，运力匹配调度业务从抢单演进到系统自动派单等。

前面我们谈到了模型的可预测性与可解释性，关于这两点可以试着从函数搜寻的角度进一步阐述。经济学中函数的形式本身就是假设的一部分，例如线性函数、指数函数等，都是容易理解的函数形式。但函数本身涉及的自变量并不多且都要求有实际含义，同时约定了函数形式后函数簇会被限定在一个特定的范围内，因此可解释性大于可预测性。而在函数方法论中则是从广袤的函数空间中找到最能够符合样本描述的模型函数，且特征（自变量）足够多，因此随着可预测性上升，可解释性却在下降。

如今，经济学家和计算机科学家正努力在各自的领域中解决模型可预测性与可解释性二者间的矛盾。不过我的猜想是，随着研究的深入，模型成本会逐渐成为一个瓶颈，其中既包括函数搜寻的计算成本，也包括特征、样本等信息收集的成本。

基于此，我大胆提出猜想——模型解读世界的不可能三角（见图6-25），即能够真实解读世界的模型不可能同时满足可解释性强、可预测性高且模型成本低廉的条件。希望未来能够能看到这一猜想被进一步明确、证实或证伪。

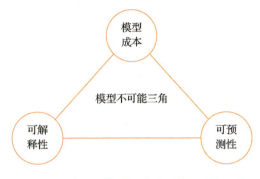

图 6-25 猜想：模型解读世界的不可能三角

6.4 经济学前沿：未来会是怎样的

经济学的前沿在何处？作为服务用户的产品经理，我们更关注与个体相关的微观经济学前沿。纵观诺贝尔经济学奖这一经济学前沿风向标以及微观经济学家的观点，我们会看到微观经济学的一个前沿趋势：多学科交汇。

1. 经济学 + 心理学

行为经济学是一个结合了经济学与心理学的前沿交叉学科，也是 21 世纪以来最为热门的经济学研究方向之一。在过去的 20 年间，诺贝尔经济学奖分别于 2002 年、2013 年和 2017 年颁发给了在行为经济学中有重要贡献的经济学家。

表面上看，行为经济学是对人类"非理性"行为的研究，或者说是对"理性人假设"发出挑战——即使"理性人假设"已经进行过泛化，如本章开头提到的，现代经济学意义上的"理性人假设"指的是选择偏好的完备性与传递性以及最大化偏好，但现实当中人的决策依据却未必服从这一"理性人假设"，或至少是难以观测的。例如人们的偏好并不总是一致的，可能受到他人选择的影响而改变偏好（从众效应），或者人们总是对本来应该是等价的选项显著地做出差异性选择，如标明了原价折扣与未标明的同一商品（锚定效应）、确定的 100 元收益与 1% 概率的 1 万元收益（确定效应）等。

实际上，行为经济学更重要的贡献在于将心理学中的一些研究方法（如实验等）引入经济学当中。从这一角度看，行为经济学的意义在于，如果人的一些"非理性"经济行为能够通过实验稳定复现，或者达到统计上的显著性，那么这种现象应当作为这个世界的运行规律被经济学承认，而不是假装看不见或用"套套逻辑"去解释。如果这种现象无法用过去传统的经济学理论与模型解释，那么我们应当引入新的方法去解释和修正。

行为经济学的研究成果对于策略产品经理的实用意义在于，如果能够把显著影响人们决策的因子提取出来，就有机会把这些影响因子转化成一些客观特征或用户画像纳入我们的模型当中。例如价格锚定效应中的原价与折扣率就可以转化为商品特征，与用户的价格敏感度等特征一起用于预测商品推荐的效果。

因此，对于策略产品经理而言，仅仅知道行为经济学的各种效应是不够的，从哪些信号捕捉这些效应并纳入策略（即业务函数）是一个更具挑战性的问题。有一些信号是外显的，例如前面提到的商品原价与折扣率；有一些信号则隐藏在用户的大脑中，例如用户的情绪、记忆等。或许你会问，是否可以在用户端安装脑电极来捕捉这些信号？恭喜你，你已经开始主动探索行为经济学的分支——**神经经济学**了。作为一门新兴学科，神经经济学借助脑科学中的方法，通过观测脑内神经元的活动研究人的经济行为，为经济学注入了新的研究范式。

或许在未来，人类脑电波信号将被作为特征加入模型，神经经济学的研究成果将在新的实用领域焕发生机。进入 VR 时代，我们会看到神经经济学家们已等待多时……

2. 经济学+计算机科学

经济学与计算机科学的渊源甚至要追溯到现代计算机诞生之初。博弈论之父、现代计算机之父都是冯·诺依曼（John von Neumann），他是同时代涉猎最广的科学家，在很多领域都做出过突破性的贡献，包括基础数学、物理学、生物学、气象学等，以及我们提到的经济学与计算机科学。1928 年，冯·诺依曼提出了博弈论的基本原理，并于 1944 年与摩根斯特恩共同发表《博弈论与经济行为》，完成了博弈论的奠基性工作；1945 年，冯·诺依曼提出了带存储器的计算机通用架构，即冯·诺依曼架构，这一架构也成为现代计算机的雏形，奠定了计算机科学的发展基础。

此后几十年间两个学科处于若即若离的状态，直到现代，以范里安为代表的一批微观经济学学家将两个学科重新拉到一起。范里安（Hal R. Varian）是目前使用最广的中级微观经济学教材《微观经济学：现代观点》的作者，从加州大学伯克利分校退休后担任 Google 的首席经济学家，并一手缔造了后来大获成功的 Google 广告关键词拍卖竞价系统。2014 年，范里安在《经济展望杂志》[一]中发表了一篇文章，对机器学习与计量经济学的结合提出了许多有趣的观点。文中提到如下几点。

- 在海量数据时代，传统经济学中的一些分析方法显得捉襟见肘，计量经济学家需要更多强大的数据分析工具，每一位经济学研究生都应该学习一门机器学习课程。
- 在众多潜在的预测变量中，机器学习能够帮助经济学家更好地进行变量选择（即特征选择）。
- 一些线性回归、逻辑回归等回归分析方法在过去的计量经济学中也常常被使用（并不是机器学习的专利），但与过去的线性模型或类线性模型（如对数线性模型）相比，机器学习中构建的模型能够描述自变量与因变量之间更为复杂的关系。
- 机器学习与计量经济学当然是有区别的，前者更擅长预测，而后者则更关注变量之间的因果关系（即上一节我们谈到的可预测性与可解释性）。

过去，计量经济学家将样本内的拟合误差归因为样本量不够，在如今这个海量数据时代，数据量少可能不再是借口。但不管怎么说，样本量的丰富对经济学来说是一个好消息，如果说过去经济学的实证研究受限于样本获取成本，那么如今样本获取成本的大幅下降可以说有利于促进经济学的发展。

纵观整个人类文明发展史，从来没有哪一个时代能像现在这样，以极低的

[一] Hal R. Varian. Big Data: New Tricks for Econometrics, The Journal of Economic Perspectives Vol. 28, No. 2 (Spring 2014): 3-27。

单位成本，从最细的粒度观察到每一个个体的行为，并且拥有快速获得决策反馈的实验土壤。

因此，这也意味着随着样本数据量不断累积，特征粒度越来越细，越来越多来自经济学和计算机科学的经典模型会被解构和重构，并从更新的模型视角去揭示这个世界真实的运行规律，以及改变这个世界的运行效率。

策略产品经理将以一线参与者的角色，在最实战、最前沿的位置连接这些模型和这个世界，同时迎接更多挑战。

这是时代赋予我们的使命。

第 7 章
聚焦现在：机器学习模型解析与在业务中的应用

本章我们将从机器学习的本质开始探讨，并介绍一些机器学习常用的基本模型和某些业务场景下模型应用，以及一些模型融合的方法。

考虑到本书的读者不一定都具备技术基础，因此，我们在介绍的过程中将更多地从原理方面出发去讨论，不会涉及太多相对实操的内容，例如数据的预处理、模型实现等，有兴趣的读者可以从市面上常见的公开课或书籍中延伸阅读。

7.1 机器学习的本质

谈机器学习的本质如论至尊武功的心法，不同的层次理解也不一样，这里给出的是入门级的理解，希望有助于在校的同学、计划转型的研发工程师以及"不安分"的产品经理们打开一扇通往新世界的大门。

先说一下我的结论：机器学习的本质是**函数预测**。

我们对世界的一些认知,大都可以理解为通过一个已知 X 得到一个未知 Y 的函数 $f: X \rightarrow Y$。这里函数的概念可以更广义地理解为一种从输入到输出的映射。举例来说,这样的函数适用于如下场景。

1)预测从一系列特征映射到一个数值的函数,我们称之为**回归问题**,例如根据一些房产属性,预测该房产当前的价格,如图 7-1 所示。

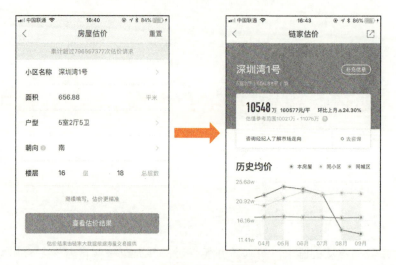

图 7-1　回归问题——房价预测

抽象后的示意图以及预测的函数如图 7-2 所示。

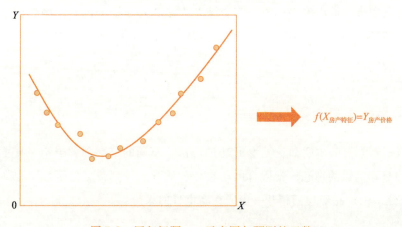

图 7-2　回归问题——示意图与预测的函数

2)预测从一系列特征映射到一个已知类别的函数,我们称之为**分类问题**,例如登录铁路售票系统 12306 时,系统会提示你在 8 张图片中找到文字所描述物品,如图 7-3 所示。

图 7-3　分类问题——12306 验证码

抽象后的示意图以及预测的函数如图 7-4 所示。

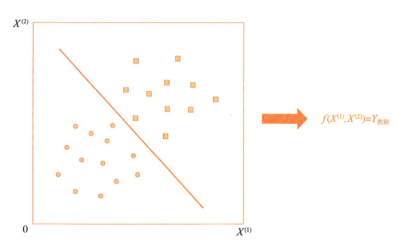

图 7-4　分类问题——示意图与预测的函数

3)预测从一系列特征映射到一个未知类别的函数,我们称之为**聚类问题**,

例如图 7-5 所示，在美团外卖业务中，对用户提交的原始坐标聚类为外卖交付点的结果[1]。

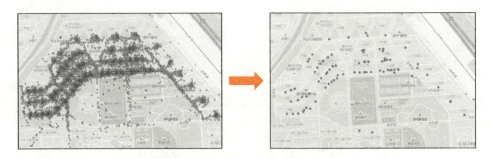

图 7-5　聚类问题——美团外卖交付点聚类

抽象后的示意图以及预测的函数如图 7-6 所示。

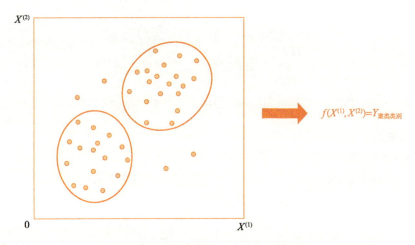

图 7-6　聚类问题——示意图与函数

除了上述三个经典问题以外，还可以看一些更广义的函数预测的例子。

1）机器翻译，本质上是预测一个从一种语言映射到另一种语言的函数，如图 7-7 所示。

---

[1] https://tech.meituan.com/2018/12/13/machine-learning-in-distribution-practice.html。

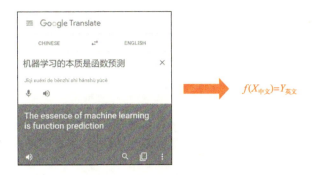

图 7-7　机器翻译问题的函数

2）根据图片生成图片摘要，本质上是预测一个从图片映射到文本的函数，如图 7-8 所示。

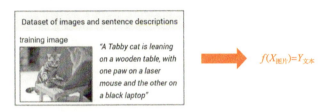

图 7-8　图片摘要生成问题[⊖]的函数

从机器学习的角度来说，我们要做的是预测这些函数，使得最终的预测结果尽可能接近理想中的函数。在了解了函数预测这一本质的基础上，团队的分工也就可以明确了：策略产品经理可以从业务出发，更多地思考如何将业务问题用函数建模，用函数目标描述业务目标；算法工程师负责求解这个函数，包括模型与参数；数据工程师和业务工程师则把算法工程师输出的函数看作一个黑盒，分别关注函数的输入与输出。

7.2　常见基本模型

7.1 节提到了机器学习的三个经典问题：**回归问题**、**分类问题**和**聚类问题**。其中，聚类问题相关的模型更多时候用于离线场景下的数据分析。在实际线上

⊖ Andrej Karpathy, Li Fei-Fei. Deep Visual-Semantic Alignments for Generating Image Descriptions. CVPR 2015.

业务中，我们往往通过人工标注等一些第 4 章中提到的样本获取方法将其转化为分类问题；而回归问题则可以通过将预测目标离散化后转化为分类问题，或者将一些回归模型和分类模型作为监督学习模型。我们可以通过目标函数改造相互转换（如 CART 决策树、神经网络、K-近邻等）。

同时，分类问题的评估指标可以更直接地与商业指标关联，例如对于搜索、广告、推荐这三大应用场景，模型评估中的精确率与业务中的点击率正相关。

因此，这一节将以二维点阵描述的二分类问题（见图 7-9）为主线，着重介绍一些分类问题中常见的基本模型，并尽可能地将每个模型中预测业务函数或函数参数的过程以第 3 章提到的最优化的形式来呈现，如图 7-10 所示。

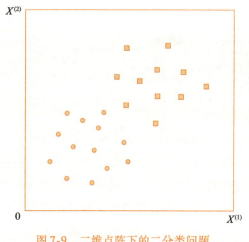

图 7-9　二维点阵下的二分类问题　　图 7-10　函数方法论的 3 + 1 要素

7.2.1　决策树

决策树（Decision Tree）是与人类决策过程非常接近的一个基本模型。第 3 章介绍常见基准策略时，提到基于业务规则的基准策略，用分段函数描述了一个信贷审批的决策路径：

$$f(违约记录, 收入, 月供) = \begin{cases} 审批通过且无违约记录且收入 \geq 月供 \\ 审批不通过且有违约记录或收入 < 月供 \end{cases}$$

这个过程也可以用只有分支逻辑的流程图来表达，这样的流程图进一步抽象即为决策树，如图 7-11 所示。

因此，决策树模型的本质是预测**分段函数**。在基于业务规则的基准策略中，我们是通过对业务的了解来确定特征或函数分支点的，那么有没有更科学或更客观的方法？这便是本节要介绍的基于信息量的决策树模型。在详细介绍这一模型之前，我们先从信息熵与信息增益谈起。

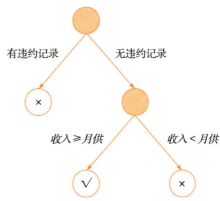

图 7-11　信贷审批决策树

1. 信息熵与信息增益

根据信息论中的定义，对于随机事件 X 及其概率分布 $P(X=x_i)=p_i$，该随机事件的信息熵如下⊖：

$$H(X) = \sum_{i=1}^{n} p_i \log \frac{1}{p_i} = -\sum_{i=1}^{n} p_i \log p_i$$

由定义可知：

$$0 \leqslant H(X) \leqslant \log n$$

与热力学中用于描述物理系统混乱程度的熵（Entropy）的概念类似，**信息熵（Information Entropy）的本质是对随机事件不确定性的度量**。举个简单的例子，对于一个 6 个面为 1 到 6 的标准骰子，每一面出现的概率均为 $\frac{1}{6}$，因此投掷一次骰子的信息熵 $H(X) = -\sum_{i=1}^{n} \frac{1}{6} \log \frac{1}{6} = \log 6$。可见当随机事件服从均匀分布时，事件的不确定性最大，其信息熵取值为上式右边等号成立的最大值。

假如一批骰子中有一半做工出现了偏差，这些问题骰子无法掷出 1 和 6 两个数字，其他 4 个数字等概率分布。根据这一情报可知，骰子 Y 的概率分布为

⊖ 约定当 $p=0$ 时，$p\log p=0$。

$P(Y=y_j) = \frac{1}{2}$, $j \in \{0_{\text{标准骰子}}, 1_{\text{问题骰子}}\}$，出现问题的骰子投掷一次事件 X 的条件概率分布为 $P(X=x_i \mid Y=y_1) = \frac{1}{4}$，$i \in \{2, 3, 4, 5\}$。由此可以定义并计算条件熵为：

$$H(X \mid Y) = \sum_y p(y) H(X \mid Y=y) = -\sum_y p(y) \sum_x p(x \mid y) \log p(x \mid y)$$
$$= \frac{1}{2} \log 6 + \frac{1}{2} \log 4$$

同时，可以定义并计算上面的例子中事件 Y 对事件 X 的信息增益[⊖]为：

$$\text{Gain}(X, Y) = H(X) - H(X \mid Y) = \log 6 - \left(\frac{1}{2} \log 6 + \frac{1}{2} \log 4\right)$$
$$= \frac{1}{2} \log 6 - \frac{1}{2} \log 4$$

信息增益度量了事件 Y 为原有事件 X 带来的不确定性下降的程度，即增加了多少确定性，这与日常生活当中理解的消息或情报的信息量是一致的。

假如另一份情报显示100%的骰子 Y' 都是上述这种问题骰子，那么对应的信息增益即为 $\text{Gain}(X, Y') = H(X) - H(X \mid Y') = \log 6 - \log 4 > \text{Gain}(X, Y)$，可见后面这份情报带来的信息增益即信息量是大于前者的。

2. 决策树模型

前面已经对信息熵与信息增益进行了定义，现在我们了解一下决策树模型的算法框架。决策树模型的算法基本上可以用两个词来概括——"最优分治、递归建树"，其主要步骤如下。

1）基于一个**最优化目标**找到最优特征 a 作为当前分支点。

2）逻辑上根据特征 a 的取值将样本划分为两个或更多分支（子树），对应地可以将样本按子树分成两个或更多子样本集。

3）对于每一个分支（子树）以及对应的子样本集，将其视为**完整独立的分**

⊖ 信息增益与信息论中定义的互信息是相等的：$\text{Gain}(X, Y) = H(X) - H(X \mid Y) = I(X, Y)$。

类子问题，重复步骤 1，直到样本集中所有样本的分类 y 均一致或最优化目标达到某个提前定义好的阈值。

在第 4 章提到过特征选择的嵌入法，如图 7-12 所示，可以看到决策树模型的算法就是嵌入法的一个典型例子，步骤 1 可以视为特征选择的过程，作为模型与算法的一部分嵌入到整个计算框架当中。这个过程中越早发现的特征（即越靠近树顶端的特征）便是越有价值的特征。

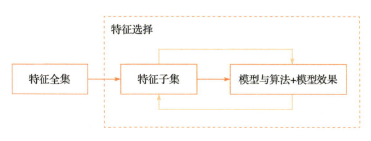

图 7-12　特征选择中的嵌入法

对于分类问题，其样本集可以定义为 $S = \{(x_1, y_1), (x_2, y_2), \cdots, (x_N, y_N)\}$，其中 $y_i \in \{c_1, c_2, \cdots, c_K\} = C$，$|C_k|$ 为属于类 c_k 的样本数量，那么在步骤 1 中，具体的最优化目标主要有以下几种。

（1）**信息增益**（ID3 模型）

根据前面关于信息熵与信息增益的定义，对于任意的样本集 S，可以根据样本集当中分类 $y \in C$ 的概率分布计算其信息熵为：

$$H_S(C) = -\sum_{k=1}^{K} p_k \log p_k = -\sum_{k=1}^{K} \frac{|C_k|}{|S|} \log \frac{|C_k|}{|S|}$$

特征 a 对分类结果 C 带来的信息增益为：

$$\text{Gain}(C, a) = H_S(C) - H_S(C|a) = H_S(C) - \sum_{i=1}^{m} \frac{|S_i|}{|S|} H_{S_i}(C)$$

其中，特征 a 的取值范围为 $\{a_1, a_2, \cdots, a_m\}$，$S_i$ 为当特征 a 取值为 a_i 时的样本子集，$|S_i|$ 为该子集中样本的数量，下同。我们知道，信息增益代表特征带来信息量的大小，而在做特征选择时倾向于优先选择带来信息量更大的特征，

因此步骤 1 中特征选择的最优化目标如下式所示，这一模型被命名为 ID3 模型：

$$a = \arg\max_{a \in A} \text{Gain}(C, a)$$

（2）**信息增益比**（C4.5 模型）

在实践中发现，基于信息增益的决策树模型 ID3 更倾向于选择特征取值较多的特征，而特征取值越多意味着每个取值上样本更少，更容易受数据波动的影响，造成样本数据与真实数据的差异。由信息增益即互信息的对称性 $\text{Gain}(C, a) = H_S(C) - H_S(C|a) = H_S(a) - H_S(a|C)$ 可知，信息增益 $\text{Gain}(C, a)$ 与特征 a 本身的信息熵 $H_S(a)$ 的大小有关。由此，我们通过增加特征 a 的信息熵作为分母进行归一化，提出信息增益比这一指标：

$$\text{Gain\_Ratio}(C, a) = \frac{\text{Gain}(C, a)}{H_S(a)}$$

其中，$H_S(a)$ 为根据样本集 S 中特征 a 的概率分布计算的信息熵：

$$H_S(a) = -\sum_{i=1}^{m} \frac{|S_i|}{|S|} \log \frac{|S_i|}{|S|}$$

由此，我们得到改进后的基于信息增益比的决策树模型——C4.5 模型：

$$a = \arg\max_{a \in A} \text{Gain\_Ration}(C, a)$$

（3）**Gini 指数**（CART 模型）

除信息熵外，还可以通过定义与信息熵类似的指标——Gini 指数，来对样本集及分类结果进行度量。Gini 指数计算过程如下：

$$\text{Gini}_S(C) = 1 - \sum_{k=1}^{K} \left(\frac{|C_k|}{|S|} \right)^2$$

上式中，后半部分为从样本集 S 中进行两次独立抽样，属于同一类样本的概率。因此从某种角度来说，Gini 指数这一指标度量了样本集 S 在分类 C 下的"纯度"。"纯度"越高，意味着分类 C 下某一分类 c_k 占比越高，也意味着 Gini 指数越小。与此类似，我们可以定义按特征 a 划分后样本集 S 的 Gini 指数：

$$\text{Gini}_S(C,a) = \sum_{i=1}^{m} \frac{|S_i|}{|S|} \text{Gini}_{S_i}(C)$$

对于特征选择而言，我们希望按特征 a 划分后"纯度"越高越好，由此得到基于最小化 Gini 指数的最优化模型——CART（Classification And Regression Tree）模型[⊖]：

$$a = \arg\min_{a \in A} \text{Gini}_S(C,a)$$

了解了这些决策树模型，回到本节最开始提到的二维点阵下的二分类问题，各模型在第一步特征选择时的一些计算过程与优化目标取值如下所示，其中 d_1 与 d_2 分别为 $X^{(1)}$ 与 $X^{(2)}$ 两个特征的分支点或离散化节点：

$$H(Y) = -\frac{13}{24}\log\frac{13}{24} - \frac{11}{24}\log\frac{11}{24} = 0.690$$

$$H(Y|X^{(1)};d_1) = \frac{11}{24} \times 0 + \frac{13}{24}\left(-\frac{2}{13}\log\frac{2}{13} - \frac{11}{13}\log\frac{11}{13}\right) = 0.233$$

$$H(Y|X^{(2)};d_2) = \frac{10}{24} \times 0 + \frac{14}{24}\left(-\frac{1}{14}\log\frac{1}{14} - \frac{13}{14}\log\frac{13}{14}\right) = 0.150$$

$$H(X^{(1)};d_1) = -\frac{11}{24}\log\frac{11}{24} - \frac{13}{24}\log\frac{13}{24} = 0.690$$

$$H(X^{(2)};d_2) = -\frac{14}{24}\log\frac{14}{24} - \frac{10}{24}\log\frac{10}{24} = 0.679$$

$$\text{Gini}(Y,X^{(1)}) = \frac{11}{24} \times 0 + \frac{13}{24}\left(1 - \left(\frac{2}{13}\right)^2 - \left(\frac{11}{13}\right)^2\right) = 0.141$$

$$\text{Gini}(Y,X^{(2)}) = \frac{10}{24} \times 0 + \frac{14}{24}\left(1 - \left(\frac{1}{14}\right)^2 - \left(\frac{13}{14}\right)^2\right) = 0.077$$

通过决策树求解二维点阵下二分类问题的过程如图 7-13 所示。

在这个例子中，三种决策树优化目标生成的决策树结果一致，最终的决策树生成结果如图 7-14 所示。

[⊖] 更改为回归目标后也可以将模型改造为 CART 回归模型，参见李航所著的《统计学习方法（第 2 版）》。

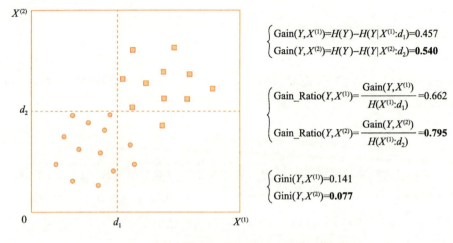

图 7-13　决策树求解二维点阵下二分类问题过程

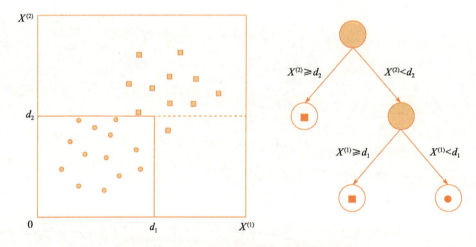

图 7-14　决策树求解二维点阵下二分类问题结果

7.2.2　K-近邻

K-近邻（K-Nearest Neighbor，KNN）模型是一个非常简单与直观的模型，其基本思想可以用这样一句俗语来解释——**"近朱者赤，近墨者黑"**。因此，在介绍这一模型之前，我们需要先定义"距离"来描述"远"与"近"。

1. 距离定义

对于 n 维实数向量空间 $\mathbb{R}^n$ 上的两个点 $\boldsymbol{x}=(x_1, x_2, \cdots, x_n)$ 和 $\boldsymbol{y}=(y_1, y_2, \cdots, y_n)$，我们可以定义两点之间一个较为泛化的 L_p 距离[1]——**闵可夫斯基距离**（Minkowski Distance）为：

$$L_p(\boldsymbol{x}, \boldsymbol{y}) = \left(\sum_{i=1}^{n} |x_i - y_i|^p \right)^{\frac{1}{p}}$$

其中，$p \geq 1$ 时满足数学上对距离的定义。当 $p=2$ 时，即为我们最常见的**欧式距离**（Euclidean Distance）：

$$L_2(\boldsymbol{x}, \boldsymbol{y}) = \sqrt{\sum_{i=1}^{n} (x_i - y_i)^2}$$

当 $p=1$ 时，可以称之为**曼哈顿距离**（Manhattan Distance）：

$$L_1(\boldsymbol{x}, \boldsymbol{y}) = \sum_{i=1}^{n} |x_i - y_i|$$

当 $p=\infty$ 时，可以称之为**切比雪夫距离**（Chebyshev Distance）：

$$L_\infty(\boldsymbol{x}, \boldsymbol{y}) = \max_i |x_i - y_i|$$

图 7-15 所示为在二维平面上，与原点的 L_p 距离为 1 的所有点的集合。

上述距离描述的是对实空间两点的度量，而对于文本与文本之间，我们一般使用**汉明距离**或**编辑距离**进行度量。

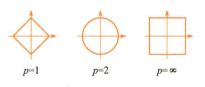

图 7-15　曼哈顿距离（左）、欧式距离（中）与切比雪夫距离（右）

汉明距离（Hamming Distance）是指对两个等长的字符串而言，将其中一个字符串逐字替换为另一字符串的**最小替换次数**，即字符串中所有对应位置下不同字符的数量。**编辑距离**（Edit Distance）则常常会在搜索提示的应用场景中作为基准策略，其是指在任意两个字符串之

---

[1] 线性空间中，$\boldsymbol{x}$ 到原点的 L_p 距离可简写为范数形式 $L_p(\boldsymbol{x}, \boldsymbol{0}) = \|\boldsymbol{x}\|_p$，下同。

间，将其中一个字符串转换为另一个字符串所需要的**最少编辑次数**，编辑的操作包括把一个字符替换为另一字符，任意位置插入一个字符以及任意位置删除一个字符。

上述二者有一些类似，例如都计算字符替换的次数，但也有差异，因此即使是等长的两个字符串距离度量也不一定等价。图 7-16 所示的这个例子，字符串 scale 与 salty 的汉明距离为 4，编辑距离则为 3。

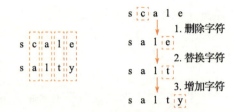

图 7-16　scale 与 salty 的汉明距离（左）与编辑距离（右）

2. K-近邻模型

距离的定义帮助我们明确了空间两点之间或两段文本之间远近的概念，由此引出 K-近邻模型的具体方法：在提前定义好距离与 K 值的前提下，对于任意一个新的样本，将其分类为与该样本**距离最近的 K 个样本中类别最多的那个类别**。

以二维点阵下的二分类问题为例，问题以及求解过程的形式化定义如下。

已知样本 $S = \{(x_1, y_1), (x_2, y_2), \cdots, (x_N, y_N)\}$，其中 $x_i \in \mathbb{R}^2$ 为二维平面上的点，$y_i \in \{c_1, c_2\}$ 表示样本所属的类别。对于一个新的样本 x，可以用下式求解该样本的分类 y：

$$y = \arg\max_{c_j} \sum_{(x_i, y_i) \in N_K(x)} f_{c_j}(y_i)$$

其中，$N_K(x)$ 表示距离 x 最近的 K 个样本的集合，f 为关于 y_i 的指示函数：

$$f_{c_j}(y_i) = \begin{cases} 1, y_i = c_j \\ 0, y_i \neq c_j \end{cases}$$

这一过程可以用图 7-17 表示。

根据上述定义，对于二维点阵下的二分类问题而言，当距离度量选择欧式距离并且 $K = 1$ 时（称为最近邻模型），用于区分两个类别的分类面如图 7-18 所示。

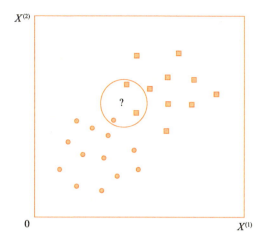

图 7-17　$K=3$ 时问号处样本分类

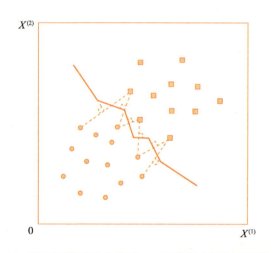

图 7-18　最近邻模型的分类面——不同样本间中垂线的连接

7.2.3　支持向量机

在介绍 K-近邻模型时,我们对二维点阵下的二分类问题进行了形式化定义。

已知样本 $S=\{(x_1,y_1),(x_2,y_2),\cdots,(x_N,y_N)\}$,其中 $x_i \in \mathbb{R}^2$ 为二维平面上的点,$y_i \in \{c_1,c_2\}$ 表示样本所属的类别。为方便叙述,这里面假定正样

本类别 $c_1 = +1$，负样本类别 $c_2 = -1$。

对于这样的二分类问题，一种直观的想法是用一条直线（高维情况下为分类超平面）将正负样本分隔开，这样的直线可以有很多，如图7-19所示。

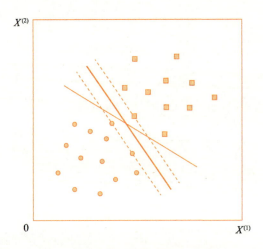

图7-19　平面二分类问题的分类面

理论上这样的直线可以有无数条，应该选择怎样的评估方法来评价直线分隔效果呢？一个容易想到的方法是，一条"好"的直线应当尽可能将正负样本分开，即最近的正样本和负样本与直线的欧式距离要尽可能远，如图7-19中的粗线所示，这样的分类面对接近分类面的样本分类错误的可能性最小，即更具备分类决策的"弹性"或"容忍度"。

接下来尝试用最优化公式将这条直线表达出来。首先二维平面上的任意直线可以用下面的法向量方程来表达：

$$w^T x + b = 0$$

其中，w 为直线的法向量，决定了直线的方向，加上位移项 b，二者唯一确定了一条直线。

如果这条直线能够将正负样本分隔，则意味着所有的样本都能够满足下面的公式：

$$\begin{cases} w^T x_i + b \geqslant +\lambda, y_i = +1 \\ w^T x_i + b \leqslant -\lambda, y_i = -1 \end{cases} \quad (7\text{-}1)$$

其中，距离直线最近的样本点使得公式当中的等号成立，这些样本点被称为**支持向量**（故而这一模型被称为支持向量机），如图 7-20 中的虚线圆圈内样本点所示。

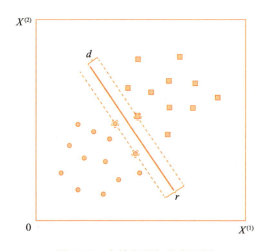

图 7-20　支持向量与分类间隔

对于式 (7-1)，可以将直线中的两个参数 w 和 b 分别等比缩放为 λw 和 λb，缩放后分隔直线不变，同时将公式转换为：

$$\begin{cases} w^T x_i + b \geqslant +1, y_i = +1 \\ w^T x_i + b \leqslant -1, y_i = -1 \end{cases}$$

用一条约束条件表达即为：

$$y_i(w^T x_i + b) \geqslant +1$$

根据距离的定义，可以求得正负样本的支持向量在这一法向量方向上的欧式距离为：

$$r = 2d = \frac{2}{\|w\|_2}$$

我们希望在满足上述约束条件的前提下，最大化这一距离 r，由此最终将分隔线（或分类面）的求解过程表示为带约束的最优化问题：

$$w,b = \arg\max_{w,b} \frac{2}{\|w\|_2}, s.t.\ y_i(w^T x_i + b) \geq +1$$

该问题等价于：

$$w,b = \arg\min_{w,b} \frac{1}{2}\|w\|_2, s.t.\ y_i(w^T x_i + b) \geq +1$$

这便是支持向量机（Support Vector Machine，SVM）模型的基本型。对于线性不可分问题、非线性问题均可以基于该基本型继续扩展，此处不再赘述。

7.2.4 朴素贝叶斯和高斯判别分析

前面介绍了分类问题的一些基本模型，包括决策树、K-近邻和支持向量机等。这些模型有一个共同点——即都是从特征 X 出发，试图直接学习出从特征 X 到输出 Y 的函数关系（或函数参数），包括决策函数 $Y=f(X)$ 或条件概率分布 $P(Y|X)$，我们称之为判别模型。

与判别模型对应的则是生成模型，生成模型是指从特征 X 和输出 Y 的联合分布 $P(X,Y)$ 入手构建模型，进而推导出条件概率分布 $P(Y|X)$。这类模型包括接下来介绍的朴素贝叶斯和高斯判别分析模型。

1. 朴素贝叶斯

在介绍朴素贝叶斯（Naïve Bayes）模型之前，先回顾一下贝叶斯定理。对于随机事件 X 与 Y，条件概率计算如下：

$$P(Y|X) = \frac{P(X,Y)}{P(X)} = \frac{P(Y)P(X|Y)}{P(X)}$$

可以从一个例子来理解：如果 X 代表某肿瘤标记物化验呈阳性，Y 代表肝癌患病，那么上式意味着在阳性结果情况下，真正肝癌患病的概率 $P(Y|X)$ 不仅与肝癌患病人群中化验结果阳性率 $P(X|Y)$ 有关，也与肝癌发病率 $P(Y)$ 以及化验整体阳性率 $P(X)$ 有关；如果肝癌发病率本身不高，或化验整体阳性率

较高，那么医生针对这次化验阳性的结果，可能会建议病人进行其他检查以便进一步确诊。

假如 Y 代表分类事件 $y \in \{c_1, c_2, \cdots, c_K\}$，而 X 为 m 维特征向量 $\boldsymbol{x} = (x^{(1)}, x^{(2)}, \cdots, x^{(m)})$，即每一维度 $x^{(i)}$ 代表一个随机事件，那么上式可以表达为：

$$P(Y = c_k | X = \boldsymbol{x}) = \frac{P(Y = c_k)P(X = \boldsymbol{x} | Y = c_k)}{P(X = \boldsymbol{x})}$$

更进一步，如果对特征向量中各个分量做出条件独立假设，即：

$$P(X = \boldsymbol{x} | Y = c_k) = P(X^{(1)} = x^{(1)}, X^{(2)} = x^{(2)}, \cdots, X^{(m)} = x^{(m)} | Y = c_k)$$
$$= \prod_{i=1}^{m} P(X^{(i)} = x^{(i)} | Y = c_k)$$

并且在分类时，将后验概率最大的分类 c_k 作为输入特征为 $\boldsymbol{x}$ 时的分类，结合这一条件独立假设，最终推导出该模型的最优化表达式：

$$y = \arg\max_{c_k} P(Y = c_k | X = \boldsymbol{x}) = \arg\max_{c_k} \frac{P(Y = c_k)P(X = \boldsymbol{x} | Y = c_k)}{P(X = \boldsymbol{x})}$$
$$= \arg\max_{c_k} P(Y = c_k)P(X = \boldsymbol{x} | Y = c_k)$$
$$= \arg\max_{c_k} P(Y = c_k) \prod_{i=1}^{m} P(X^{(i)} = x^{(i)} | Y = c_k)$$

条件独立假设是一条比较理想化的强假设，因此该模型也被称为**朴素**贝叶斯模型。这个模型常用作垃圾邮件识别、内容风控等应用场景的基准策略。

2. 线性判别分析

上述朴素贝叶斯模型中，自变量 $\boldsymbol{x}$ 为离散的随机变量。当自变量 $\boldsymbol{x}$ 为连续型时，考虑采用高斯判别分析（Gaussian Discriminant Analysis，GDA）模型。

还是以二维平面上的二分类问题为例，在高斯判别分析模型中，假设每个类别的数据都服从 m 维多元正态分布：

$$\boldsymbol{x} | y = c_k \sim N_m(\boldsymbol{\mu}_k, \boldsymbol{\Sigma}_k), k \in \{0, 1\}$$

即：

$$p(x\,|\,y=c_k) = \frac{1}{\sqrt{(2\pi)^m|\Sigma_k|}}\exp\left[-\frac{1}{2}(x-\mu_k)^T\Sigma_k^{-1}(x-\mu_k)\right] \quad (7\text{-}2)$$

其中，Σ_k 为每个类别数据分布的协方差矩阵，可以计算出所有样本数据的似然函数：

$$L = \prod_{i=1}^{N} p(y_i = c_k)p(x_i\,|\,y_i = c_k)$$

根据最大似然估计法，可以通过最大化对数似然函数求解模型参数，由此得到该模型参数的最优化表达式：

$$\mu_k, \Sigma_k = \underset{\mu_k, \Sigma_k}{\arg\max}\ \ln L = \underset{\mu_k, \Sigma_k}{\arg\max}\left(\sum_{i=1}^{N}\ln p(y_i = c_k) + \sum_{i=1}^{N}\ln p(x_i\,|\,y_i = c_k)\right)$$

将式（7-2）代入后，通过对各参数求 x 的偏导后取零点的方法，可以计算出 μ_k 和 Σ_k 各为两类数据的样本平均数和样本协方差。与此同时，我们得到决策的分类面方程 $p(x\,|\,y=c_0) = p(x\,|\,y=c_1)$，两边取对数后可得：

$$-\frac{1}{2}\ln(|\Sigma_0|) - \frac{1}{2}(x-\mu_0)^T\Sigma_0^{-1}(x-\mu_0)$$

$$= -\frac{1}{2}\ln(|\Sigma_1|) - \frac{1}{2}(x-\mu_1)^T\Sigma_1^{-1}(x-\mu_1)$$

当两类数据的协方差矩阵相等时，即 $\Sigma_0 = \Sigma_1 = \Sigma$ 时，上式左右两边的二次项可以消去，因此可以得到线性决策面，该模型即为线性判别分析（Linear Discriminant Analysis，LDA）模型[1]。

线性判别分析模型也可以从另一种角度——Fisher 判别分析方法[2]来解释，这一方法的思想在第 4 章曾介绍过，对于二分类问题，可以尝试将所有样本投影到一条直线上，并且选择使投影后同类样本尽可能接近，而异类样本尽可能远离投影方向。

---

[1] 该模型与文本主题模型——隐含狄利克雷分布（Latent Dirichlet Allocation）模型缩写一致，容易相互混淆，请读者注意区分。
[2] Fisher, R. A. The use of multiple measurements in taxonomic problems. Annals of Eugenics, 7: 179-188, 1936。

假设投影方向为 w，同类样本尽可能接近意味着同类样本投影后的协方差 $w^T\Sigma_0 w + w^T\Sigma_1 w$ 尽可能小，异类样本尽可能远离意味着类与类投影后中心点距离 $\|w^T(\mu_0 - \mu_1)\|_2^2$ 尽可能大，由此可以推导出模型中投影方向 w 的最优化形式：

$$w = \arg\max_w \frac{\|w^T(\mu_0 - \mu_1)\|_2^2}{w^T\Sigma_0 w + w^T\Sigma_1 w}$$

与由高斯判别分析推导出的线性判别分析模型相比，Fisher 判别分析方法不需要对数据有任何先验分布假设，是一种适用范围更为广泛的分类判别模型。可以证明，对于二分类问题，在同先验、同协方差，以及正态分布假设的情况下，线性判别分析的这两种解释得到的决策分类面是一致的，如图 7-21 所示。

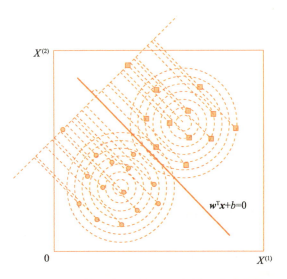

图 7-21　LDA 模型在两种解释下的同一分类决策面

3. 二次判别分析

在线性判别分析模型推导过程中，有一个协方差相等假设，即 $\Sigma_0 = \Sigma_1 = \Sigma$，假如去掉这一假设，结果会如何呢？根据之前得到的决策分类面方程：

$$-\frac{1}{2}\ln(|\Sigma_0|) - \frac{1}{2}(x - \mu_0)^T \Sigma_0^{-1}(x - \mu_0)$$

$$= -\frac{1}{2}\ln(|\Sigma_1|) - \frac{1}{2}(x-\mu_1)^T\Sigma_1^{-1}(x-\mu_1)$$

假如 $\Sigma_0 \neq \Sigma_1$，从式中可以得到一个典型的二次曲线作为分类面，因此这一模型也被称为二次判别分析（Quadratic Discriminant Analysis，QDA）模型，最终模型的决策分类面为分布等高线交点的连线，如图 7-22 所示。

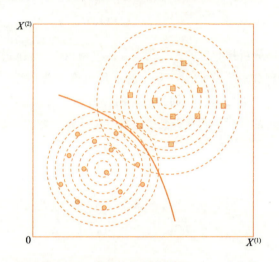

图 7-22　QDA 模型的分类决策面——二次曲线

7.2.5　逻辑回归

逻辑回归（Logistic Regression，LR）是解决分类问题的一种判别模型，需要指出的是，虽然模型名称中有回归二字，但其本身是一个分类模型，这种看上去有点别扭的模型命名方法，其渊源要从线性回归模型开始说起。

1. 线性回归

线性回归（Linear Regression）这一模型，其实我们在中学阶段学习最小二乘法时就已经接触过了：样本集 $S = \{(x_1, y_1), (x_2, y_2), \cdots, (x_N, y_N)\}$，对于自变量 x_i 与因变量 y_i，当二者呈现一定的线性相关关系时，我们可以用线性函数来拟合后者：

$$y = f(x) = w^T x + b$$

对于这一函数,采用第4章提到过的评估方法——最小化 MSE 来构建线性回归模型的最优化目标,可得:

$$w, b = \arg\min_{w,b} \frac{1}{N} \sum_{i=1}^{N} (w^T x_i + b - y_i)^2$$

中学阶段所学的最小二乘法即为在自变量为一维数据的情况下求解这一目标函数的方法,这一求解方法也可以扩展到多元线性回归问题。

2. 逻辑回归

上面的线性回归模型是对回归问题的简单建模,那么对于分类问题,例如二维点阵下的二分类问题,样本集为 $S = \{(x_1, y_1), (x_2, y_2), \cdots, (x_N, y_N)\}$,其中 $x_i \in \mathbb{R}^2$ 为二维平面上的点,$y_i \in \{0, 1\}$,可以从线性回归模型出发,将线性回归的结果 $f(x)$ 映射到概率分布 h:

$$h_w(x) = g(f(x)) = g(w^T x + b)$$

并且满足以下条件概率:

$$P(y = 1 | x) = h_w(x)$$
$$P(y = 0 | x) = 1 - h_w(x)$$

即:

$$p(y | x) = (h_w(x))^y (1 - h_w(x))^{1-y}$$

那么此处的函数 $g(x)$ 应当满足下面这些特性或假设。

- 作为概率分布函数,$g(x)$ 应当是一个从 R 映射到 [0, 1] 的单调非递减函数,且有 $\lim\limits_{x \to \infty} g(x) = 1$ 和 $\lim\limits_{x \to -\infty} g(x) = 0$。
- 作为分类函数,如果将 $x = 0$ 作为决策边界,则此时有 $P(y = 1 | x) = P(y = 0 | x)$,可得 $g(0) = 0.5$。
- 从参数求解的角度看,$g(x)$ 最好是一个连续可微的函数。

一个同时满足这些要求的函数如图 7-23 所示。

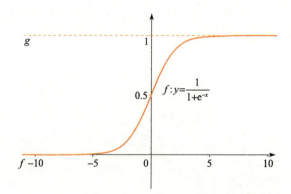

图 7-23　符合条件的概率分布函数——Logistic 函数

最终可得概率分布为：

$$h_w(x) = g(w^T x + b) = \frac{1}{1 + e^{-(w^T x + b)}}$$

这一函数又被称为 logistic 函数，因此我们将使用该函数的分类模型命名为 logistic 回归（逻辑回归[一]）。与高斯判别分析中的方法类似，这里可以首先计算出似然函数如下：

$$L = \prod_{i=1}^{N} p(y_i \mid x_i) = \prod_{i=1}^{N} (h_w(x_i))^{y_i} (1 - h_w(x_i))^{1-y_i}$$

然后，通过最大化对数似然函数的方法来求解模型参数：

$$w, b = \arg\max_{w,b} \log L$$
$$= \arg\max_{w,b} \sum_{i=1}^{N} (y_i \cdot \log(h_w(x_i)) + (1 - y_i) \cdot \log(1 - h_w(x_i)))$$

求解得到线性函数的参数 w 和 b 后，最终可以得到一个线性决策面将数据分为两类，如图 7-24 所示。

[一] 逻辑回归的缩写 LR 与线性回归缩写相同，读者阅读其他资料时需注意根据上下文进行区分；如未特殊说明，本书后续提到的 LR 均指逻辑回归。

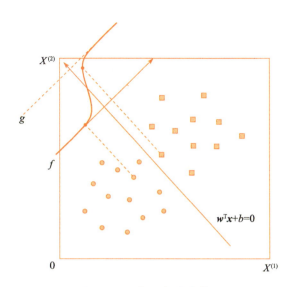

图 7-24 逻辑回归的决策面

与其他模型相比，逻辑回归模型在工程上具备计算速度快、易于部署、灵活性高等优点，同时对于业务人员而言有较好的可解释性——很多时候可以基于特征对应的权重，对每个特征对结果的影响进行量化，所以在许多场景中得到广泛应用，例如风控业务场景中的金融评分卡、广告业务场景中的点击率预估等。另一方面逻辑回归模型作为线性模型，如果直接应用于非线性数据则效果往往不理想，因此我们常常对特征进行一些非线性变换后（特征工程）上线该模型作为一个基准策略。

3. Logistic 函数来源的两种解释

在前面的模型推导过程中有读者会产生疑问，在选择概率分布函数时满足哪三个特性或假设的函数可以采用其他类似的函数吗？为什么一定是 Logistic 函数？是数学家们构造出来的或者说是"凑"出来的吗？我想这些问题的答案可以从两种角度去解释。

一种解释来自朴素贝叶斯模型，可以根据前面介绍的贝叶斯定理推导出条件概率 $P(y=1|x)$ 的表达式：

$$P(y=1|x) = \frac{P(x|y=1)P(y=1)}{P(x)}$$

$$= \frac{P(x|y=1)P(y=1)}{P(x|y=1)P(y=1) + P(x|y=0)P(y=0)}$$

在没有其他先验的情况下，有 $P(y=1) = P(y=0) = 0.5$，代入上式后可得：

$$P(y=1|x) = \frac{P(x|y=1)}{P(x|y=1) + P(x|y=0)}$$

$$= \frac{1}{1 + \frac{P(x|y=0)}{P(x|y=1)}} = \frac{1}{1 + e^{-\log\left(\frac{P(x|y=1)}{P(x|y=0)}\right)}}$$

令 $z = \log\left(\frac{P(x|y=1)}{P(x|y=0)}\right)$，上式即为关于 z 的 Logistic 函数，同时又由贝叶斯定理可得：

$$\frac{P(x|y=1)}{P(x|y=0)} = \frac{\frac{P(y=1|x)P(x)}{P(y=1)}}{\frac{P(y=0|x)P(x)}{P(y=0)}} = \frac{P(y=1|x)}{P(y=0|x)}$$

由此可见，从朴素贝叶斯模型的角度来看，逻辑回归的本质是对 x 作为正负样本可能性比例的对数即对数概率（Log Odds，亦称 Logit）的线性回归：$z = w^T x + b$，逻辑回归（Logit Regression）的名称也由此音译而来。

另一种解释来自最大熵模型，其中熵的概念在推导决策树模型时已经介绍过。最大熵模型的基本思想是在约束条件下，最接近真实世界的模型为满足约束条件的情况下信息熵最大的模型。我们可以从物理系统的角度来理解这一模型：假如向一个封闭的真空空间注入一些气体，封闭的空间即该系统的约束条件，那么最终气体将均匀扩散到整个空间，即最终真实世界的系统将达到熵最大的状态。

从这一模型出发，可以证明逻辑回归模型是最大熵模型在二分类问题上的特例，其 Logistic 函数的形式也可以由此推导而来，具体模型的推导与证明涉及公式较多，各位读者可以参考一些相关资料了解⊖。

⊖ 参见李航所著的《统计学习方法（第 2 版）》一书的第 95 页。

7.2.6 基本模型小结

本节依次介绍了决策树、K-近邻、支持向量机、高斯判别分析以及逻辑回归五种基本的分类模型,并基于模型目标对模型参数进行初步的推导。下面我们从这几个方面再回顾一下五种基本分类模型。

1. 线性模型与非线性模型

由分类面的形态可以直观地看出一个基本模型是线性模型还是非线性模型,一般而言,与非线性模型相比,线性模型具备计算速度快、可解释性强等优点,但对数据分布要求较高,要求数据线性可分(例如上面给出的二维点阵的二分类问题)或近似于线性可分;对于非线性数据,则可以通过将特征进行非线性变换的方法将模型转换为线性模型求解,例如特征工程、统一的核函数等方法。

2. 生成模型与判别模型

前面介绍了生成模型与判别模型的区别,前者是指从特征 X 和输出 Y 的联合分布 $P(X, Y)$ 入手构建模型,进而推导出条件概率分布 $P(Y|X)$,后者则是从特征 X 出发,试图直接推导出从特征 X 到输出 Y 的函数关系(或函数参数),包括决策函数 $Y=f(X)$ 或条件概率分布 $P(Y|X)$。

一般来说,当样本足够、数据分布与模型假设一致时,生成模型最终能近似还原数据分布的全貌,且能够更快地收敛到真实模型;反之则是直接进行分类判定的判别模型效果更佳,尤其是对于分类问题这一个特定的任务而言。

3. 是否依赖距离定义

在一些模型中,我们对距离进行了定义并在模型中应用,例如 K-近邻、支持向量机模型。需要注意的是,这些距离定义的基本假设是特征都属于同一类型或都处于同一尺度,例如平面空间的二维坐标。如果不满足这一假设,例如两个特征分别为用户坐标与用户性别,那么依赖距离定义的模型就不那么适用了。所以,这类模型的应用会有一定的局限性,需要根据数据情况进行取舍,毕竟不是所有的数据特征都可以在同一尺度上进行度量。

表 7-1 汇总了这些常见基本模型的特点,了解这些有助于我们根据业务特性和数据分布情况,选择合适的模型对业务问题进行建模。

表 7-1 常见基本模型的特点

		线性/非线性	生成/判别	依赖距离定义
决策树		非线性	判别	否
K-近邻		非线性	判别	是
支持向量机		线性	判别	是
高斯判别分析	LDA(Bayes)	线性	生成	否
	LDA(Fisher)	线性	判别	否
	QDA	非线性	生成	否
逻辑回归		线性	判别	否

7.3 从业务问题到模型

7.2 节介绍了许多基本模型，那么在面临具体业务问题时应该选择哪一个？这里介绍两个比较有代表性的项目，这也是我在工作中经历的独立项目，以帮助大家理解部分模型，并在介绍模型应用的同时谈一谈两个重要的策略来源——用户与业务知识。

需要强调的是，在这一过程中我们会看到怎样从广袤的信息海洋中捕获关键数据，并建立这些数据与业务问题的联系。我认为这样的能力——建模能力并不是算法工程师的专利，策略产品经理也应该具备。

7.3.1 群体的智慧：国际机票联程推荐

1. 问题描述

购买过国际机票的朋友一定会有这样的经验：以单程为例，从出发地直飞目的地的机票数量少且价格较高，因此很多时候买的都是中转经停的联程票，出现这种情况的原因主要有以下两点。

- 从供需的角度来看，直飞是大部分人的优先选择，所以航空公司在机票定价时也会考虑这一点，对直飞航班设置较高的定价或折扣。
- 从航线规划的角度来看，不是所有的机场都有国际航线直达，在国内大约只有 30% 的机场为国际机场，提供国际航班的起落；同时由于航权的原因，一些附近没有国际机场的海外景点也需要他国航司的国内航班来进行连接。

图7-25所示为去哪儿网国际机票搜索中长沙到东京单程航线的结果，国际机票中的联程机票主要由两类票组成：一种由一家航空公司或多家有合作关系的航空公司承运，其价格基于复杂的国际机票运价规则计算，这里就不展开了；另一种则是从已有数据出发，由平台基于中转点将两个直飞单程拼接起来。第二类票大多至少包括一段廉航（如春秋航空、亚航等）航程，其缺点是无法行李直挂，另外有时也需要处理过境签等一些中转问题，不过优点也很明显，就是价格便宜且时间上能自由组合。因此这类票不太适合拖家带口的用户，而是适合大学生等一些年轻人，这也与当时的去哪儿网用户画像高度一致。

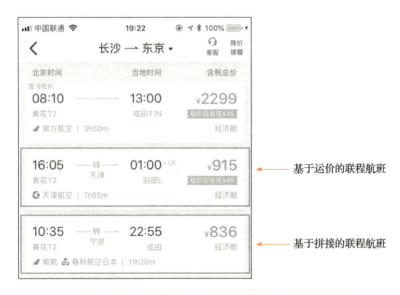

图7-25　去哪儿网国际机票单程搜索结果（长沙到东京）

由平台计算联程机票时应用的拼接策略的难点在于：怎样寻找中转地并找到最优的价格？遍历所有的城市是不现实的，因为涉及大量的航班实时价格与库存查询等，故只能选择有限的中转点进行计算。

过去的解决方案属于热门排行基准策略，即选择出发和到达国家的Top K 个热门城市作为候选的中转地。这一方案的问题在于：

- 中转地与出发或到达地不一定属于同一国家,如东南亚航线中,新加坡市是一个常见的中转地,但与许多其他城市分属不同国家;
- 热门城市也意味着客流量较高,用户对该地的直飞需求本身就很大,因此不一定有合适的低价用于中转。

那么有没有更好的解决方案呢?

2. 解决方案

用户是最好的老师,这是我们要谈的第一个重要的策略来源。你会在许多场景中看到:

- 用户总是能找到风控逻辑中的漏洞;
- 用户总是能找到营销活动中收益最大化的策略;
- 用户总是能找到合适的搜索条件或关键词以搜索到想要的结果。

所以,当我们对策略设计一筹莫展的时候,不妨看看聪明的用户都在做什么。

在分析用户搜索记录相关数据与日志的过程中,我发现许多用户的搜索过程实际上是在尝试着自己拼接行程。表 7-2 所示是一组虚拟的一个会话内用户的搜索记录(即一段时间内同一用户 ID 或同一会话 ID 的搜索记录)。

表 7-2 某用户搜索记录

用户会话 ID	出发	到达	搜索类型	去程日期	返程日期
1	重庆	清迈	往返	1月1日	1月5日
1	重庆	清迈	单程	1月1日	—
1	重庆	清迈	往返	12月31日	1月5日
1	广州	清迈	单程	1月1日	—
1	深圳	清迈	单程	1月1日	—
1	重庆	曼谷	单程	1月1日	—

从搜索记录中我们观察到,一个来自重庆的用户在元旦假期准备了 5 天时间想要去泰国清迈旅行,在规划出发的行程时,除了试图调整出发日期以外,还在尝试着用自己的经验寻找一些时间或价格上更为灵活的中转地,如广州、深圳之于重庆,曼谷之于清迈等。

我们可以用**共现矩阵**来表达这种把一个城市作为另一个城市中转地的关系,如这个例子里用户在这次搜索会话中同时搜索了重庆－清迈航线和重庆－曼谷航线,那么曼谷与清迈则被认为是互为中转地的关系并出现在共现矩阵中,如表 7-3 所示。依此类推,如果我们使用最近一段时间内足够多的搜索会话记录,将得到的共现矩阵累加后,即可计算得到最新的 City1 作为 City2 出行中转地的概率 $p_t(\text{City1} \mid \text{City2})$。

表 7-3　中转地共现矩阵

	重庆	广州	深圳	清迈	曼谷
重庆	—	1	1	0	0
广州	1	—	0	0	0
深圳	1	0	—	0	0
清迈	0	0	0	—	1
曼谷	0	0	0	1	—

回到前面提到的问题,对于从 A 地到 B 地联程机票中转地 C,可以通过计算条件概率 $p(\text{train} = C \mid \text{start} = A, \text{end} = B)$,选择使该条件概率最大的一组中转地 C 作为推荐中转地,并用朴素贝叶斯方法建模和求解如下[①]:

$$p(\text{train} = C \mid A, B) = \frac{p(A, B \mid \text{train} = C) p(\text{train} = C)}{p(A, B)}$$

$$= p(A \mid \text{train} = C) p(B \mid \text{train} = C) \frac{p(\text{train} = C)}{p(A, B)}$$

$$= \frac{p(\text{train} = C \mid A) p(A)}{p(\text{train} = C)} \cdot \frac{p(\text{train} = C \mid B) p(B)}{p(\text{train} = C)} \cdot \frac{p(\text{train} = C)}{p(A, B)}$$

$$= \frac{p_t(C \mid A) p_t(C \mid B)}{p(\text{train} = C)} \cdot \frac{p(A) p(B)}{p(A, B)}$$

由上式可得中转地 C 的求解方法为:

$$C = \arg\max_C p(\text{train} = C \mid A, B) = \arg\max_C \frac{p_t(C \mid A) p_t(C \mid B)}{p(\text{train} = C)}$$

---

① 考虑到机票搜索问题中出发与到达的对称性,这里进行了模型简化。

其中，各项由表7-3所示的共现矩阵累加后计算得到。最终我们能够找到使上式最大的 Top K 个中转地 C 作为候选中转地，并在系统中搜索时间与价格合适的中转联程机票推荐给用户，即得到图 7-25 中所示的推荐结果。与基于热门城市的基准策略相比，新的策略带来了许多之前从未发现过的优质中转点和低价联程方案，也使得联程机票的业务量提升了 1～1.5 倍。

这一新的策略开发和部署成本不高，且简单有效，不仅解决了前面提到的问题，还能根据最新的航线情况自动调整，因为用户搜索行为也在随着航线调整而变化；另一方面，用户们在网站累积的搜索数据越多，一些有价格优势的中转点就越容易被模型发现，所以与其说是我们设计了一个策略，不如说是大量用户数据带来的群体智慧，最终帮助其他用户建立了一个好的策略。

7.3.2 车牌的秘密：车险营销策略

1. 问题描述

在做 B 端业务时，我接到过一个这样的任务：客户来自保险行业，服务过很多曾经承保过车险的用户，因此累积了很多与用户相关的车险数据，数据维度也很丰富，包括车险承保信息：投保人、被保人、车牌号、车辆初次登记年月、车险起保时间、车架号、保险责任与保额等。

同时，客户还提供了不少用户的其他在线车后服务（如违章查询、车主社区等）数据，但这些用户大部分从未在该客户处承保车险，因此数据维度比较匮乏，只有一个车牌号和可联系到用户的方式（如短信、电话、App 推送等）。

客户希望针对这部分在线车后服务的用户销售车险，目前没有具体方案，只是机械地对所有用户进行触达并实行营销（随机基准策略），这一方案的结果很容易引起用户反感与投诉。所以现在问题来了，有没有办法仅仅依靠这个车牌号来设计和优化车险的营销策略？即求解这样一个业务函数：

$$f(车牌号) = 是否营销$$

2. 解决方案

说实话，刚接到这个任务时我整个人都是懵的，仅仅根据车牌号设计车险营销策略，这怎么可能？

说到这里就不得不提到策略的第二个重要来源，也是一个老生常谈的观点：对业务的深入理解是策略的源泉。随着对车险业务的了解，我开始觉得这个事情有戏！

首先，车险业务中的一个常识是，用户可续保车险的时间是有范围的，绝大多数城市要在上一份车险到期前3个月内才能续保次年车险，并且从数据上看，大部分用户续保都是在到期前1个月完成的——这也很容易理解，毕竟拖延症是人类的通病。

所以，如果是随机营销的策略，那么意味着不论用户有没有续保意愿，首先平均而言有75%的用户根本就不在车险续保期内，这就难怪用户要投诉了。如果考虑到大部分人是在车险到期前1个月才续保，那么营销的转化率又要降低三分之二。假如我们能准确预测用户车险到期时间，哪怕是预测到月份，那么至少也能够把一些明显不在续保期的和不那么有续保意愿的用户排除在外，与随机基准策略相比这样能够大幅提升营销准确率。

因此，对于原来问题的业务函数，可以用3.1.2节中提到的纵向拆解的方法将这一函数拆解，具体如图7-26所示。

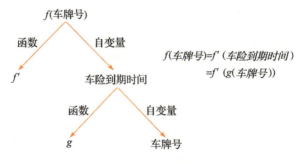

图7-26　车险营销问题业务函数拆解

将核心问题从原来的根据车牌号设计营销策略，转化成了根据车牌号预测车险到期时间的问题：

f(车牌号) = 车险到期时间

至于车险到期时间，由于大部分人是从车辆购买并注册上牌开始购买车险，且车险一年一续，因此我们可以将车险到期时间往前倒推至车辆注册时间，也即将问题转化为求解车牌上牌时间，因为两者的月份都是相同的㊀。

为了推算车牌号的上牌或发放时间，接下来让我们把目光投向车牌注册与发放规则上。国内的车牌号㊁一共7位，第一位为省市简称，第二位为各地级市或区县代码，后五位由数字或字母组成，如图7-27所示。

图7-27　车牌号示例

车牌号的发放与管理由各区县级车管所负责，每个车管所发放规则不一。从车牌发放历史来看，车牌号大致有以下几种。

1）最早的车牌都是数字车牌，从00000或00001开始按顺序发放。

2）随着汽车保有量的增加，发现按原有规则发放车牌很快就用完了，因此开始发放一些带字母的车牌，并衍生出号段的概念。例如从A0000到A9999发放A号段车牌，然后是B号段车牌，依此类推；或者将某些号段专门保留出来预留给特殊用车，如政府用车、出租车等；也有在一段时间内按一定的规则固定某几位，剩下几位视为号段发放的策略，例如南京车管所实行图7-28所示车牌号发放规则㊂。

牌证发放机关	号牌种类	投放号段	投放时间
南京支队车管所	小型汽车	A7D00K ~ A7D99K	2017-02-28 16:59
南京支队车管所	小型汽车	A0C00T ~ A0C99T	2017-02-26 17:59
南京支队车管所	小型汽车	A1C00B ~ A1C99B	2017-02-23 15:59
南京支队车管所	小型汽车	A4D00X ~ A4D99X	2017-02-21 12:59
南京支队车管所	小型汽车	A1D00C ~ A1D99C	2017-02-18 10:00

图7-28　南京车管所在2017年2月底实行的苏A车牌号发放规则

㊀ 一般过户车辆的注册登记年月与车险起保年月会有差异，因此可以根据这一条线索将过户车辆从样本数据中剔除，仅保留未过户的车辆数据。

㊁ 仅讨论家用客车车牌号，同时由于项目中涉及新能源车牌较少，因此暂未考虑新能源车牌。

㊂ https://nkg.122.gov.cn/views/vehxhhdpub.html。

3）在少数经济发展较快的地区，汽车保有量的快速上升突破了大家对号段车牌资源的预期。随着原有号段车牌资源被耗尽，同时考虑到有车家庭对个性化车牌的需求，开始出现新的车牌发放规则——自编号牌或随机机选＋自选号牌，例如京 N、京 Q 等。

因此，如果要推算车牌号的发放时间，一个简单的方法是从保有量较大的城市开始，寻找尽可能多的车管所网站，将其公布的规则编制为车牌－发放时间映射表，用分段函数来实现——即 3.3.3 节中介绍过的基于业务规则的基准策略。

但这样一来人工成本就比较高了，毕竟中国有约 300 个地级行政单位，约 3000 个县级行政单位，同时每个行政单位下的车管所可能历史上有多个车牌发放规则。并且即便是从保有量较大的地区开始寻找，也不能确保每个车管所都将车牌发放规则对外公布到网站上。

那有没有更好的解决方案？考虑到车牌发放历史，我们最终用于车牌发放时间预测的，是一个非常简洁的基于**汉明距离**的变种 **K- 近邻**模型：即把一个车牌号的发放年月 y 预测为在所有前两位车牌前缀相同（即同地市车牌）的样本数据中，距离该车牌号的汉明距离在 K（一般取 $K=2$）以内的所有车牌里相同年月出现次数最多的那个年月 c_j：

$$y = \arg\max_{c_j} \sum_{(x_i, y_i) \in N_K(x)} f_{c_j}(y_i)$$

其中，$N_K(x)$ 表示距离车牌 x 的汉明距离在 K 以内的样本集合，f 为关于 y_i 的指示函数：

$$f_{c_j}(y_i) = \begin{cases} 1, y_i = c_j \\ 0, y_i \neq c_j \end{cases}$$

怎么解读这一模型呢？首先根据 7.2.2 节中关于汉明距离的定义：汉明距离（Hamming Distance）是指两个等长的字符串中所有对应位置下不同字符的数量。对于前面提到的车牌发放规则中常见的前两类，可预见的是发放时间接近的两个车牌其汉明距离较小，一般都在 2 以内，例如（以下均以"车 A"这一虚拟车牌号前缀举例）：

- 按顺序发放的车牌，如车牌"车 A 12345"和"车 A 12346"（汉明距离为 1）、"车 A 12345"和"车 A 12354"（汉明距离为 2）；
- 按号段发放的车牌，如车牌"车 A 7D00K"和"车 A 7D05K"（汉明距离 1）、"车 A 7D00K"和"车 A 7D55K"（汉明距离为 2）。

其次，与目标车牌号汉明距离在 2 以内的所有车牌中，除了上面这些同一时段发放的车牌以外，还有一些其他时段发放的车牌，但都比较分散。因此当数据密度达到一定程度时，同时段的车牌将在汉明距离为 2 以内的范围中占据更大的比重，如图 7-29 所示。

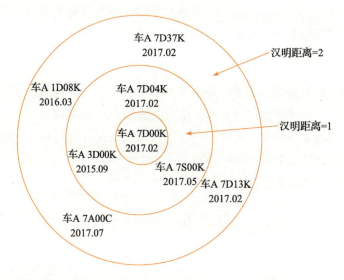

图 7-29　基于汉明距离的 K-近邻模型用于车牌号发放时间预测

这意味着一个地区内车的保有量越大，数据密度也就越大，该模型的效果也就越稳定。这对我们来说是个好消息，因为这恰好意味着该模型覆盖的用户量越大，模型对业务的帮助越大。

最终的预测结果（见表 7-4）也和前面的

表 7-4　基于汉明距离的 K-近邻模型预测车牌发放年月结果

车牌前缀	年月准确率
京 L	76.31%
苏 A	56.57%
京 N	7.77%

假设一致，在车保有量较大的地区，对于按顺序发放的车牌（如京 L 等）和按号段发放的车牌（如苏 A 等），模型对车牌发放年月的预测准确率达到了 50% 以上甚至更高，远远高于随机猜测月份的准确率 8.3%；对于一些支持用户自编自选的车牌（如京 N 等），由于不存在上述规律，年月准确率低于 10% 也在预期之中。

后续新数据的引入以及模型的进一步优化这里就不再展开了。从业务的角度看，在未消耗过多开发成本和人力成本的情况下，我们用一个简洁的基本模型成功地将客户服务的一些地区车险营销成功率提升了数倍，也大幅降低了用户投诉率。

同时，通过这一案例我们可以看到，随着对业务的深入理解，我们能够将一个业务问题逐步拆解，让策略设计从不可能变为可能。

7.4 三大应用场景经典模型

在第 5 章我们基于函数方法论对搜索、推荐和广告业务三大应用场景的策略进行了分析，这一节将在一些机器学习基本模型的基础上，对这三大应用场景中的一些模型进行推导和解读。

7.4.1 搜索系统的经典模型

本节将介绍搜索系统中的几个经典模型，这些模型严格来说并不属于前面介绍过的机器学习模型，因为它们并没有基于样本的学习过程。但这些模型的输出结果常常作为机器学习模型的特征，所以有必要了解其中的一些原理。

1. TF-IDF 模型

TF-IDF 是一个非常容易理解的、用于评估 query 与 doc 相关度的模型，该模型基于下面两个假设。

第一个假设是，如果 query 中的词 t 在一个文档中出现的频率越高，那么可以认为该文档与词 t 越相关。例如"算法"一词常常出现在计算机技术领域的相关文章中，因此当用户搜索"算法"时，这些文章应该排在前面。我们用词频 TF（Term Frequency）来表达这种相关性如下：

$$\text{tf}_{t,d} = \frac{n_{t,d}}{n_d}$$

其中，$n_{t,d}$ 表示词 t 在文档 d 中出现的次数，n_d 表示文档 d 中总词数即文档长度。

第二个假设是，如果 query 中的词 t 广泛地出现在各个文档当中，那么可以认为这类词是一些高频词或泛用词，即使在某个文档中出现次数（或词频）较高也说明不了太多问题。例如"指标"一词不仅出现在计算机领域，也常常出现在其他领域，是一个比较通用的词汇。我们用逆文档频率 IDF（Inverse Document Frequency）来表达这种负相关性：

$$\text{idf}_{t,d} = \log\frac{|D|}{|D_t|} = -\log\frac{|D_t|}{|D|}$$

其中，$|D|$ 为所有文档的数量，$|D_t|$ 为包括词 t 的文档数量[⊖]。

最终将二者组合起来以计算 query 与 doc 的相关度。从形式上我们会看到，TF-IDF 也可以从某种角度上理解为理想情况下关于词与文档两个概率分布的交叉熵：

$$f_{\text{tf,idf}}(q,d) = \sum_{t \in q} \text{tf}_{t,d} \times \text{idf}_{t,d} = \sum_{t \in q} -\frac{n_{t,d}}{n_d}\log\frac{|D_t|}{|D|}$$

2. BM25 模型

在实际的搜索系统中，往往 query 较短而 doc 较长，我们希望考虑文档长度带来的影响，因此，在 TF-IDF 模型基础之上提出了 BM25 模型。这一模型假设在其他指标一致的情况下，文档越短，则其与 query 的相关性越高。

在 BM25 模型中，逆文档频率 IDF 采用的是一个变种计算公式[⊖]：

⊖ 实际应用中常取 $|D_t|$+1 以避免无法计算。
⊖ 可由二元独立模型（BIM 模型）推导而来。

$$\mathrm{idf}'_{t,d} = \log \frac{|D| - |D_t| + 0.5}{|D_t| + 0.5}$$

同时，词频 TF 一项引入了文档长度 n_d，以及两个可调整参数 k 和 b：

$$\mathrm{tf}'_{t,d} = \frac{(k+1) \cdot \mathrm{tf}_{t,d}}{k \cdot \left(1 - b + b \cdot \dfrac{n_d}{n_{\mathrm{avg}}}\right) + \mathrm{tf}_{t,d}}$$

其中，n_{avg} 为所有文档的平均长度；k 为一个取正值的参数，当 $k = \infty$ 时该项即为原始词频 $\mathrm{tf}_{t,d}$；b 为另一个范围为 $[0, 1]$ 的参数，当 $b = 0$ 时模型不考虑文档长度，当 $b = 1$ 时模型最大限度地考虑文档长度的影响。最终 BM25 模型计算方法为：

$$\begin{aligned} f_{\mathrm{bm25}}(q, d) &= \sum_{t \in q} \mathrm{tf}'_{t,d} \times \mathrm{idf}'_{t,d} \\ &= \sum_{t \in q} \frac{(k+1) \cdot \mathrm{tf}_{t,d}}{k \cdot \left(1 - b + b \cdot \dfrac{n_d}{n_{\mathrm{avg}}}\right) + \mathrm{tf}_{t,d}} \cdot \log \frac{|D| - |D_t| + 0.5}{|D_t| + 0.5} \end{aligned}$$

从实践来看，BM25 模型是一个整体效果比较好的基准模型，同时有多个参数可以根据数据分布情况进行模型调整，因此在许多搜索系统中得到了广泛应用。

3. PageRank 模型

PageRank 模型最早应用于 Google 搜索引擎，它让 Google 在 20 世纪 90 年代的搜索引擎竞争中脱颖而出。我们可以从用户视角出发去理解这一模型：在用户随机游走的前提下，最终停留用户的比例越大的网站对用户来说越有价值。

具体来说，假如一共有这样 4 个网页，其相互之间的链接关系如图 7-30 所示。

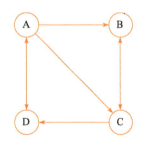

图 7-30　网页链接示意图

对于用户分布的任意初始状态，可以用一个非零向量 R_0 来描述（以均匀地分布在各网页为例）：

$$R_0 = [0.25, 0.25, 0.25, 0.25]^T$$

现在假设数量占比为 p 的用户决定从当前网页随机等概率地点击超链接向该网页链出的其他网页跳转，同时剩下的 $1-p$ 比例的用户决定在地址栏随机输入一家网站进行跳转。那么基于这一假设可以得到状态转移迭代公式：

$$R_{t+1} = pMR_t + \frac{1-p}{n}\mathbf{1}R_t = \left(pM + \frac{1-p}{n}\mathbf{1}\right)R_t = M_+ R_t$$

其中，n 为网页总数，$\mathbf{1}$ 为元素全为 1 的 n 阶方阵，M 为点击超链接用户的状态转移矩阵。对于图 7-30 的例子有：

$$M = \begin{bmatrix} 0 & 0 & 0 & 1 \\ 1/3 & 0 & 1/2 & 0 \\ 1/3 & 1 & 0 & 0 \\ 1/3 & 0 & 1/2 & 0 \end{bmatrix}$$

如果假设用户的前后两次跳转是条件独立的，我们称之为一阶马尔科夫过程，可以证明当初始状态 R_0 为任意非零向量时，这一状态转移的过程最终是收敛的。由此我们通过求扩展矩阵 M_+ 的幂次极限或主特征向量，即可得到终态：

$$R_\infty = \lim_{t \to \infty} M_+^t R_0, \quad M_+ R_\infty = R_\infty$$

R_∞ 即最终每个网页的 PageRank 值。

从结果上看，PageRank 模型满足了这样两个特性：网页被链接越多，则网页价值越高；越是被有价值的网页链接，其网页价值也越高。这些特征符合我们常识中判断网页价值的标准，同时从某种意义上来说也是各网站发布者群体智慧的体现。

7.4.2 推荐系统的经典模型

在经典的推荐问题中，我们可以基于用户评价或行为数据，通过一个用户–物品表来对问题建模，如表 7-5 所示。

表7-5 用户-物品评分表（5分制）

	Item1	Item2	Item3	Item4	Item5
User1		5		3	
User2	2	3		?	1
User3	1		3		
User4			5	4	5

表7-5中所示的每一个单元格代表用户对物品的评分，例如上表中User1对Item2评分为满分5分。其中物品可以是商品，也可以是内容，同时评分既可以是用户的主动评价，也可以是用户是否曾经访问/购买过该物品、访问/购买次数等客观数据记录。表中缺失的部分即为我们需要解决的待推荐问题，即预测如果用户去访问未触达过的物品时评价会是怎样的，例如表7-5中问号处User2对Item4的评分。如果能够把所有缺失的部分都补齐，就可以向用户输出评分Top K 个未访问过的物品作为业务场景中的推荐结果。

这一问题形式化表达如下：假设一共有 m 个用户和 n 个物品，表7-5中已知的用户对物品的评分可以用 $m \times n$ 阶矩阵 $M_{m \times n} = [r_{ui}]$ 来表达，那么我们要求解的问题即为对于任意用户 u 和物品 i，预测其评分业务函数：

$$f(u,i) = \hat{r}_{ui}$$

1. 协同过滤

俗话说："物以类聚，人以群分"，意思是说我们总能根据人与人、物与物之间的相似度将相似度高的归类到一起。由此得到启发，我们也能从这种相似度入手去求解上面的业务函数，这类方法称为协同过滤（Collaborative Filtering），它包括基于用户的协同过滤和基于物品的协同过滤。

（1）基于用户的协同过滤

在基于用户的协同过滤（User-Based Collaborative Filtering）方法中，我们建立的假设是：爱好类似的人，代表其喜好也是高度相似的。所以对于目标用户来说，如果能够找到一群与目标用户相似度高的用户，那么根据这些相似用户喜欢的物品为目标客户推荐，就有机会发现目标用户也喜欢的物品。

因此，这一假设意味着首先需要计算人与人之间喜好的相似度。根据上面的评分矩阵，可以通过 Jaccard 系数来计算用户 u 与用户 v 的相似度：

$$\text{sim}(u,v) = \frac{|N(u) \cap N(v)|}{|N(u) \cup N(v)|}$$

其中，$N(u)$ 和 $N(v)$ 分别表示用户 u 与用户 v 喜欢的物品集合。也可以把上面矩阵中两个用户对物品的评分视为向量，从而计算两个用户之间评分向量的余弦相似度，如图 7-31 所示。

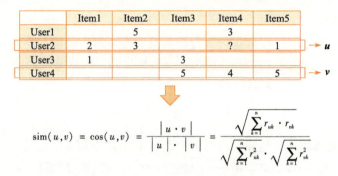

图 7-31　用户评分向量余弦相似度

在得到任意两个用户之间相似度的基础上，通过与用户 u 最相似的 k 位用户（记为集合 $S_k(u)$）对目标物品 i 喜好程度的加权汇总，即可预测该用户对物品 i 的感兴趣程度 $f(u, i)$，并向用户 u 输出 Top K 个物品作为最终业务场景中的推荐结果：

$$f(u,i) = \hat{r}_{ui} = \frac{\sum_{v \in S_k(u)} \text{sim}(u,v) \cdot r_{vi}}{\sum_{v \in S_k(u)} \text{sim}(u,v)}$$

（2）基于物品的协同过滤

另一协同过滤方法则是基于这样的假设：物品与物品之间也有相似度，例如同为喜剧片的《心花路放》和《人再囧途之泰囧》，用户往往会对类似的内容感兴趣。因此，如果能够计算出物品之间的相似度，也能够通过用户之前的喜好，找到与之类似让用户感兴趣的物品。这便是基于物品的协同过滤（Item-

Based Collaborative Filtering)。

与人与人相似度的计算方法类似，物品 i 与物品 j 的相似性也可以通过 Jaccard 系数来度量：

$$\text{sim}(i,j) = \frac{|N(i) \cap N(j)|}{|N(i) \cup N(j)|}$$

其中，$N(i)$ 和 $N(j)$ 分别表示喜欢物品 i 与物品 j 的用户集合，同样可通过余弦相似度来度量，如图 7-32 所示。

	Item1	Item2	Item3	Item4	Item5
User1		5		3	
User2	2	3		?	1
User3	1		3		
User4			5	4	5

$$\text{sim}(i,j) = \cos(\boldsymbol{i},\boldsymbol{j}) = \frac{|\boldsymbol{i} \cdot \boldsymbol{j}|}{|\boldsymbol{i}| \cdot |\boldsymbol{j}|} = \frac{\sqrt{\sum_{k=1}^{m} r_{ki} \cdot r_{kj}}}{\sqrt{\sum_{k=1}^{m} r_{ki}^2} \cdot \sqrt{\sum_{k=1}^{m} r_{kj}^2}}$$

图 7-32　物品评分向量余弦相似度

在得到任意两个物品之间相似度度量的基础上，通过用户 u 对与目标物品 i 最相似的 k 个物品（记为集合 $S_k(i)$）的喜好程度进行加权汇总，同样完成了该用户对物品 i 的感兴趣程度 $f(u, i)$ 的预测：

$$f(u,i) = \hat{r}_{ui} = \frac{\sum_{j \in S_k(i)} \text{sim}(i,j) \cdot r_{uj}}{\sum_{j \in S_k(i)} \text{sim}(i,j)}$$

从上面的过程中我们看到，协同过滤方法通过其他用户的行为捕捉到了有效的预测线索，可以说这也是一种群体智慧的体现。基于用户与基于物品的协同过滤方法各有特点，分别适用于用户增速小于物品增速的场景（如新闻等内容推荐）以及物品增速小于用户增速的场景（如电影电视剧推荐、垂直类电商推荐等）。同时，这些方法也常常遇到共通的问题，例如海量数据下的相似度计算问题以及新用户、新物品加入时的数据更新问题等，实践中一般通过数据结构优化、并行计算与流计算等技术方案进行改进。

这些协同过滤的方法及其改进与变种在推荐系统发展历史中发挥了重要的作用。随着数据量的迅速攀升与推荐系统架构的发展，这些方法在当前普遍的推荐系统中更多是作为两种独立的召回方法，在召回环节的多路召回系统中同时使用。

2. 隐语义模型

与搜索系统类似，推荐系统同样经历了从非机器学习模型过渡到基于样本的机器学习模型的演进过程。让我们回到最开始的问题，从样本、评估等方面来重新考虑推荐模型。

假如能够得到理想当中的业务函数 $f(u, i) = \hat{r}_{ui}$，对于表 7-5 中所示已知的样本即用户评分 r_{ui}，我们当然是希望二者的误差 $\hat{r}_{ui} - r_{ui}$ 尽可能小。因此，可以通过最小化 MSE 这一评估函数来求解函数 f：

$$f = \arg\min_f \sum_{r_{ui} \neq 0} (\hat{r}_{ui} - r_{ui})^2 = \arg\min_f \sum_{r_{ui} \neq 0} (f(u, i) - r_{ui})^2$$

另一方面，我们再来重新考虑为什么用户会喜欢某个物品。还是以电影为例，如果一个用户同时喜欢《心花路放》和《人再囧途之泰囧》，也许是因为主演是黄渤和徐峥这类显式的标签化信息；而如果一个用户同时喜欢《疯狂的石头》和《两杆大烟枪》，则更有可能是因为用户对于这类多线交叉回环的叙事电影感兴趣。

与此类似，还有许多诸如电影的主题、电影表达的精神内涵等这些较为抽象的概念，它们难以像［主演：黄渤］这样的标签一样被形式化定义，却又影响着人们对电影的喜好判断。为此一个解决方案是引入隐变量，将这些特征表达为图 7-33 所示形式。

在这一模型中，引入 k 维隐变量，将用户评分矩阵分解为 p 和 q 两个矩阵的乘积，前者为 $m \times k$ 阶矩阵，代表用户对每一维隐变量的喜好程度；后者为 $k \times n$ 阶矩阵，其转置矩阵代表物品在每一维隐变量下的权重。这里的隐变量只有维

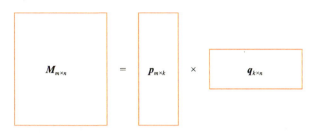

图 7-33 LFM 模型矩阵分解

度 k 的大小是预设的,具体每个隐变量表达的含义则隐藏在模型内部,它可能是上面提到的抽象的概念,也可能是一些标签化信息的隐性表达。

在隐变量这一假设之下,最终业务函数与模型的最优化表达分别为:

$$f(u,i) = p_{m \times k} q_{k \times n}$$

$$p,q = \arg\min_{p,q} \sum_{r_{ui} \neq 0} (p_u q_i - r_{ui})^2$$

这一模型被称为隐语义模型(Latent Factor Model,LFM),与其他主题模型(Topic Model)类似,都是通过隐变量用潜在的语义来对自变量进行表达。隐语义模型一方面极大地减少了推荐预测时需要的计算量或存储开销,另一方面也可以理解为提供了一种新的刻画用户和物品特征的方式。

7.4.3 广告系统的经典模型

在第 5 章中我们介绍过广告系统的策略,将其中的核心问题——点击率 CTR 预估问题的业务函数定义为:

$$p_{\text{CTR}} = f(\text{user},[\text{query}],\text{item},\text{context}) = f(\boldsymbol{x})$$

即对一次广告投放相关的用户 user、广告素材 item 以及上下文 context 等信息全部转换为特征向量 $\boldsymbol{x}$,计算其投放后用户的预估点击概率 $p_{\text{CTR}} = p(\text{click} \mid \boldsymbol{x}) = f(\boldsymbol{x})$。

下面来看求解这一问题的两个经典模型。

1. 逻辑回归

7.2.5 节介绍的逻辑回归(Logistic Regression,LR)模型是最经典的用于广

告点击率预估的模型,即对于输入的特征 x,预测其点击率为:

$$p_{\text{CTR}} = f_w(x) = \frac{1}{1 + e^{-(w^T x + b)}}$$

选择这一基本模型的原因,一方面如前面介绍的那样,与其他基本模型相比,逻辑回归模型能够用于快速预测,具备易于部署、灵活性高、有大规模并发计算潜力等一些工程上的优点,同时对于业务人员而言有较好的可解释性;另一方面,与搜索、推荐问题不同,广告问题是一个更大的整体问题,CTR 预估只是一个拆解后的子问题,得到的预估结果还需要用于后续的广告竞价计算。无论 CTR 被高估还是低估,都可能对流量主或广告主的收入或曝光量产生不利影响。

所以,在这一问题中,仅有排序是不够的,还需要使 CTR 本身得到一个更为准确的预估。因此在模型评估方面,除了 AUC 等常规的分类指标以外,我们还希望对于广告点击事件的预测概率分布与真实概率分布的差异进行评估。

具体来说,假设点击事件的真实概率分布为二项分布 $p \sim B(y, 1-y)$,预测概率分布为二项分布 $q_w \sim B(f_w(x), 1-f_w(x))$,可以用 KL 距离 $\text{KL}(p \| q_w)$ 来度量这两个概率分布差异的期望,并通过最小化这一期望来求解 LR 模型,即:

$$\begin{aligned}
w, b &= \arg\min_{w,b} \text{KL}(p \| q_w) \\
&= \arg\min_{w,b} \sum_{i=1}^{N} \sum_{c=1,0} p(\text{click}=c) \cdot \log \frac{p(\text{click}=c)}{q_w(\text{click}=c)} \\
&= \arg\min_{w,b} \sum_{i=1}^{N} \sum_{c=1,0} p(c) \cdot (\log p(c) - \log q_w(c)) \\
&= \arg\min_{w,b} \sum_{i=1}^{N} \sum_{c=1,0} p(c) \cdot (-\log q_w(c)) \\
&= \arg\min_{w,b} - \sum_{i=1}^{N} (y_i \cdot \log(f_w(x_i)) + (1-y_i) \cdot \log(1-f_w(x_i)))
\end{aligned}$$

殊途同归,这与之前从似然函数与最大似然法推导出的对数似然损失(Log-likelihood Loss,LogLoss)最优化目标是等价的:

$$w, b = \arg\max_{w,b} \sum_{i=1}^{N} (y_i \cdot \log(f_w(x_i)) + (1 - y_i) \cdot \log(1 - f_w(x_i)))$$

2. 因子分解机

在 LR 模型中，我们建立了一个线性模型：

$$p_{\text{CTR}} = f(x) = \text{sigmod}(\hat{y})$$

$$\hat{y} = w_0 + \sum_{i=1}^{n} w_i x_i$$

这样简洁的线性模型固然有前面提到的诸多优点，但付出的代价便是大部分的人力资源都投入到了特征工程上面——毕竟这个世界是非线性的，如果模型是线性的，那么就需要对特征进行线性处理去表达各种非线性关系。

是否有一些简洁的方法能够去组合这种非线性关系？例如将所有特征通过简单的二阶组合的方式引入上述线性模型，即 PLOY2 模型：

$$\hat{y} = w_0 + \sum_{i=1}^{n} w_i x_i + \sum_{i=1}^{n} \sum_{i<j}^{n} w_{ij} x_i x_j$$

这样一来模型便能够表达一些过去表达不了的特征之间的关联关系，例如"成年男性"（"性别" = "男"且"年龄≥18岁" = "是"）这样的多维度用户画像或"喜欢漫画的女性"（"性别" = "女"且"喜欢漫画" = "是"）这样的用户偏好等。

但是这样又有了新问题——模型的参数和特征太多了。在广告场景中，所有特征维度加起来可能有上万维甚至更多，经过二阶组合后，参数和特征的数量就至少达到了亿级，远远超出了模型训练与预测可以快速完成的计算量，也可能远远超出了样本量——特征量远超样本量就意味着大部分特征可能是无效或者冗余的。

2010 年，Steffen Rendle 提出的因子分解机（Factorization Machines，FM）模型为这一问题的求解带来了新的思路。在这一方法中，引入了 n 个 $k(k \ll n)$ 维隐向量 $[v_1, v_2, \cdots, v_n] = V \in \mathbb{R}^{n \times k}$，并用 v_i 和 v_j 的内积表达了特征二级组合后的参数 w_{ij}，即 $w_{ij} = <v_i, v_j>$，则上式可转化为：

$$\hat{y} = w_0 + \sum_{i=1}^{n} w_i x_i + \sum_{i=1}^{n} \sum_{i<j}^{n} <v_i, v_j> x_i x_j$$

最终借助这一方法，FM 模型将参数和参数的计算量都降到了线性水平，让这一基于特征二阶组合模型的求解变得可行。

与此同时，我们看到 FM 模型与上一节推荐系统的隐语义模型有异曲同工之妙，二者都是通过用引入隐向量的方法对模型参数或预测结果进行表达，本质上都是一种嵌入（Embedding）的思想。我们也会在后面演进的模型融合与深度学习对特征的表达中继续学习嵌入思想。

7.5 常见模型融合

作为本章的最后一节，我们来聊一聊常见的模型融合方法。

4.3 节介绍了样本数据的切分方法，并且用考试的例子解释了为什么要额外再切分出验证集与测试集——即尽可能消除样本数据与线上数据不一致的误差风险，增加模型的容错率。这里介绍另外一种提升模型健壮性的思路——模型融合。

模型融合又称集成学习（Ensemble Learning），主要包括 Bagging、Boosting 和 Stacking。模型融合不是具体的模型，而是一类方法或思想，所以下面会看到之前我们提到过的一些基本模型（如决策树）在这一思想上的应用。

1. Bagging

Bagging 是一个非常简单直观的模型融合方法，其思想可以用一句话来概括——"三个臭皮匠，赛过诸葛亮"。

举一个二分类问题的例子。假如通过对样本数据的学习训练，获得了三个精确率 $p=70\%$ 的分类模型 $y_i = f_i(x) \in C$，$i \in \{1, 2, 3\}$，且分类模型之间相互独立，那么可以采取投票的策略把三个分类模型的预测结果综合起来考虑，即两票以上的相同结果即为最后输出的预测结果，最终得到融合后的模型，可以用下面的函数来表示：

$$y = \text{sgn}\left(\sum_i f_i(x)\right)$$

其中，sgn 函数为阶跃函数，由此可以计算得到融合后模型的精确率，这个精确率高于单个分类模型的精确率：

$$\text{precision} = p^3 + C_3^1 p^2(1-p) = 0.7^3 + 3 \times 0.7^2 \times 0.3 = 0.784 > 0.7$$

这一融合过程可以用图 7-34 表示。

如图 7-34 所示，顶层的 S 表示原始的样本数据，为了尽可能减少学到的分类器之间的相关性，在学习的过程中一般会对原始样本 S 进行抽样。中间的这些分类器可以来自不同基本模型，也可以来自同一基本模型，例如**随机森林**（Random Forest，RF）就是中间的基本模型均为决策树的一种 Bagging 方法，且在学习得到每一个决策树的过程中，不仅对样本进行抽样，还对特征进行抽样，这进一步提升了模型的健壮性。

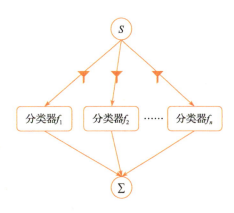

图 7-34　Bagging 方法

如果用考试的例子来解释，则 Bagging 方法可以看成是通过多次模拟考试并综合多次考试成绩来判断一个学生的学习成果，每次所用考卷是从一个大的考题库中随机抽取的考题；而对于随机森林模型来说，除了考题随机抽取以外，还会对每次考试的考点（特征）进行随机抽取。随机抽取的最终目的是避免由于偏题与冷门考点造成对学生综合成果与能力的误判。

2. Boosting

前面介绍的基本模型组合策略为一人一票的投票法，那么很容易想到还有另外一种组合方法——一人多票投票法，即对学习到的基本模型分配不同的权重来进行模型组合，用函数形式表达如下：

$$y = \text{sgn}\left(\sum_i \beta_i f_i(x)\right)$$

效果越好的分类器，其权重 β_i 应当越高，例如可以直接选择该分类器的精确率 p_i 作为权重。另外，一人一票投票法可以看作上式中所有权重 β_i 都相等的特例。

如果说 Bagging 的思路是每个分类器分别独立学习，针对最终的汇总通过投票法来决定输出的预测结果，那么 Boosting 则是一种类似串行的学习过程，每一个分类器的样本或目标都是基于前一个分类器的结果来调整的，通过迭代式学习，逐步提升上式这一模型组合的效果。其示意如图 7-35 所示。

我们也可以用另一句话来通俗地理解 Boosting 方法——"你有没有比昨天

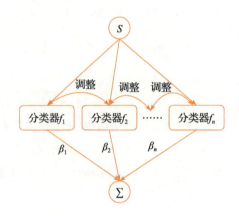

图 7-35　Boosting 方法

更博学一点？" Boosting 方法中最具有代表性的方法是 **AdaBoost**（Adaptive Boosting），这一方法在每一次分类学习后，都为分类结果中分类错误的样本增加权重，之后输入到下一次分类学习中，直到最终的分类效果或学习次数达到提前设置好的阈值。

如果用考试来解释，这一过程相当于首先进行一次摸底考试，然后对于考试结果中的错题，采取增加错题分值的策略重新编入下一次考卷中（假设学生对考题不作记忆），目的是通过对错题的强调，尽快提升学生的能力和考试成绩。

另一种纠正的方法类似专项测验，即把每次错题所涉及的知识点视为与最终结果的差异（残差），将其作为下一次考试的纠正目标进行专项测验，最终通过多次专项测验达到不断纠正学生能力的效果，这一方法也被称为梯度提升法（Gradient Boosting）。**GBDT**（Gradient Boosting Decision Tree，梯度提升决策树）便是基本模型选择使用决策树的 Boosting 方法的具体应用。

3. Stacking

第三种模型融合的方法称为 Stacking 方法。与前两种方法将基本模型进行线性组合不同，Stacking 方法则是将模型进行堆叠或首尾连接，如图 7-36 所示。

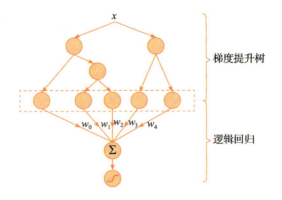

图 7-36　Stacking 方法——GBDT + LR[⊖]

图 7-36 所示是 Facebook 在 2014 年提出的 Stacking 经典方法。在广告点击率 CTR 预估问题的场景中，该方法将梯度提升树（GBDT）与逻辑回归（LR）前后连接起来，把 GBDT 模型每棵树的叶子节点的输出作为特征工程的结果，然后作为输入加入到 LR 模型当中用于 CTR 预估。这样一来与直接应用 LR 模型相比，这一方法相当于由 GBDT 模型自动完成了特征选择与特征变换的过程，并在共同的最终优化目标的引导下达到了不错的效果。

Stacking 方法采用的是模型融合的思路，所以可以把上面描述的框架中的模型换成其他模型，例如可以把第一层换成随机森林或多种其他基本模型的组合，或者把第二层由 LR 模型换成上一节提到的 FM 模型等。

以上介绍了三种具体的模型融合方法，包括 Bagging、Boosting 与 Stacking，这些方法不仅可以应用在技术层面，其思想在业务策略层面也可以借鉴。例如前面提到的"在样本人工标注环节进行交叉检验，以提高标注的准确率"的方法就可以看成某种意义上的 Bagging 方法；而业务策略中先做用户画像，后根据用户画像进行推荐、营销等动作也可以看成 Stacking 思想的一种延伸。

⊖ He et al. Practical Lessons from Predicting Clicks on Ads at Facebook. ADKDD'14。

第 8 章
放眼未来：深度学习模型解析与影响

2006 年，"神经网络之父" Hinton 与同事正式提出了"深度学习"（Deep Learning）的概念⊖，这拉开了深度学习的序幕。2006 年又被称为深度学习元年。2012 年，Hinton 带领团队在 ImageNet 比赛中夺冠，并且性能指标罕见性地高出第二名 10% 以上。自此深度学习带来的技术突破不断刷新包括计算机视觉、语音识别和自然语言处理等 AI 垂直领域的纪录，为人工智能及其应用带来了革命性的影响。

本章我们将从最基础的感知机出发，在介绍相关原理的同时引出深度学习的一个最基本的网络结构——前馈神经网络，并简单谈一谈人工智能的历史以及深度学习的发展对策略产品经理三要素——特征、样本与评估产生的影响。

8.1 从感知机到深度学习

在讨论风靡学术界与产业界的深度学习之前，我们先从深度学习的基础——

⊖ 深度学习（Deep Learning）一词最早出现在 1986 年第五届 AAAI 学术会议上的一篇文章中"Learning while searching in constraint-satisfaction-problems"，作者是 Rina Dechter。

感知机与神经网络说起。

8.1.1 感知机与神经网络

20 世纪 30 年代到 50 年代，包括图灵机在内的许多重大思想与发明问世，其中就包括现代人工智能的雏形——感知机。

1. 感知机模型

神经系统中神经元的信号传播过程即上一个神经元的信号经树突接收，在细胞体中以膜电位的形式进行累积，当累积超过一定阈值的时候向轴突方向产生电脉冲，即可以视为细胞体处于激活状态并向轴突传递信号。神经科学中典型的神经元结构如图 8-1 所示。

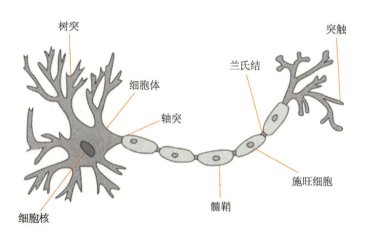

图 8-1 神经科学中典型的神经元结构

1943 年，神经科学家 Warren McCulloch 和数学家 Walter Pitts 从神经元的机理中获得灵感，从数学的角度构造了一个"人工神经元"——M-P 神经元模型，这个模型即为感知机模型的雏形。

感知机模型可以说是最古老的二分类模型之一，其模型框架如图 8-2 所示。

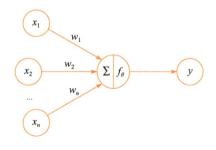

图 8-2 感知机模型

这一模型由信号输入、激活函数以及信号输出三部分组成,在对输入端的信号 x 加权汇总后,经过激活函数的计算并最终输出分类结果 y,其中激活函数可以用符号函数表达:

$$f(x) = \text{sgn}\left(\sum_{i=1}^{n} w_i x_i - \theta\right)$$

符号函数如图 8-3 所示。

这一激活函数的含义是,如果输入信号的加权和大于阈值 θ,则输出分类 $y=1$,否则输出分类 $y=-1$。为了方便表述,其中的阈值 θ 可以变换为输入向量中的一部分,将输入向量扩充为增广向量。输入向量与权值向量扩充为增广向量如图 8-4 所示。

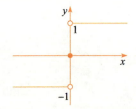

图 8-3 符号函数 sgn

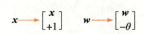

图 8-4 输入向量与权值向量扩充为增广向量

模型框架与激活函数可调整为图 8-5 所示的形式。

基于上面的激活函数,可以得知当样本 x_i 被正确分类时,有 $y_i \cdot (wx_i) > 0$;反之当样本 x_i 被错误分类时,则有 $y_i \cdot (wx_i) < 0$。因此,最终我们可以构建感知机模型的最优化目标函数,为最小化所有错误分类样本的分类错误:

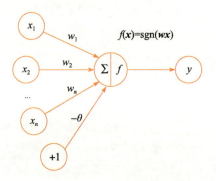

图 8-5 带增广向量的感知机模型

$$w = \arg\min_{w} \sum_{x_i \in S_k} -y_i \cdot (wx_i)$$

其中,S_k 为错误分类的样本集合,当没有样本被错误分类时目标函数结果为 0。第 7 章中描述的二维平面上的二分类问题是一个线性可分的问题,因此按上式的感知机模型求解后最终可以得到多个解㊀，如图 8-6 所示。

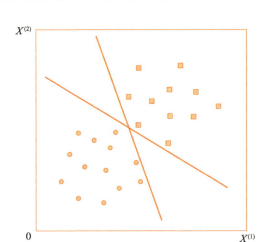

图 8-6　感知机 – 分类面

2. 神经网络

1969 年，后来被称为"人工智能之父"的 Marvin Minsky 教授在 *Perceptron* 一书中从理论上证明了感知机模型的一个重大缺陷：感知机本质上是一种线性模型，因为对线性不可分数据无法收敛，因此连最简单的 XOR（异或）问题都无法解决，如图 8-7 所示。

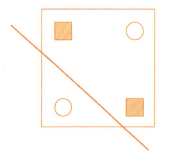

图 8-7　异或问题无法用线性模型分类

为了解决这一问题，同时也为了增加人工智能的表达能力，科学家们很自然地想到继续沿着仿生学的思路，将多个神经元的轴突（输出）与另一神经元的树突（输入）连接起来，形成一个由多层感知机组成的**人工神经网络**，如图 8-8 所示。

㊀ 也可以从距离出发得到同样的目标函数，参见李航所著的《统计学习方法（第 2 版）》一书的第 37 页。

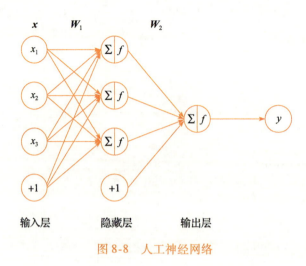

图 8-8 人工神经网络

如图 8-8 所示,这一神经网络模型可以用下面的函数来表示:

$$h(x) = f(W_2 f(W_1 x))$$

该函数将多个线性分类层再次组合,在空间中构建出一个凸区域来解决 XOR 问题。这也意味着我们可以通过使用更多的神经元数量与层数,构建更多样的凸区域来解决更复杂的问题,如图 8-9 所示。

但新的问题也随之而来:隐藏层的权重怎么训练?对于单层感知机而言,可以通过模型输出与样本的差异来修正模型参数即权重 w,但对于各隐藏层的

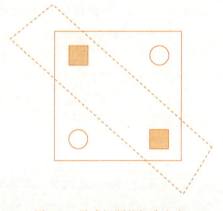

图 8-9 异或问题的解决方案

节点来说并不存在期望输出,因此无法直接用这一方法求解。同时,神经网络模型的计算量在大规模集成电路刚刚问世的那个年代,求解是几乎不可完成的。

这些问题的解决直到 Rumelhart 和 Hinton 等人在 1986 年发表"Learning representations by back-propagating errors"一文,其中提出了误差反向传播(Error

Back Propagation，BP）算法[1]，之后才广为人知。该算法通过模型输出与样本的差异对比以及链式法则[2]，可以同时反向计算出每一层节点的负梯度（导数）并更新权重，在多轮迭代计算后最终能够将模型输出与样本的误差收敛到一个固定的范围。

同时，文章对其中的激活函数也进行了优化。考虑到符号函数是一个非连续的函数，在零点无法求导且其余情况下梯度均为 0，激活函数替换为第 7 章中提到过的、形态上与符号函数类似且非常便于计算导数的 sigmod 函数，如图 8-10 所示。

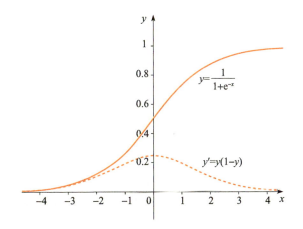

图 8-10 sigmod 函数及其导数（虚线）

误差反向传播算法解决了困扰神经网络模型多年的计算问题，为这一模型带来了更多可能性，也让神经网络这一更加接近人类生物学机理的模型重新回到了科学家们的视野。

对人类认知过程的生物学模拟，更有机会接近人类对这个世界认知的本质——这种朴素的世界观，至今依然有着持续且深远的影响。

---

[1] BP 算法的应用最早可以追溯到 1974 年，Paul Werbos 在其博士论文中详细描述了这一算法在神经网络中运用的可能性，但未得到广泛关注；后 Hinton 等人独立发现了这一算法。
[2] 详见周志华所著的《机器学习》一书的第 101 页。

8.1.2 深度学习与人工智能发展史

科学研究的过程并不是一帆风顺的，BP算法的引入在解决了神经网络求解非线性数据的计算问题的同时，又带来了新的问题——**梯度消失问题**。

从图 8-10 中可以看到，单个 sigmod 函数的梯度（导数）的最大值不超过 0.25。按照链式法则，这就意味着每三层神经网络其梯度至少下降两个数量级（$0.25^3 = 0.015\ 625$），因此当神经网络深度（层数）达到一定程度后，最靠近输入端的节点在每次迭代计算时梯度接近于 0，几乎无法得到权重的更新，这就是我们所说的梯度消失问题。而且限制了神经网络的深度（层数），也就意味着限制了神经网络的表达能力。

深度神经网络训练过程中的梯度消失问题，直到 2006 年 Hinton 等人在 *Science* 发表的一篇文章⊖中提出通过预训练（Pre-train）、微调（Fine-tune）等方法，重构了神经网络的训练过程才得到真正解决。不过由于当时神经网络的研究处于低谷，这一新时代的开山之作并未引起人们的关注；但随着 2012 年 Hinton 团队在 ImageNet 比赛中夺冠，深度学习及神经网络相关方法才重新进入人们的视野，整个学术界与产业界掀起了深度学习的热潮。如图 8-11 所示，我们可以从 Google Trends 中看出，这一热潮的热度至今依然持续不减。

图 8-11　Google Trends 上 "Deep Learning" 一词搜索趋势图

⊖ Hinton G E, Salakhutdinov R R. Reducing the dimensionality of data with neural networks [J]. Science, 2006, 313 (5786): 504-507。

从某个角度来说，深度学习（或深度神经网络）本质上还是神经网络。在前面的介绍中我们也看到了，这其实是学术界常见的一个不断发现问题、改进问题的模型与算法的演进过程。

但是另一方面，与之前的感知机、支持向量机、逻辑回归等浅层模型相比，深度学习除了网络层数更多以外，在模型构建的思想上也有了新的变化。

1）从多个神经元的连接，发展到现在的更为复杂多样的网络结构。深度神经网络的思想可以说来源于神经科学，又超越了神经科学。图8-12展示了4种典型的深度神经网络结构，前面介绍的带一个隐藏层的神经网络实际上是这里面的一种——前馈神经网络。

2）与浅层模型需要提取特征相比，深度学习支持端到端（end-to-end）的模型构建，即直接构建一个从样本数据的原始表达到学习目标的模型，例如图片或视频像素点、自然语言字符向量化等。这种端到端的模型构建最大程度上保留了样本中的有效信息，在样本充足

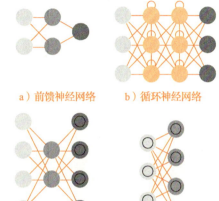

a）前馈神经网络　　b）循环神经网络

c）自编码器　　d）受限玻尔兹曼机

图8-12　4种典型深度神经网络⊖

的情况下有机会学习到事物更加本质的表达，但同时也带来了更多潜在的冗余信息。

深度学习与人工智能发展史

人工智能（Artificial Intelligence）这一概念是在1956年的达特茅斯会议上正式提出的，距今已有60余年的历史。纵观深度学习以及整个人工智能科学的历史与发展，有如下几次神经网络的研究浪潮与关键节点。

1）第一次研究浪潮始于20世纪40年代到60年代的控制论（Cybernetics），这一时期出现的 M-P 神经元模型与**单层神经网络**（感知机模型）创造性地连接

⊖　https://github.com/kailashahirwar/cheatsheets-ai/blob/master/Neural%20Networks%20Zoo.png。

了人类神经机理与数学模型，让科学家们首次意识到机器像人类一样对世界"感知"这件事是有可能实现的，也让人们看到了人工智能的未来；但1969年感知机模型被证明是线性模型，无法解决哪怕是最简单的XOR（异或）问题，这让神经网络的研究陷入第一次低谷。

2）第二次研究浪潮始于1986年，误差反向传播（BP）算法的发现与推广，让**两层神经网络**（单隐层神经网络）模型的求解成为可能，也让神经网络有了非线性表达能力。

与此同时，从控制论出发，人工智能的研究方向分为了"气、剑二宗"——"气宗"为联结主义，"剑宗"为符号主义。

- **联结主义**（Connectionism）：以神经网络为代表，又称仿生学派或生理学派，主张机器对人类神经元的模仿，用神经元连接等机制实现人工智能。
- **符号主义**（Symbolicism）：以专家系统及第7章提到的各基本模型（如支持向量机等）为代表，又称逻辑主义或计算机学派，主张用公理和逻辑体系表达这个世界并实现人工智能。

鉴于深度神经网络训练过程中梯度消失问题的发现且持续未能解决，以及1995年开始支持向量机及核方法的提出带来了更好的结果，人工智能的研究浪潮被符号主义接管，联结主义的代表——神经网络的研究陷入第二次低谷。

3）第三次研究浪潮始于2012年，Hinton团队在ImageNet比赛中构建的多层卷积神经网络AlexNet大获全胜，分类性能碾压了以支持向量机为基础的第二名团队。自此更深、更宽、可容纳更多数据的**多层神经网络**（深度神经网络）重新接管了人工智能的研究浪潮。与前两次浪潮不一样的是，这一次研究浪潮让人工智能真正走到了普通大众的面前，如AlphaGo摘取围棋领域的桂冠，刷脸安检与刷脸支付等CV领域成熟技术的应用，以及GAN的提出带来的视频换脸应用风靡朋友圈等，让大众开始近距离感受人工智能发展带来的影响。

神经网络的三次浪潮与两次低谷示意如图8-13所示。

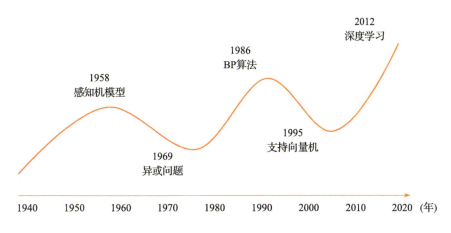

图 8-13　神经网络的三次浪潮与两次低谷

8.1.3　深度学习爆发的三个条件

常言道，"英雄造时势，时势造英雄"，深度学习的爆发，除了 Hinton 等研究人员的坚持与努力外，也离不开外界环境变化带来的推动力。总体来说，深度学习爆发得益于以下三个条件的具备。

1. 深度神经网络的强大拟合能力

当激活函数选择跃迁函数（超过阈值 θ 时输出 1，否则输出 0）时，神经网络的单个节点可以描述逻辑与、逻辑或以及逻辑非三种最基本的逻辑单元，如图 8-14 所示。

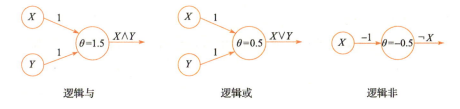

图 8-14　单个神经元描述的基本逻辑单元

因此，如果将这些节点前后自由组合，意味着神经网络可以拟合任意的逻辑函数，例如异或函数，如图 8-15 所示。

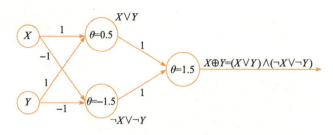

图 8-15　神经网络表达的异或函数

而当激活函数选择 sigmod 函数时，可以从两个方向去理解，一方面神经网络的单个节点（即感知机）呈现的结果是线性模型，而无论多么复杂的分类面或分类函数都可以用足够多的线性分类面或线性函数去逼近，这样多个节点的组合即为神经网络；另一方面，可以用两个节点组合成的神经网络构造出一个脉冲函数，然后用类似积分的思想用多个脉冲函数的组合去拟合一个复杂函数，如图 8-16 所示。

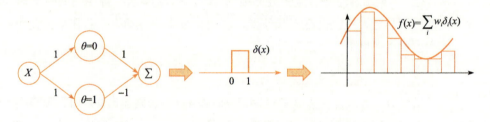

图 8-16　从神经网络表达脉冲函数到拟合复杂函数

事实上，深度神经网络的强大拟合能力早在 1989 年就被证明。Cybenko 提出的万能近似理论⊖表明：一个前馈神经网络，只需具备至少一层非线性激活函数的隐藏层和足够多的神经元节点，就能以任意精度拟合任意复杂度的连续函数。

2. 计算性能大幅提升

仅从理论上被证明有足够的拟合能力是不够的，神经网络模型与算法落地

⊖　Cybenko. G.（1989）. Approximations by superpositions of sigmoidal functions, Mathematics of Control, Signals, and Systems, 2（4），303-314。

离不开算力的支撑，而算力的提升又与硬件的发展有关，我们看到伴随着硬件的迭代，算力与神经网络算法处于一个齐头并进的进化过程中（见图8-17）。

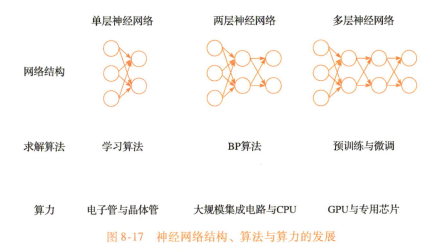

图 8-17　神经网络结构、算法与算力的发展

- **电子管与晶体管时代**（1940s～1960s）：1946年，世界上第一台现代通用计算机"ENIAC"问世，其由约1.8万个电子管组成，占地约170平方米；1954年，第一台晶体管计算机"TRADIC"问世，其由约700个晶体管组成，占地缩小到衣柜大小，并将计算机的计算能力从每秒只能完成几千次简单的加减法运算提高到了每秒几十万次。这一时期人工智能也刚刚开始萌芽，诞生的神经网络只有一层节点（感知机），算法也以最简单的自适应学习算法为主。

- **大规模集成电路与CPU时代**（1970s～1990s）：1971年，Intel发布了世界上第一款微处理器4004，这是一款由2000多个晶体管组成的4位CPU，支持每秒执行9万条指令。CPU的出现标志着计算机开始得到更广泛的应用，计算机从只存在于研究机构和军方到开始进入商业公司甚至大众家庭。与此同时，许多机器学习模型与算法开始登场，例如决策树（1986年）、支持向量机（1995年）等，这一时期神经网络也演进到了带一个隐藏层的两层神经网络，求解算法也进化到了BP算法。

- **GPU与专用芯片时代**（1999年至今）：1999年，NVIDIA公司发布了一款专门用于图形加速的芯片GeForce 256，这标志着GPU的诞生。随后不久人们发现，GPU原本用于图形处理与渲染的并行计算与矩阵计算能力恰好能使神经网络学习加速，比同时代 CPU 计算速度高出 10 倍甚至 100 倍，GPU 开始逐渐代替 CPU 成为提供深度学习算力的主力。最近十年深度学习的进一步发展，反过来又促进了 AI 专用芯片的诞生与发展，例如 Google 发布的专门用于张量计算的 TPU（Tensor Processing Unit），这些专用芯片在云计算成熟的环境下大放异彩，人工智能开始进入专用芯片时代。

3. 互联网的普及提供了土壤

以国内环境为例，随着互联网的蓬勃发展，互联网的普及率从 2007 年不到 20% 发展到 2018 年的 60%，覆盖了中国一半以上的人口，如图 8-18 所示。

图 8-18　中国网民规模与互联网普及率（来源：CNNIC）

互联网的普及一方面带来了足够多的数据，互联网人口、在线时长等各项指标的高速增长，让企业能通过包括样本闭环在内的**低成本**方法**规模化**收集海量的用户行为、反馈、画像等数据，这在互联网诞生之前是无法做到的；另一方面，这种普及让深度学习技术产生更大的商业价值，互联网的规模效应放大了深度学习技术带来的边际收益，为深度学习的落地与应用提供了良好环境。因此我们可以看到，互联网普及的这十年，也正是深度学习技术自提出以来快速发展落地的十年。

综上所述，与上一章介绍的常见基本模型相比，深度学习最大的优势是不对模型做特定的数据假设——这也就意味着它拥有最大程度的表现力与函数拟合度,所以当计算性能问题被解决,以及互联网的发展带来了数据环境与商业环境的土壤后,深度学习爆发出了惊人的潜力。

8.2 深度学习与函数方法论三要素

深度学习的出现与发展,不仅给学术界与产业界带来了新面貌,也给策略产品经理与算法工程师的工作内容带来了新的变化。

8.2.1 自编码器与特征

在第4章我们介绍了特征选择的几种方法,包括基于业务知识的方法、基于模型收益的方法以及基于代理指标的方法。在这些方法中,特征选择与特征提取的工作一般是基于策略产品经理和算法工程师的个人经验再结合一些指标来完成的,例如推荐模型中选择有效的用户行为特征,或是在图片识别模型中寻找有效的图片算子等。

同时,在具体介绍常见基本模型(如决策树模型)的过程中,我们也提到了特征选择的嵌入法。事实上,深度学习的到来,赋予了"嵌入"一词新的含义与应用场景,为特征提取与降维提供了新的方法:**基于特征嵌入(Embedding)的方法**。

下面介绍一种最容易理解的特征嵌入方法——自编码器(AutoEncoder)。

一个基本的自编码器由编码器(Encoder)和解码器(Decoder)两部分组成,如图 8-19 所示。

其中,编码器部分将输入的样本向量 x 经过一层网络转化为下一层网络的输入 $z=f(x)$,解码器则将上一层的编码结果 z 进行解码,得到与输入向量维度相同的向量 $\hat{x}=g(z)=g(f(x))$。一般情况下,这

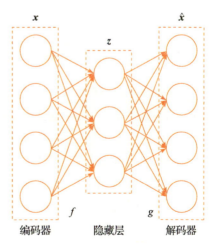

图 8-19 自编码器示意图

是一个两端维度相同，中间为隐藏层的维度远低于两端的两层神经网络。作为一组编码器与解码器，我们希望最终的输出 $\hat{x}$ 与输入 x 尽可能相等，因此，我们可以用最小化误差来描述这一神经网络的优化目标：

$$f, g = \underset{f,g}{\arg\min} L(x, g(f(x)))$$

自编码器本身并不直接用于解决某个具体问题，更多的时候我们将中间的编码结果 z 拿来，接入到另一个有具体任务的模型中作为输入。以图片分类任务问题为例，对于样本集 $S = \{(x_i, y_i)\}$，x_i 为图片像素组成的向量，自编码器获取 x_i 的编码结果 z_i 后解码为与原图片近似的图片 $\hat{x}_i$；那么对于原本的图片分类问题，我们可以提取向量 z_i 组成新的样本集 $S' = \{(z_i, y_i)\}$，从而构建新的用于分类的神经网络 M 进行学习训练，如图 8-20 所示。

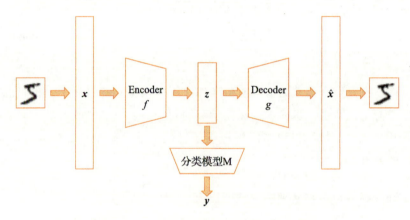

图 8-20　自编码器用于解决图片分类问题

从特征处理的角度来看，在前后向量误差足够小的情况下，编码后的向量 z 可以认为携带了绝大部分原始输入向量 x 的信息，因此，这一过程可以视为对原始特征向量 x 的特征提取或降维。自编码器将代表输入向量的信息编码到另一向量中（通常维度小于原始向量），这一思想即为嵌入（Embedding）。作为嵌入思想的一种应用，自编码器可以广泛应用于用户画像（User Profile Embedding）、社交关系（Graph Embedding）、文本处理（Word Embedding）、图片应用（Image Embedding）等场景。

从更广义的角度来看，嵌入的本质是建立高维向量到低维向量的映射，而映射的方法并不局限于神经网络,可以是任何不同结构的模型。如前面我们提到的 GBDT + LR 的 Stacking 方法,本质上也可以看作是利用 GBDT 模型完成嵌入预训练之后,将嵌入得到的特征向量输入神经网络目标训练的过程。

嵌入方法的出现,让策略产品经理与算法工程师能够在大数据的支持下,从人工特征工程中解放出来,更加专注于业务问题从输入到输出的建模工作。更为精妙之处在于,这一方法还能在标注样本不足的情况下,达到用非标注数据来提升模型指标的效果,也就是我们接下来要介绍的迁移学习。

8.2.2 迁移学习与样本

迁移学习是指将旧领域的能力与技能应用到新领域的学习过程。这与人类的认知过程是相同的,我们常常称这个过程为"举一反三""依葫芦画瓢"或"照猫画虎"。举个例子:我们幼年时期接触的是方言环境。由于中国大部分语言无论是方言还是普通话,语序和语法基本是一样的,因此当我们进入学校后学习普通话会很快。反之当我们从学校走入社会,和一些使用与普通话非常接近的方言(如天津话、东北话等)的人沟通起来也没有太大障碍。又比如说,对于了解乒乓球的人而言,很容易看懂与乒乓球类似的网球比赛,反之亦然,如图 8-21 所示。

图 8-21 人类迁移学习的例子

我们可以看到,人类迁移学习过程的核心是找到新旧两个事物的相似处,与此类似，对于具体的业务问题建模过程，迁移学习是指利用样本数据、特征或模型之间的相似性，将在旧领域学习过的模型应用到新领域的一种学习过程。

那么我们为什么需要迁移学习？我想最主要的原因是样本获取的成本问题。尽管在一些场景中有样本闭环、数据增强与重组等相对低成本的样本获取方法，但这些方法只适用于一部分场景，对于一些新的领域或业务，则需要付出大量的成本来累积样本（尤其是应用于深度学习时）。这些成本包括：

- **人力成本**。例如方言的语音识别问题，人工标注本身成本很高，如果是很难懂的方言，则还需要找懂这种方言的人来标注，由于其稀缺性，成本会更高；而另一方面，在普通话的场景中有许多素材数据，这些数据的获取成本非常低廉，例如带字幕的电视剧、新闻播报等，如果能够将这些素材作为样本迁移学习到方言识别问题中，这会是一个不错的解决方案。

- **时间成本**。例如自动驾驶问题，即使工程车一天24小时不间断路测，累积足够的样本数据依然需要时间。如果我们能通过电子游戏中的模拟画面累积数据后迁移一些学习能力过来，将能够在较短时间内累积大量这样的数据⊖。

- **用户成本**。例如推荐系统的冷启动问题，在产品上我们可以通过让用户提交自己的兴趣标签等方案来解决这一问题，但存在较大的用户交互成本。假如我们能够基于用户在系统中留下的其他业务行为数据构建模型后迁移到新业务上，或许有机会绕开这一成本达到一个还不错的冷启动效果。

当然，除了上述成本以外，还有一些其他问题也让我们对迁移学习有了更多期待，例如隐私与知识产权问题（如医疗等一些领域，样本本身涉及用户隐私或知识产权）、算力问题（如中小型公司缺少足够的算力构建一个基于超大型数据集的模型）等。

⊖ 事实上，2017年年初OpenAI公司已经将旗下的开源人工智能测试环境Universe平台加入电子游戏《侠盗飞车5（GTA 5）》，用于无人驾驶的样本累积与训练。

怎样进行迁移学习？8.2.1 节的自编码器为我们提供了一个最基础的例子。以花卉识别问题为例：假如我们手中有少量图片与具体花卉种类的标注样本，但这些样本量本身又不足以训练得到一个理想的自编码器。这时，我们可以引入一个外部的图片库，这些图片可以没有任何标注，如都是花卉照片或植物照片，用这些图片训练得到一个对这类图片表达与泛化能力较强的自编码器后，再在中间层接入一个花卉种类的识别层并进行微调，最终将得到我们需要的花卉分类模型。

在这个过程中，尽管我们所拥有的样本较少，但通过迁移学习的方法，借用了大量无标注样本的表达能力，并且捕获了其中一些更深层次的共同特征，从某种角度来说也相当于扩大了样本基数，是一种新的扩展样本的思路。

与此同时，科学家们研究还发现，在深度神经网络中不同层级的网络层所表达的特征也是有差异的。以人脸识别为例，靠近输入的网络层表达的大都是一些浅层特征，如线条、轮廓等，这些特征的泛化能力较强；而靠近输出的网络层则更多表达一些深层特征，如具体的脸部器官、脸型等，描述了更多细节，如图 8-22 所示。

这也就意味着，我们不仅可以通过以自编码器引入无标注样本的方法进行样本扩充，还可以通过在其他类似任务中对标注样本构建模型，再将泛化能力较强的模型的浅层部分接入目标任务进行迁移学习，从而进行另外一种意义上的样本扩充。例如针对前面提到的方言语音识别问题，就可以考虑将普通话语义识别模型中的浅层部分接入到方言语音识别模型中，以期达到提升识别准确率的效果。

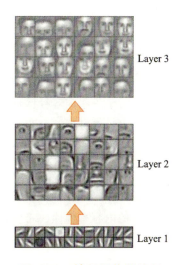

图 8-22 神经网络的浅层特征与深层特征

需要说明的是，并不是所有的迁移学习都能成功，如果源问题与迁移后的新问题共性少，可能会造成负迁移的效果，即反而降低目标问题的准确率等指标。所谓"画虎不成反类犬"，就是这个道理。

迁移学习是目前最为火热的研究领域之一，对于企业而言其意义在于，迁移学习可以用于解决一些零样本或少样本的冷启动问题。例如有一定用户数据的短视频公司，在开辟新业务（如长视频）时，就可以将用户在短视频业务的行为与画像迁移过来，解决新业务的一部分冷启动问题。除了解决样本问题以外，迁移学习还能让许多不具备大量算力、数据的中小型公司有机会分享 AI 领域的最新成果。例如 2018 年腾讯 AI Lab 开源百万级高质量中文词向量数据[①]，这对于中小型公司构建自己的垃圾内容识别、情绪分类等模型都是非常有帮助的。最后，如果源问题与新问题均来自同一场景，那么从更广义的角度来看，迁移学习能够实现在同一个业务场景中多个业务指标的共同提升，也就是我们接下来要谈的多任务学习。

8.2.3 多任务学习与评估

在实际的业务中，我们常会遇到这样的问题：单纯地追求某个业务指标（如点击率）的提升，容易忽略另外一些关键业务指标，例如下面几种情况。

❑ 对于一些内容社区（如知乎），如果我们单纯地把内容推荐业务的目标定义为提升推荐结果点击率，那么久而久之推荐结果很容易向热门话题、娱乐新闻、社会事件等点击率高的内容靠拢，同时也会出现一些标题党、擦边球话题；另一方面除点击以外，其实用户还有很多其他操作，如赞同、收藏等，前者代表用户认同这篇内容，后者代表用户觉得这篇文章的内容有价值，希望仔细阅读或方便未来查找。从用户体验与留存角度出发，我们希望能在优化点击率的同时，也提升赞同率、收藏率等指标。

❑ 对于一些商品推荐的场景，如果我们单纯地去优化点击率，那么很有可能逐渐发展为推荐用头图引流但货品不对的商品，或者用低价引流实际下单时需要支付其他附加费用的商品。如果我们能够在建模优化点击率的同时，对下单率、支付率或 GMV 等指标也进行提升，就有机会在一定程度上解决前面这些问题。

❑ 在视频搜索或推荐场景中，我们不仅希望输出的视频结果能被用户点击，还希望用户点击视频后观看时间尽可能长，并且愿意分享给朋友，因为

---

① https://ai.tencent.com/ailab/nlp/embedding.html。

这代表用户对视频内容的认可,并且服从产品在一定阶段的增长目标,如 DAU、邀请获客量等。

第 3 章介绍了函数方法论的最优化模型框架,并在第 6 章介绍常见的基本模型时详细推导了每个模型的最优化表达,它们基本上可以概括为以下形式:

$$f = \arg\min_f L(f(\boldsymbol{x}),y)$$

这些用来评估模型好坏的目标函数大都是基于单目标问题 $S = \{(\boldsymbol{x},\boldsymbol{y})\}$ 的,如果是上面提到的多目标问题怎么办?过去解决方法是针对每个问题 $S_i = \{(\boldsymbol{x},y_i)\}$ 都设计一个同类或异类模型 f_i,并将这些模型的目标函数组合起来求解:

$$f_i = \arg\min_{f_i} \sum_i \lambda_i L_i(f_i(\boldsymbol{x}),y_i)$$

但这样的方法也意味着需要开发和部署多个模型,每个模型的验证与测试,离线、在线以及交叉评估等消耗的资源与成本也成倍增加。深度学习的到来给多任务学习带来了新的方法,图 8-23 展示了一个常见的多任务学习的深度神经网络框架。

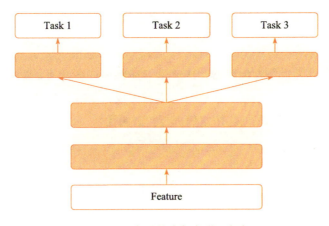

图 8-23　常见的多任务学习框架

在这一框架中,模型在靠近输入的隐藏层处共享浅层特征,使多任务中一些共性的部分在这里得以表达,而差异的部分则在靠近输出的隐藏层处由多个独立的子任务构成。与目标问题更相关的深层特征在子任务中表达，并在这里优化各自的目标函数。与传统模型中目标函数组合后求解相比，深度学习带来的这一多目标学习框架则更为灵活，可以根据数据与任务的特点进行调整，例如接收不同类型的初始特征、用不同方法处理浅层特征或同时使用共享浅层特征与独立浅层特征等。多任务学习变种示意如图 8-24 所示。

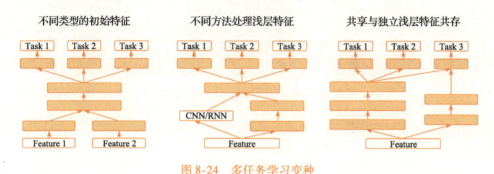

图 8-24　多任务学习变种

至于多任务学习的过程，可以参考慢性病的药物治疗方案。由于人体存在复杂的机理，在慢性病治疗过程中并不能只关注一个身体指标，而是需要在调整某个指标的过程中确保其他身体指标也在正常范围内，或同时调节多个指标。因此，我们需要在服药的过程中，根据各指标与正常值范围的变化来不断地增减药量，最终调节到一个合适的剂量，使得身体的各项指标均能向目标范围靠拢。

总体来说，无论是自编码器、迁移学习还是多任务学习，深度学习相关技术都在业界得到了广泛应用，并取得了不错的成果。有兴趣的同学可以根据这些技术的关键字寻找相关的应用案例进行扩展阅读。

能力篇

第 9 章
数据分析能力要点解析

从这一章开始,我们将对策略产品经理的一些必备工作能力进行解析。

我们常说数据分析能力是策略产品经理必备的基础能力之一,那么所谓的数据分析具体包括哪些工作内容?从项目流程的角度出发,一般而言一个完整的项目流程至少包括图 9-1 所示这些内容。

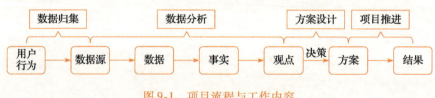

图 9-1 项目流程与工作内容

用户行为数据首先会被归集到企业的数据库中作为数据源,然后我们从数据源中拉取数据并理解数据表达的事实,同时经过分析得到观点,基于这些观点设计产品方案和实验方案,最终推进方案的实施拿到项目结果。

其中,数据分析的工作主要是指从在数据源中拉取数据开始到输出观点这一段工作,所以本章也会按该顺序聊一聊这个过程中的一些要点和方法。对策略产品经理而言,从观点到方案这一过程是工作的核心,方案既包括产品方案,也包括实验方案。

9.1 从数据源获取数据

9.1.1 数据流简介

在介绍如何从数据源获取数据之前,我们需要先了解互联网企业中一个典型的数据流是怎样的。典型的数据流示意如图9-2所示。

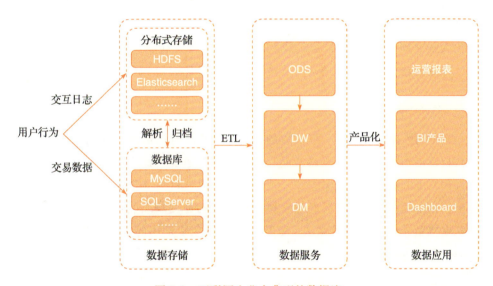

图 9-2 互联网企业中典型的数据流

用户的所有行为都会产生数据,无论是类似下单、支付等动作产生的交易数据,还是类似点击、浏览等动作产生的交互日志,这些数据都将被企业收集和存储。前者大多以行数据的形式存储到关系数据库中,如最常见的 MySQL、SQL Server 等,后者大多以文本或流数据的形式被收集到分布式存储系统中,如 HDFS、Elasticsearch 等。如果有需要,前者部分数据会被定期归档到分布式存储系统中用于备份,后者部分数据也会被解析到关系数据库中用于查询。

随着业务的发展,数据量越来越大,业务模型变得越来越复杂,直接从数据存储的地方拉取数据进行分析,这种做法变得越来越吃力。即使为了避免拉取数据时影响线上业务，进行了数据库的主从分离，但从库依然无法支撑业务方大批数据多表查询的频繁请求。因此为了解决这一问题，我们往往会从存储的源数据开始经 ETL 进一步搭建一些数据服务，包括时效性较高的中间层 ODS（Operational Data Store，操作数据存储）、支持历史数据分析的集中式数据服务 DW（Data Warehouse，数据仓库）以及面向特定需求与主题的 DM（Data Market，数据集市）等。这些向数据分析方和业务方开放查询的数据服务不仅解决了之前的查询性能问题，也通过对查询需求的聚合降低了使用成本。

同时，这些数据服务会进一步产品化为各数据应用，包括支持按日或按周定期发送或查询的运营报表系统、支持营销决策或运营决策的 BI 产品、数据可视化大屏（即 Dashboard 面板）等。这些数据应用让包括一线人员在内的所有人，都能够在不需要培训的情况下快速获取数据所表达的事实甚至观点。

9.1.2 数据工具

完整的数据流并不是一蹴而就的，所以不是所有的情况下都能从数据应用中获得现成的数据，而且策略产品经理更多时候需要去探索新的特征，或者分析案例粒度的数据，这些数据往往散落在数据服务系统甚至原始的数据存储系统中，这时就需要策略产品经理掌握一些基本的数据获取能力，从这些数据源中获取数据进行分析。因此这一节我们将简单介绍常用的数据工具——Excel、Python（pandas）和 SQL。

如果按工具的使用顺序来介绍，SQL（包括 Spark SQL、Hive SQL 等）是关系型数据库的数据操作语言，作为策略产品经理的我们大部分时候使用的是它的查询功能（一般情况下也只有查询权限）。SQL 也是我们与数据存储系统或数据服务系统进行交互的主要方式。pandas 则是 Python 中用于数据处理的一个第三方库，它最大限度地适配了各种数据格式的输入与输出，并且支持许多与 Excel 和 SQL 类似的数据操作，当遇到 Excel 难以处理的大量数据时，用 pandas 先进行预处理是一个不错的选择。最终大部分情况下数据都将汇总到 Excel 中，这里有最简单易用的数据操作环境，也便于快速实现数据的可视化输出。

市面上介绍这三个数据工具使用方法的资料多如牛毛，这里总结了一个以

Excel 操作为基准的三合一的基本框架，如果是已经熟悉三个工具的读者，这个框架可以当做字典备查。如果有新入门其中某个工具的读者，由于大部分人至少会了解 Excel 的基本操作，因此，可以将这个框架作为入门索引，从 Excel 最常用的操作出发进行迁移学习。

1. 基本结构

首先从整体上看，三个数据工具的基本结构都可以用二维表格来概括，即 Excel 中的表、列、行对应 pandas 中的 DataFrame、Columns、Index，以及 SQL 中的 Table、Column、Row，如表 9-1 所示。

表 9-1 数据工具的基本结构

Excel	pandas	SQL
表	DataFrame	Table
列	Columns	Column
行	Index	Row

2. 简单的行列操作

行列操作指对二维表格的行或列进行的操作。在 Excel 中对行或列进行一组操作，与之对应的 pandas 函数或 SQL 关键字（一组类似或相同的操作用斜杠/分隔，下同）如表 9-2 所示。

表 9-2 数据工具的行列操作

Excel	pandas	SQL
选择列	[ ] 或 . 操作符/ix	select
选择行	head/tail/iloc	limit
列重命名	rename	as
删除重复行	drop_duplicates	distinct

三个数据工具都有丰富的方法支持数据的筛选与排序操作，如表 9-3 所示。

表 9-3 数据工具的筛选与排序操作

Excel	pandas	SQL
筛选	filter	where
与/或	&/ |	and/or
大于/小于/等于	> / < / = =	> / < / =
包含/开头是/结尾是	contains/startswith/endwith	like
排序	sort	order by
降序	ascending	desc

3. 统计操作

在 Excel 中,我们常使用数据透视表来对数据进行统计操作,数据透视表中的筛选与统计功能对应的 pandas 函数与 SQL 关键字如表 9-4 所示。

表 9-4 数据工具的统计操作

Excel	pandas	SQL
数据透视表	groupby	group by
透视表筛选	apply	having
最小/最大/平均	min/max/mean	min/max/avg
求和/计数	sum/count	sum/count

4. 多表操作

多个数据表之间的操作即多表操作,这也是我们常用的数据操作之一。以 Excel 为例,包括两个数据表根据某一列进行两表关联(XLOOKUP)、在一个数据表中查找另一个数据表中某列数据出现的次数(COUNTIF),以及将两个或多个数据表进行合并(多重数据透视表)等,这些操作在 pandas 与 SQL 中也有对应的函数或关键字,如表 9-5 所示。

表 9-5 数据工具的多表操作

Excel	pandas	SQL
XLOOKUP	merge	join
COUNTIF	isin	in
多重数据透视表	concat	union all

以上即为 Excel、Python（pandas）和 SQL 中最常用的一些操作，熟练掌握这些内容即可满足 80% 甚至 90% 以上的数据操作需求。当我们需要从数据源中获取数据时，可以想象数据源中的每一组数据都是 Excel 中的数据表，然后根据数据需求与在 Excel 中的数据操作方法，组合上面的函数或关键字来提取和处理数据。

9.2 从数据到事实：三种常用挖掘方法

现在掌握了从数据源获取数据的方法，假设我们经营的是一个电商业务，通过上一节的方法获取今天（假设为 3 月 20 日）的数据如下：

用户访问量方面，全天的 PV 为 80 万，UV 为 50 万；交易方面，今天的订单量一共是 12 万，其中支付的订单量为 3 万，支付率为 25%；最终业务的总成交额为 360 万元，即平均客单价为 120 元……

这样的数据有什么问题吗？

如果数据获取过程中没有出现偏差，那么这些数据并没有什么问题，但也没有什么价值。我们看到的这些内容仅是数据的罗列，那些更有价值的事实依然隐藏在数据背后，需要我们进一步挖掘。最常见的挖掘事实的方法包括**对比**、**细分**以及**溯源**，如图 9-3 所示。

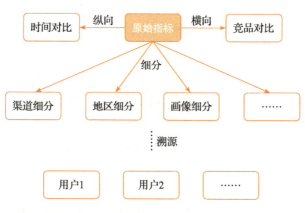

图 9-3　从数据到事实：对比、细分、溯源

9.2.1 对比

俗话说"事出反常必有妖",那么这个"常"就是我们需要对比的对象。"常"既可以指其他时间上的常态,也可以指同一时间下其他空间的常态,对应的即为两种常见的数据对比方法——**纵向对比**与**横向对比**。

从时间角度出发的纵向对比又可分为同比与环比。在理解这两个概念之前需要先明确两个周期:**统计周期**和**观察周期**(统计周期小于观察周期,如日与周、月与年)。同比一般是指与上一个观察周期中同一统计周期相比数据的差异,例如上面的例子当中,假如3月13日全天的订单量为11万,那么可以说当天日订单量同比上周增加了9.1% = (12万 - 11万)/11万;环比是指与**连续的**上一个统计周期相比数据的差异,上例中假如3月19日即昨天全天的订单量为11.2万,那么可以说当天日订单量环比增加了7.1% = (12万 - 11.2万)/11.2万。

同比与环比数据一定程度上反映了业务在时间上的变化趋势,两者不能孤立或机械地去看待。一方面如果业务发展较快,那么环比数据一般要比同比数据更具备参考价值;另一方面也需要考虑到一些特殊时间或行业本身的周期性,如节假日或业务高峰时期前后的环比数据常常差异较大,此时最好结合上一个观察周期的同比数据进行对比。

除了观察业务数据在时间尺度上的纵向差异,我们还需要横向观察与同一时期行业竞品的差异。业务的绝对数字或许没有可比性,但业务的各项转化率都应当与行业的"正常数字"进行横向对比,例如留存率、新用户注册率、点击率、下单率、支付率等,并在差距较大的指标上投入更多资源。行业的"正常数字"有些来自产品经理的经验与常识,有些来自同一公司不同业务线类似环节的数据,有些则来自行业报告或同行之间的沟通。这类数据源越多,越有助于通过交叉验证得到一个最靠谱的数量级或区间。

9.2.2 细分

如果说对比是将一个指标宏观地与其他指标放在一起观察,那么细分就是从微观的视角观察这个指标,这样的视角能帮助我们更全面了解一个指标。早在 2010 年，"Web Analytics"的作者、Google 数字营销专家 Avinash Kaushik 就在自己的个人网站中说过这样的一句话："**所有的汇总数据都是垃圾，要么细分，要么去死**"（All data in aggregate is "crap". Segment or die）[⊖]。

这句话如此振聋发聩，以至于我都能够想象出 Avinash Kaushik 面对一个个汇总数据时的愤怒和无奈。在 Avinash Kaushik 看来，我们甚至最好能按一切能想到的粒度去细分（Segment Absolutely Everything）。

例如，我们可以按渠道细分，将来自付费流量与免费流量（或自然流量）的用户数据分开观察，其中付费流量又可以根据投放的渠道进一步细分。还是以上面的数字为例，单日成交额 360 万元是个不痛不痒的数字，但是如果我们按渠道细分知道付费流量带来的成交额为 300 万元，而自然流量带来的成交额只有 60 万元，那我们就要警觉了，这意味着业务风险可能是巨大的，一旦停止付费投放或许会引来成交额的骤降。

我们也可以按地区细分，将业务数据按城市进行细分观察，不同城市的业务量、客单价与消费频率往往会呈现一定的分布。如果这种分布不符合常识，即与前面提到的行业"正常数字"不同，那么很可能意味着业务存在一些问题或机会。2013 年初，美团内部讨论是否要进入外卖市场，通过抓取饿了么当时进入外卖市场的 12 个城市的订单数据统计后发现，福州的订单量排在了第 5 位，这与美团过去在团购这一类似消费领域累积的认知（福州一般排名 30 位左右）不符，由此判断"饿了么起码有 25 个城市没做好"，并在 2013 下半年一次性进入了这 30 个城市，包括 18 个饿了么的空白市场，在外卖市场逐渐做到了后发先至[⊖]。

最后，我们还可以按用户画像对数据进行细分，包括性别、年龄、收入、历史消费频率或消费额等，在 5.1.2 节中提到的 RFM 模型就是这样一种基于用户画像的数据细分，可见这种数据细分也是从业务角度发现特征的一种方式。

9.2.3 溯源

相比平均数、总数等统计指标，细分实际上为我们提供了一个新的视

⊖ https://www.kaushik.net/avinash/web-analytics-segments-three-category-recommendations/.
⊖ 案例来自《第一财经周刊》2018-11 第 528 期。

角——数据分布的视角去观察它们，其中正态分布、幂率分布（也叫长尾分布）是最常见的两种数据分布。在上面的例子当中，客单价 120 元是一个平均数字，如果按区间对订单成交额进行细分统计，也许我们会看到一个幂率分布，即大部分订单成交额低于 120 元，但有少量大额订单拉高了平均值。这样的分布数据为我们的决策提供了更多有价值的事实依据。

有时观察分布这样的细分数据还是不够的，我们希望对其中的个例进行分析，例如这些少量的大额订单中如果发现有客户批量订购了同一 SKU 的商品，那么或许我们可以依此开发出大客户或商业采购的业务方向；又或者我们希望交叉组合其他粒度继续细分下去，例如观察不同渠道的客单价分布来对渠道的客户质量进行判断，这种交叉组合细分到极致其实同样也是对个例的分析，即前面提到的第三种挖掘事实的方法——溯源。

在策略产品经理的日常工作当中，无论是搜索还是推荐或其他场景，对个例的溯源都是绕不开的工作。跟踪案例是一个"脏活累活"，但在我看来这也是一份有趣的工作。在去哪儿网机票数据部门工作的时候，我特别喜欢每天观察用户的搜索记录，我会看到每个 ID 反映的内容：用户想去哪里旅行，行程大概是怎样规划的，哪些目的地其实可以在一次旅行中都玩到……也会看到用户为价格做出了哪些妥协（例如更改出行时间以便错峰出行，或直飞改中转），用户发现了哪些出人意料的低价中转航线。每一个包含了各种期待、妥协、不甘等情绪的用户案例都能够汇总为一类用户画像的需求，并最终汇聚到产品策略处进行改进，正如 7.3.1 节案例所介绍的那样。

9.3　从事实到观点：多种典型逻辑论证方法

经过上一节的分析处理，我们从数据中进一步得到了下面这些事实。

用户访问量方面，全天的 PV 为 80 万，UV 为 50 万，PV/UV 同比上周增加 13.8%/8.3%，环比昨日增加 12.1%/7.7%；其中来自付费流量的 PV/UV 为 30 万/23 万，来自自然流量的 PV/UV 为 50 万/27 万。

交易方面，今天的订单量一共是 12 万，同比上周增加 9.1%，环比昨日增加 7.1%；其中支付的订单量为 3 万，支付率为 25%，同比上周下降了 2.5 个百分点,环比昨日下降了 2.3 个百分点。

最终业务今天的总成交额为 360 万元,即平均客单价为 120 元,其中 63% 的订单在 100 元以下,单笔订单金额最高为 1.3 万元,该用户购买了 100 件商品 A。

这些事实经过了对比、细分和溯源后,的确比之前的单个数据更有信息量,但同时需要指出的是,这样的事实依然是"廉价"的。

"廉价"的意思并不是否定从数据到事实这一分析过程带来的价值,而是说这样的过程大都可以用自动化报表等工具去批量完成。工作中常见的数据报表、数据面板,以及各种各样的可视化图表,如用户的男女比例表、地区分布表、交易额分布表等,实际上表达的也是这些事实。

而那些难以被这些自动化工具替代的、能够带来决策价值的观点,例如什么原因导致了这些事实(归因)、未来可能会发生什么(预测)等,从来都不是简单的事实罗列,而是需要我们用逻辑论证并建立事实之间的关系。常见的逻辑论证方法包括例证法、选言证法、归谬法、反证法、引证法、喻证法等,这里基于一些例子选择性地介绍其中的几个。

9.3.1 例证法

例证法就是用多个个例的共性来论证一些共性结论,可以看作溯源后的进一步提炼,其论证过程与案例如下。

目标论题:S 有 P 属性

论证过程:

1) S_1 有 P 属性、S_2 有 P 属性、$\cdots$、S_n 有 P 属性。

2) S_1,S_2,$\cdots$,$S_n \in S$。

得出结论:S 有 P 属性。

【案例】问题:买了 Switch 主机的用户是否都会买游戏卡带?

论证过程:用户 1、用户 2、……、用户 n 买了游戏卡带,这 n 个用户之前都买了 Switch 主机。

结论:买了 Switch 主机的用户都会买游戏卡带。

可以看到例证法是典型的经验归纳法,只有当完全归纳即 $S = \{S_1, S_2, \cdots, S_n\}$ 时,结论才是正确的。所以,如果从形式逻辑的角度看,这样的推理是站不住脚的,不能用来证明科学定理。

但从决策的角度来说,即使做不到完全归纳,这样的推论依然是有决策价值的,因为从概率的角度来看,这是一种先验概率最大化的归因视角。当 $\{S_1, S_2, \cdots, S_n\} \subset S$ 时,可以用前者覆盖全集 S 的比例来说明结论,例如买了 Switch 主机的用户中 78% 都会买游戏卡带,这样的结论依然能够帮助我们制定商品推荐策略。

9.3.2 选言证法

选言证法即我们常说的"排除法",是通过否定或淘汰其他选项的方法来找到原因,其论证过程与案例如下。

> 目标论题:p_1
>
> 论证过程:
>
> 1) $p_1, p_2, \cdots, p_n$ 中至少有一个成立 ($p_1 \vee p_2 \vee \cdots \vee p_n$)。
>
> 2) $p_2, \cdots, p_n$ 不成立。
>
> 得出结论:p_1 成立。
>
> 【案例】问题:支付率日环比下降 2.3 个百分点是否因为大量新用户好奇尝试性下单?
>
> 论证过程:支付率日环比下降 2.3 个百分点的原因是支付中心故障、业务系统故障、新功能上线带来影响、大量新用户好奇尝试性下单中的至少一个;经排查后发现支付中心无故障、业务系统无故障,且昨日无新功能上线。
>
> 结论:支付率日环比下降 2.3 个百分点是因为大量新用户好奇尝试性下单。

选言证法是我们做故障排查、问题定位时的常用论证方法,其要点在于第一步时尽可能把所有原因都枚举到。正如福尔摩斯说过的:当排除了所有其他的可能性,剩下的那个即使再不可思议,那也是真相(When you have eliminated the impossible, whatever remains, however improbable, must be the truth)。

与例证法类似，从决策的角度来说即便我们做不到完全枚举，也能将发生概率更大的一些因素枚举出来进行排查，从而得到一个相对更为可信的结论。同时，这种情况下得到的结论最好能够交叉验证，即从正面寻找到另外一些数据或事实去支撑这一结论，例如本例中对下单用户进行细分，发现新用户支付率明显低于老用户，且新用户订单量日环比显著上升。

9.3.3 归谬法

归谬法是从原命题出发，通过合理的推论导出矛盾，从而得到反驳原命题的结论。其论证过程与案例如下。

目标论题：p

论证过程：

1）假设 p 成立。

2）若 p 成立则 q 成立（$p \rightarrow q$）。

3）q 不成立。

得出结论：p 不成立。

【案例】问题：支付成功率大幅下降是否因为支付中心故障？

论证过程：假设支付成功率大幅下降是因为支付中心故障；如果是支付中心故障，则其他业务的支付成功率也会大幅下降；其他业务的支付成功率并未大幅下降。

结论：支付成功率大幅下降不是因为支付中心故障。

归谬法与我们中学学习的反证法非常类似，也是我们在从事实到观点的归因过程中，难得的可以百分百确定推理结果的论证方法。

9.3.4 多种论证方法的组合

在一次完整的数据分析过程中，这些论证方法并不是单独使用的，而是多种论证方法组合使用的。例如当我们发现 PV 量日环比异常上涨了 12.1%，在归因时我们会提出这些猜想。

> 问题：PV 量日环比异常上涨
>
> 可能的原因：
>
> 1）被爬虫抓取。
>
> 2）增加了付费投放。
>
> 3）社会热点带来自然流量。

每一个猜想都是来自对个例或过去经验的总结，即**归纳法**，而问题归因的整体结构则来自**选言证法**。对于每个猜想，则可以继续使用**归谬法**进行排除，例如：

> 问题：PV 量日环比异常上涨是否因为被爬虫抓取？
>
> 论证过程：假设 PV 量日环比异常上涨是因为被爬虫抓取，如果是被爬虫抓取，则订单量不会同时上涨。发现订单量也同步上涨。
>
> 结论：PV 量日环比异常上涨不是因为被爬虫抓取。

经过类似这样的过程，我们能排除了前两个原因，把目光聚焦到了最后一个原因——社会热点带来自然流量。对于这一原因，我们可以继续提出新的猜想，猜测可能是微博、知乎上某个话题带来的流量，或是某个小众社区进行了导购，然后通过对订单高频商品、入口流量来源、搜索关键词等数据的分析重复这一推理过程。

这样发现问题→提出猜想→验证或证伪猜想的过程会在整个数据分析过程中不断重复，我们会在这样不断否定猜想和提出新猜想的过程中逐渐逼近真相。所以，尽管我们是按数据源→数据→事实→观点的顺序进行数据分析方法的介绍，但这个过程的起点却未必是在数据源处。观点上的猜想反过来指导了我们从数据源获取数据以及通过数据观察事实的过程，如图 9-4 所示。

图 9-4　数据分析的猜想闭环

9.4 从观点到方案：两大决策结果验证步骤

当我们从事实中得到了归因观点（事实发生的原因是什么）或预测观点（就这样下去的话会发生什么）之后，接下来就该想怎么做才能改变现状、解决问题了，这意味着我们开始进入决策领域了。

决策的内容首先包括各个阶段应该做什么，即第 11 章我们会继续探讨的产品阶段会进行的判断与规划；其次包括具体方案，可以是运营方案或前面章节介绍的各模型所构成的产品方案等，这些方案都会有一个或多个假设——无论是用户行为假设、模型假设还是用户分布一致性假设，方案实施的过程也是验证假设的过程；最后是决策结果验证步骤——实验方案设计，与许多科学实验类似，我们会通过合理的指标设计、实验分组以及实验数据分析，来验证这些假设，并最终验证一个方案是否能够达到我们的预期，如图 9-5 所示。

图 9-5 方案实施的假设闭环

9.4.1 评估与实验指标设计

在方案实施之前，我们要做的第一件事情就是设计实验指标，通过指标来判断方案是否能够达到预期。

1. 从技术指标到业务指标再到商业指标

前面我们介绍了模型的评估方法，这些方法大都是**技术指标**，如 F_β-Measure、AUC 等是模型上线前离线评估模型效果的方法。对于这些技术指标，用户并不关心，也无法感知。作为产品经理，当把模型应用到业务场景中时，我们需要更加关注那些反映用户可感价值的指标，即**业务指标**。有些技术指标与业务指标是接近一致的，如搜索和推荐场景中模型精确率和用户点击率，我们可以借助假设将二者进行等价处理——假设用户点击的就是用户预期的结果（因此进行实验数据分析时需要尽可能去除误点击数据，如1秒内关闭或回退的点击）；也有些技术指标与业务指标是不一致的，如经过纵向拆解后子函数的技术指标，这部分策略单独上线时，我们需要同时关注对子函数技术指标的优化为原函数业务指标带来的变化（如用户画像模型精确率提升的同时，也关注推荐结果用户点击率的变化）。

如果把视野扩大，我们在模型实验评估时最好能够进一步关注业务的商业指标。**商业指标**是指与企业的成本或收入挂钩、影响企业利润的指标。理想情况下，我们的模型能够直接对商业指标进行优化，例如第5章介绍的广告场景中基于最大化广告收入设计的模型，或商品推荐场景中基于最大化GMV、毛利收入设计的模型。退一步讲，我们的模型能够对业务指标进行优化，而这些业务指标最好能够和商业指标关联。例如在外卖配送场景中，对配送时间的优化从用户价值角度来说是一个业务指标，而这种优化带来的效率差能够提升运力的平均配送能力、减少平台的配送成本；又比如内容推荐场景中，用户点击率是模型优化在用户价值方面的一种体现，这种用户价值如果反映到商业指标上即为用户的留存率，后者与ARPU值一起能够用于计算平台的收入。

总体来说，能够直接或间接关联到商业指标并进行优化的业务，都是幸福的；不能关联到商业指标的业务，各有各的不幸。后者也是当前许多AI产品的现状了：有能够充分优化的技术指标，正在寻找满足用户价值的业务指标，商业指标则遥遥无期……

> **2. 从离线评估到在线评估：多元的业务指标**

实践是检验模型的唯一标准，无论模型在离线评估中结果多么好，都要拿到线上业务环境中接受检验，即在线评估。从离线评估到在线评估的过程中可以检验模型训练过程中的一个假设——用户分布一致性假设，即模型预测的用户与线上业务环境中的用户分布是一致的，离线与线上的评估结果差异有相当一部分是用户分布的不一致性带来的。

不仅如此，在线评估还能为我们提供了更多观测模型的角度与方法。例如在搜索场景中，除了点击率、nDCG等指标外，我们还可以借助即时搜索、搜索提示等搜索场景的功能，把用户完成搜索的平均键入字符数、搜索决策时长、搜索结果停留时间等交互指标拿来综合评估模型效果。这是因为存在这样的假设：在搜索场景中模型预测的效果越好，用户越容易提前中止键入，直接点击即时搜索或搜索提示提供的预期结果（平均键入字符数更少），在结果列表中更靠前的位置找到预期结果（搜索决策时长更短）以及认真浏览搜索结果（搜索结果停留时间更长）。

这种通过逻辑关系建立的多元业务指标评估体系和监控业务健康度的方法，与医院病房中使用心电监控仪监控身体健康状况的方法类似。医生在给病人开药或做手术后，会对病人身体指标（心跳、心率、血压等）往哪个方向发展有一定的预期，通过这些指标的变化来倒推诊疗方案是否正确。由此，我们也可以进一步借鉴心电监控仪监控数据的方式，对于业务指标不仅要关心指标的平均值，还要关注指标的边界与异常值。例如在配送时间预估问题中，我们不仅要关注平均配送时间，还要关注超过阈值时间的订单比例，甚至将其作为约束条件加入模型。

3. 短期指标与长期指标

前面我们提到的这些指标大部分都是短期指标，是单次实验就能够观察到的、可回滚的业务变化。有时我们还需要关注一些影响更为深远的长期指标。一个典型的长期指标是描述平台环境的**基尼系数**（Gini Coefficient）[注]。其计算方法如图 9-6 所示。

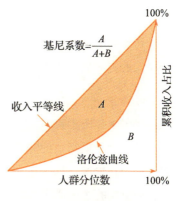

图 9-6 基尼系数

基尼系数通常用来衡量一个国家或地区居民收入差异的大小，我们可以将所有居民按收入从低到高排列（横轴所示），并统计该居民所处人群分位数的累积收入占比（纵轴所示），这样构成了一个曲线——洛伦兹曲线，曲线上每一个点（$x\%$，$y\%$）对应的含义为 $x\%$ 以内的低收入居民收入之和占全体居民总收入的 $y\%$。当收入绝对平均分配时，洛伦兹曲线即为收入平等

[注] 本节中所说的基尼系数（Gini Coefficient）与 6.2.1 节中的 Gini 指数是两个概念，请注意区分。

线 $y = x$。一般情况下可以假定洛伦兹曲线与收入平等线之间的面积为 A，洛伦兹曲线下方的面积为 B，由此我们可以得到**基尼系数** $= \dfrac{A}{A+B}$。基尼系数介于 0 到 1 之间，基尼系数越小意味着居民收入的贫富差距越小，反之亦然。

根据这一定义，我们可以用基尼系数来衡量内容创作者流量、商家 GMV、广告主投放预算等用户或客户间的"贫富差距"。以内容平台为例，如果把每个内容创作者或主体一段时期内获得的流量从低到高排列，我们也可以得到创作者的流量基尼系数，数值越高意味着流量越集中地向头部创作者或 MCN 靠拢。"贫富差距"扩大意味着中小内容创作者在逐渐退出，头部创作者或 MCN 可能逐渐形成内容垄断，压缩平台的话语权，从长远来看会影响平台的商业利益。

这种长期指标的变化不是一次或两次新策略上线就能影响的，是业务长时间演化的结果。就好比是一些慢性病指标，往往需要结合手术（产品策略）和服药（长期的运营）来影响。

9.4.2 设计实验方案与 A/B 测试

在明确了观察指标之后，最后我们再来聊聊实验方案的具体设计。互联网产品实验方案的思想很大程度上来自科学研究中的对照实验。

1. 对照实验

在医学临床实验中，如果我们要测量一种新药物的有效性，应该怎样设计实验方案呢？最简单的方案是将患者**随机**分为两组，一组维持原有治疗方案不变，称为**空白组**；另一组在治疗方案中加入新药物，称为**实验组**。通过两组对比，如果实验组的患者治愈率统计上显著高于空白组，那么我们就可以认为新药物是有效的。

这样的研究方法会有什么问题呢？1955 年，美国医生 Henry K. Beecher 提出了空白组与实验组之间可能存在的新变量——**安慰剂效应**，即如果患者知道自己处于实验组，有可能因为心理暗示机体产生反应或更加配合诊疗方案等原因（而并非新药物）使得病情好转。换句话说，上面的实验设计方案并不能排除患者心理因素带来的自愈效果提升。

因此，在现代的医学临床实验中，我们常常会再增加一个**对照组**（或替换掉空白组），与实验组相比，会对这一组的患者使用淀粉丸或生理盐水等安慰剂来伪装成新药物或新注射液。这样一来对于实验组和对照组的患者来说，如果前者的治愈率显著高于后者，那么我们可以认为新药物是有效的，即通过将安慰剂效应剥离实现了对新药物效果的观察⊖，如图 9-7 所示。

	诊疗方案	治愈原因
空白组	原有方案	自愈
对照组	原有方案+安慰剂	自愈+**安慰剂效应**
实验组	原有方案+新药物	自愈+安慰剂效应+**药物效果**

图 9-7　临床实验方案设计与归因

可以看到，实验设计的要点还是控制变量并进行对比，无论是空白组和对照组进行对比（可以验证安慰剂效应），还是对照组和实验组进行对比（可以验证药物效果），都能够通过控制变量验证方案是否对患者治愈真正产生影响。

这样的实验设计理念也在互联网产品迭代过程中得到应用。对于一个新的产品方案（可以是 UI、交互方面的变化，也可以是模型方面的变化），如果我们将其直接上线，通过上线前后业务指标的变化来决策，会存在两个潜在问题：一是有业务指标下降的风险，二是即使数据显示新方案可以显著性提高业务指标，仍然不能排除时间因素带来的影响。

因此，为了规避这样的风险同时证明新方案的有效性，我们可以选择将用户随机分为 A 和 B 两组：A 组为对照组，这部分用户看到的是线上已有的产品方案；B 组为实验组，只影响一小部分用户（如 5%～10%），这部分用户看到的是新的产品方案。这样一来我们不仅控制了风险，还可以消除时间因素带来的额外影响，将变量控制在产品方案上，并根据新方案是否能够在业务指标上

⊖ 这种混淆患者认知的方案称为**单盲实验**，为了避免医生知道患者分组后差异性对待，我们还会设计**双盲实验**方案，即在单盲实验基础上对医生也混淆患者分组信息，从而进一步排除实验实施人员的因素。

显著高于已有方案来决定是否要将新方案全面上线。这样的实验方法即为我们常说的 A/B 测试。

2. 随机流量分组与辛普森悖论

前面我们讲了 A/B 测试的第一个重要概念——**对照**，接下来谈一谈 A/B 测试的第二个重要概念——**随机**。

1986 年，一项关于肾结石手术方案的临床研究显示[1]，同样是对 350 位患者进行手术治疗，与传统的开放式外科手术相比（A 组，对照组），一种新的微创手术（B 组，实验组）的成功率似乎更高（83% > 78%），如表 9-6 所示。

表 9-6 一项肾结石手术方案成功率对比

	患者数	治愈数	成功率
A 组	350	273	78%
B 组	350	289	83%

然而，如果我们对实验数据中每组患者的病况进一步细分会发现，无论患者是小结石还是大结石，A 组的成功率都要高于 B 组（93% > 87%，73% > 69%），如表 9-7 所示。

表 9-7 按病况细分后的成功率对比

	病况	患者数（占比 α）	治愈数	成功率 β
A 组	小结石	87（25%）	81	93%
	大结石	263（75%）	192	73%
	总计	350（100%）	273	78%
B 组	小结石	270（77%）	234	87%
	大结石	80（23%）	55	69%
	总计	350（100%）	289	83%

---

[1] C. R. Charig, D. R. Webb, S. R. Payne, J. E. Wickham (29 March 1986). Comparison of treatment of renal calculi by open surgery, percutaneous nephrolithotomy, and extracorporeal shock-wave lithotripsy. Br Med J (Clin Res Ed). 292 (6524)：879-882。

这样一个看上去似乎颠覆了我们认知的现象被称为**辛普森悖论**（Simpson's Paradox），它是英国统计学家 E. H. 辛普森（Edward H. Simpson）于1951年提出的统计学悖论，即按某个条件分组比较时占优的一方，合并比较后却可能反而表现更差。

这样的现象产生的原因在于，在对患者进行分组时并未做到完全的随机抽样。在上面的例子中，传统的开放式外科手术（A 组）分配到了更多病情较重的患者（大结石），而病情较重的患者本身治愈率就更低，因此造成最终 A 组的治愈率低于 B 组。这样的分配可能是因为医生认为病情较重的患者最好采用更为保守的传统手术方案，但最终导致的结果就是上面这种分组与汇总数据的偏差。

从数学的角度看，假设 $\boldsymbol{\alpha}$ 为对照组或实验组组内的患者数量分布（上例中 $\boldsymbol{\alpha}_A = [25\%, 75\%]^T$），$\boldsymbol{\beta}$ 为组内的治愈率分布（上例中 $\boldsymbol{\beta}_A = [93\%, 73\%]^T$），那么最终整个组的治愈率应为 $\boldsymbol{\alpha}^T\boldsymbol{\beta}$（上例中 $\boldsymbol{\alpha}_A^T\boldsymbol{\beta}_A = 78\%$）。如果能够做到尽可能地随机分组，那么 A/B 两组组内的分布 $\boldsymbol{\alpha}$ 应当是相等的，即 $\boldsymbol{\alpha}_A = \boldsymbol{\alpha}_B > 0$，这时即使组内治愈率分布 $\boldsymbol{\beta}$ 之间存在偏序关系 $\boldsymbol{\beta}_A > \boldsymbol{\beta}_B > 0$，即 A 组中每类患者治愈率都高于 B 组，最终汇总后的治愈率也应当是 $\boldsymbol{\alpha}_A^T\boldsymbol{\beta}_A > \boldsymbol{\alpha}_B^T\boldsymbol{\beta}_B$，不会出现辛普森悖论中描述的情况。

因此，对我们而言，辛普森悖论的意义不仅在于证明了 9.2 节中数据细分工作的价值，而且指导了我们在做 A/B 测试时数据划分要尽可能随机。如根据用户编号或设备码等无实际意义的随机 ID 划分，使最后得到的 A/B 两组用户无论根据哪个特征进行细分最后的数量分布都相等（$\boldsymbol{\alpha}_A = \boldsymbol{\alpha}_B = \boldsymbol{\alpha}$）。这种数据划分的随机性是可以检验的，根据前面对照的思想，可以再增加一个新对照组（此时分组为 AAB）或新实验组（此时分组为 ABB）来实现，前者检验新增组与原对照组的业务指标是否存在显著性差异（即应该均为 $\boldsymbol{\alpha}\boldsymbol{\beta}_A$），后者检验新增组与实验组的业务指标是否存在显著性差异（即应该均为 $\boldsymbol{\alpha}\boldsymbol{\beta}_B$）。

3. 重叠实验框架：提升 A/B 测试的效率

与心理学、医学等科学研究的实验相比，互联网系统最大的优势在于反馈周期短，基本上能够做到数据立等可取，且组织成本低，不需要花大量时间和费用来寻找被试。这些优势让我们在互联网系统中开展大规模的随机对照实验成为可能。

前面介绍了产品迭代过程中常用的 A/B 测试实验，我们可以将用户流量进行随机划分，通过对照实验来达到验证新方案优劣的目的。

如图 9-8 所示，每一个实验都将用户流量划分为了对照组和实验组。如果说我们希望同时进行多个 A/B 实验，例如分别测试 UI 的变化和搜索模型的变化带来的效果，从确保对照的角度出发，就需要在进入实验的用户在流量处进行划分并进行独立测试，以避免实验变量之间的交叉影响。

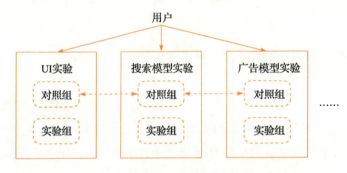

图 9-8　单层 A/B 测试实验框架

一次完整的 A/B 测试往往需要最小样本量才能得到显著性结果，这段时间用户流量是被独占的。所以，即使不同实验之间对照组可以共享，这种单层的 A/B 测试框架能够同时支持的实验数量依然是有上限的。随着业务发展到一定程度，样本量的增加已经赶不上 A/B 实验需求量的增加，于是能够支撑更大规模实验的多层 A/B 测试框架应运而生。

目前国内大部分公司的多层 A/B 测试框架都来自谷歌在 KDD 2010 发表的一篇论文[⊖]。在这篇文章中，谷歌的工程师们架构了一种能够并发支撑大量 A/B 测试的系统框架，其核心思想是将实验划分为相互独立的层，这样一份用户流量可能会被同时分配到多个实验中，同时每一层出口的用户流量将按比例随机

⊖ Diane Tang, Ashish Agarwal, Deirdre O'Brien, Mike Meyer. Overlapping Experiment Infrastructure：More, Better, Faster Experimentation. ACM SIGKDD'10。

分配到下一层的所有组中（包括对照组和每个实验组）。

如图 9-9 所示，将所有可能的实验分为 UI 类实验、搜索模型类实验和广告模型类实验，每一层可以开展多个该类别的实验，同时不同类别的实验也可以并发进行。流量在层与层之间穿透时按实验所需的流量比例在下一层随机分配。这样在每个实验组与同一层对照组对比时，两个组里面来自其他层的用户分布实际上是相等的。由前面对辛普森悖论的分析可知，这样的随机性确保了实验结果的可靠性。由此可见，这样的多层 A/B 测试框架不仅扩大了可同时进行的实验量，也满足了对照和随机这两个重要的要求。

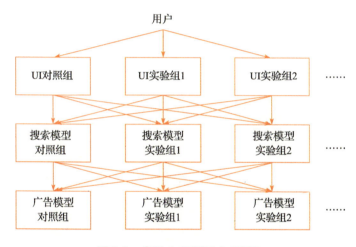

图 9-9　多层 A/B 测试实验框架

4. A/B 测试的局限性

这个世界没有银弹，最后我们来聊聊 A/B 测试本身的局限性。

首先，A/B 测试的特性决定了需要足够的样本数据量才能完成显著性检验，关于测试的最小样本量，可以在网上找到许多相关的在线计算器[一]。由此可见，这一方法更多适用于成熟的高频业务，当处于业务发展初期或本身属于低频业务的情况下，更多需要依靠产品经理对业务的理解和判断。

[一] 如 https://www.optimizely.com/sample-size-calculator/。

其次，在一些情况下场景不具备条件独立性，例如外卖配送、网约车等匹配调度类场景，这些场景往往牵一发而动全身，不适合用常规的 A/B 测试来验证新方案。因此这种情况下一般的解决方案是构建一个专门的仿真系统，尽可能还原线上的业务数据（如订单等），加上一定的假设数据（如 ETA 预估等），来近似模拟一个离线世界用于验证一个新方案产生的效果提升。

最后一点则是我们前面提到的，这种 A/B 测试实验只适合用来观察业务的短期指标，对于一些长期指标，需要从对用户和商业逻辑的理解入手，长时间保持对这些指标的监控和运营投入。

第 10 章
沟通与项目管理能力的模型解析

沟通与项目管理是产品经理必备的基本能力之一,作为一种与人打交道的能力,我们除了应该从心理学角度去了解外,不妨从模型角度来看一看与沟通、项目管理相关的方法。

10.1 什么是沟通模型

10.1.1 Shannon-Weaver 模型

Communication 既可译作**沟通**,也可译作**通信**。世界上第一个通信/沟通模型(Communication Model)——Shannon-Weaver 模型,来自贝尔实验室中关于广播与电话技术的研究,由"信息论之父"Claude E. Shannon 与数学家 Warren Weaver 于 1949 年共同提出[⊖]。

在这一模型中,Shannon 和 Weaver 描述了一个通用的通信/沟通过程,如

⊖ Shannon, C. E., & Weaver, W. (1949). The mathematical theory of communication. Urbana, Illinois: University of Illinois Press。

图 10-1 所示。

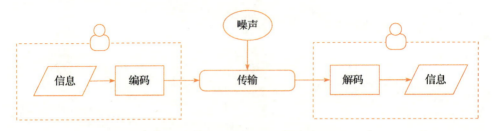

图 10-1　Shannon-Weaver 模型

Shannon-Weaver 模型中各环节详解如下。

- **编码**：信息发送方将待发出的信息转化为特定格式信号的过程，例如发起沟通方将大脑中想要表达的内容转化为语言、图文、肢体动作等。
- **传输**：将上述转化后的特定格式的信号通过信息通道（信道）进行传输的过程，当面沟通、视频电话会议、即时通信、Email 等都是我们日常沟通中常用的传输方式。
- **解码**：信息接收方收到这一信号后转化为信息的过程，是编码过程的逆向过程，例如被沟通方通过上述信道收到发起沟通方的语言、图文等内容后进行理解的过程。
- **噪声**：在信道上对信息接收方接收信号的干扰，例如在电话会议中出现信号不好、沟通所处环境存在的杂声等情况。

这一模型不仅奠定了现代信息论与通信业的基础，也是现代传播学理论与各种沟通理论的先驱。

- David K. Berlo 在上述模型的基础上提出了 SMCR（Sender-Message-Channel-Receiver）沟通模型。
- 传播学之父 Wilbur Schramm 将信息接收方由个体扩展到群体，发展成为一门新的学科——传播学，并著有第一本权威性的传播学著作《大众传播》。
- Melven L. Defleur 在 Shannon-Weaver 模型的基础之上提出了互动传播模型，一方面增加和明确了反馈这一要素，由此完善的双向沟通或传播模型更加接近现实世界中人与人互动的过程；另一方面延展了噪声这一概念，将其泛化到整个传播或沟通过程，例如沟通过程中文字与语言中的歧义或双方对同一概念的不同理解导致的沟通误差等。

10.1.2 沟通信道与编解码模型

在 Shannon-Weaver 模型的基础上，对于日常沟通而言，沟通信道与编解码模型是值得我们关注的两个方面。

1. 沟通信道

在 Shannon-Weaver 模型中我们提到了沟通信道，即当面沟通、视频电话会议、即时通信、Email 这些沟通方式。不同的沟通方式各有优劣，主要体现在**信道容量**与**可追溯性**两个方面。

信道容量是指信息传输速率能够达到的上限，上限大小与带宽和信噪比相关。带宽可以理解为在日常沟通当中，一种沟通方式或沟通工具能够支持表达者传达多少信息出来；信噪比可以理解为沟通过程中干扰因素会在多大程度上影响沟通。

从信道容量角度看，上面这几种沟通方式的信道容量由大到小依次是：当面沟通 > 视频电话会议 > 即时通信消息 ≈ Email。其中，当面沟通的信道容量最高，支持语言、图文展示、肢体语言，以及产品经理与工程师沟通过程中常用的一项非常重要的沟通工具——即兴板书，同时基本不会有环境噪声；其次是视频电话会议，也可以支持这些沟通形式，但容易被环境噪声影响；最后是即时通信消息和 Email，基本只支持图文展示这一种沟通形式。

可追溯性衡量的是当沟通完成后一段时间内，还原当时沟通场景与沟通内容的难易程度。这一点前面提到的沟通模型中未提及，却是产品经理工作当中最需要关注的内容之一。可追溯性高一方面可帮助参与沟通者对相关内容进行备忘，另一方面可在发生冲突时帮助提供解决依据。

从可追溯性的角度来看，则恰好与信道容量相反，可追溯性由高到低依次是：Email > 即时通信消息 > 视频电话会议 ≈ 当面沟通，其中 Email 的可追溯性最高，支持检索到具体项目且沟通内容完整；其次是即时通信消息，支持检索,但沟通内容较为碎片化;最后是视频电话会议和当面沟通,可以说基本上无法追溯。

从信道容量与可追溯性两个角度我们也可以看到,各种沟通方式各有优劣,没有哪一种是完美的,因此在工作过程中建议:

- 沟通时尽量选择信道容量更大的沟通方式,在条件允许的情况下尽可能使用信道容量最大的沟通方式——当面沟通。
- 使用多种沟通方式以便互为补充,增加可追溯性,例如当面沟通后再通过 Email 确认沟通内容,视频电话会议后总结会议纪要并以 Email 的形式发送给所有的参与沟通方等。

2. 编解码模型

仔细观察我们会发现,图 10-2 所示的沟通模型与第 8 章提到的 AutoEncoder 从某种程度来说有异曲同工之妙,信息经输入环节后进行编码,经传输后进行解码并输出,整个过程通过反馈不断调整,最终达到输入和输出尽可能一致。

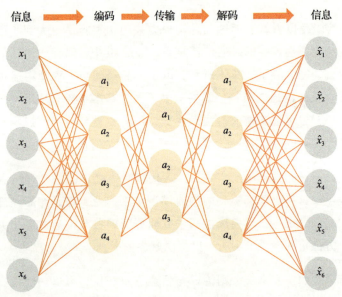

图 10-2 AutoEncoder 与沟通模型

当明确沟通方式后，是否可以随便沟通，也就是想到什么就说什么？这就好比在上面的 AutoEncoder 神经网络中，如果我们尝试任意的网络结构，例如采用不同的节点数量或网络层数，这样试验的成本就非常高了。

最好的办法是，根据对业务或数据的经验提前设置大致的网络结构，控制网络层数以及编码和解码部分的节点数量。假如我们能根据先验知识和经验，对沟通的结构进行约束，明确要沟通的要点有哪些，那么就能有效提升沟通效率，降低沟通成本，避免天马行空式的沟通——这就是我们要谈的沟通过程中的**编解码模型**。

在生活和工作过程中都有哪些沟通的编解码模型呢？以去医院看病为例，与医生沟通的编解码模型可以包含如下几个方面。

- **当前病症**：什么时间发现身体的哪个部位有什么不适？什么情况下会加重或减轻？持续多长时间？
- **检查报告**：近期做过的体检或检查报告（如果有的话）。
- **病症史**：与病症有关的过往病症史、家族遗传病史等。

与一上来就讲孩子上学、老人出行的故事，结果 5 分钟后还没进入病症描述相比，这种沟通结构要高效得多，这实际上也是医生在临床问诊时使用的沟通结构。

前面提到的函数方法论中的业务函数与各要素不仅是思考框架，也是策略产品经理与算法工程师沟通的编解码模型。例如，假设双方要设计一个内容风控方案，那么双方的沟通结构与沟通内容可以包含如下部分。

- **业务函数**：*f（用户，内容）=是否有业务风险*，业务风险包括垃圾广告、色情、反动、政治讨论等当中的一种或多种。
- **样本**：历史上被运营人员判断为有业务风险的内容和线上无业务风险的内容。
- **特征**：对内容的解析与统计，包括图片与文字等；用户相关的一些信息，如用户注册时间、历史发布过的违规内容比例等。
- **评估**：离线指标包括模型的精确率、召回率与 AUC 等指标，线上指标包括漏判率、误判率、举报率等。
- **基准策略**：基于敏感词表的正则判断策略等。

双方在这些沟通要点上达成一致后，有助于后续工作的开展，包括协调样本数据的准备、评估指标埋点或落库方案设计、线上 A/B 实验方案设计、离线模型设计与优化等。

以上这些是点对点沟通的例子，点对多或多对多同样可以基于类似的编解码模型进行沟通。例如在项目管理过程中，PRD 文档就是这样一个点对多的沟通编解码模型。一个 PRD 文档应当至少包括以下部分。

- **背景与目标**：面向项目中所有相关人员，尤其是决策人员的沟通模块，包括基于需求分析和数据分析的项目背景以及项目目标。
- **产品功能与逻辑**：面向 UI/UX、研发、测试等工程师的沟通模块，是 PRD 文档的核心部分，包括页面交互、业务状态机、数据流和业务流逻辑等。
- **非功能需求**：面向其他项目支持方或利益相关方的沟通模块，包括财务、法务、运维、DBA 等相关人员。
- **运营计划**：面向运营人员的沟通模块，包括项目上线后的运营方案与一些应急备案。

可以看到 PRD 文档中的每个部分都是产品经理面向一个或多个沟通对象的编解码模型。成熟的产品团队一般都有 PRD 文档规范，PRD 文档可以用于记录项目各方从项目立项开始依次达成的共识，能够减少反复沟通带来的信息失真与成本损耗。

对于多对多沟通的情况，例如会议沟通，也可以约定类似的沟通编解码模型，例如以下就是通过会议解决冲突的一个基本沟通框架，与会人员可以按以下顺序依次达成共识。

- **目标**：与会人员要解决的冲突和达成的目标，例如解决线上产品问题与运营资源不足的冲突，或就营销投放的预算方案达成共识等。
- **决策逻辑**：一些解决冲突的原则，例如用户利益优先原则、投入产出比

（ROI）最大化原则等。
- **信息**：与会各方共享用于决策的信息，例如市场投放人员从一线获得的当前市场投放成本分布数据、产品运营人员或增长负责人获取的产品留存数据等。

以上就是一些沟通当中涉及的具体的编解码模型以及相关案例，工作当中出现的"鸡同鸭讲""对牛弹琴"等沟通问题很大程度上描述的就是缺乏这类有效编解码模型的状况。对于团队管理者而言，在团队内部或团队间沟通前约定好沟通模型，能够有效避免出现上述状况，减少管理成本。

10.2 如何高效达到沟通目的

如果说 10.1 节谈的是**怎样将沟通内容无损地传达给被沟通方**，那么接下来将介绍一个**借助沟通达到目的**的方法——利益沟通法。在介绍这一沟通方法之前，先讲个小故事。

10.2.1 一个风控经理的烦恼

最近一个朋友请我吃饭，约了几次之后终于见面。点的菜还没上，就开始听他大倒苦水。

朋友在一个基金公司的风控部门担任风控经理，需要每天给各业务部门提供一些当天或近期金融市场的数据、报表和各风控指标（类似互联网公司的数据分析部门）。

为了减少工作量和成本，同时考虑到业务部门都是用的 Excel，朋友做了一个 Excel 插件小工具分发到各业务部门，包括一些用复杂 SQL 实现的统计和处理逻辑。这样每天早上一上班，大家就不用找风控部门要数据了，可以直接通过这个插件自动从 IT 部门负责的公司数据库获取处理好的数据、报表和各风控指标。

这个工具确实解决了一些问题，也得到了各业务部门的认可，但由于时间比较紧张，性能优化方面没有考虑太多。随着业务拓展和小工具的不断分发，开始出现队列阻塞的问题：公司服务器出于数据安全考虑和历史原因，用的还是私有云，机房的服务器也比较老旧，同时还有其他定时任务（如备份、数据同步以及其他计算任务等）需要执行，这个工具的执行队列优先级不够，而且本来运行速度慢，所以早上大家一起用的时候队列就开始阻塞，排在队列后面的业务同事就开始抱怨风控部门。

在这个过程中，朋友也发现了一些可以优化的点：虽然各业务部门需求有差异，但许多核心计算统计逻辑是相同的，可以通过多表连接后提前生成几张中间表，这样可以把许多原本访问公司源数据库的请求转移到中间表来复用，从而减少对公司数据库的访问压力，同时通过提前的合并计算，减少大家手里插件的计算运行时间。

说到这里，我们点的鱼头豆腐煲上来了。我给他夹了几块豆腐，问他："那你想过哪些解决方案？"

豆腐有点烫，他放下了筷子，说了几个优化方案。

1）第一个方案：给IT部门提需求，让他们负责在公司的服务器做一些中间表，把前面提到的常用结果存储下来，相当于缓存。但在IT部门推行的阻力比较大，他们宁愿少一事不愿多一事。

2）第二个方案：风控部门用自己部门的台式电脑做服务器。但是对于这个方案，风控部门的直属领导不认可，因为领导不想接服务器和数据库维护这摊子事儿，反而是希望抽出更多时间做风控模型相关的工作以体现风控部门的价值。

3）最后朋友觉得最靠谱也是最近在调研的方案：优化插件的逻辑，插件只负责从公司数据库获取原始数据，涉及的复杂计算逻辑通过Java实现（朋友学过Java语言），这样就不用IT部门审批，也不会给直属领导增加太多负担，最多就是自己辛苦一些。今天这顿饭就是想问我，这个方案技术上是否可行。

我夹了一碗鱼头边吃边跟他说："你看，这件事情就跟这鱼头一样，表面看上去没什么刺，但要真吃起来还是得了解里面的结构。"

在大公司做事情，有时问题不一定都能用技术思路解决，这里推荐一个更有效的思路：**从各方利益出发去思考问题和解决方案**。

首先这个事情，从公司利益最大化出发，应该选择什么方案？对公司来说，在收益一样的情况下最好的方案是成本最低的方案，那么我们来看都有哪些成本。

- **存储成本与计算成本**：这是一组比较容易量化的成本，简单来说就是服务器硬盘和内存，现在的价格分别是 500 ~ 1000 元/TB 和 100 ~ 200 元/GB，对基金公司来说就是毛毛雨了。
- **开发成本与运维成本**：这组成本有时在一个团队，有时是分离的。在需求一定的情况下，前者一般是一次性成本，后者包括服务器运维、数据库运维和系统运维等长期成本。
- **分发成本与管理成本**：如果把系统逻辑更多实现在客户端（如插件），那么这里相应会有一个分发成本，即将来系统更新或升级，可能需要通知每个用户也做对应的客户端升级。系统使用过程中也会产生沟通、培训等管理成本，管理成本往往是公司运营过程中最大的一块成本，也是最容易被忽略的成本。

上述成本从上到下是依次增加的，从公司的角度来说，会倾向于选择边际成本最低的方案，同时在可预期的情况下会倾向于一次性成本。所以你提的改进客户端的方案基本不可行，表面上看沟通的阻力最小，不需要经 IT 部门配合以及直属领导审批就能开发完成，但是从公司角度来看，隐含的管理成本可能超出想象。

- 你用 Java 把所有逻辑写在客户端，公司同事用的时候要不要装 Java 环境？还是你打算花更多时间写一个基于 Java 的可执行客户端？
- 有新同事入职了，要不要把安装和使用方法都培训一遍？
- 培训和答疑多了，会不会需要专门招个人来干这个？
- 安装、更新和使用这么复杂，本地同事还能手把手教，异地办公的同事咋办？
- 如果你离职了，有没有其他人能接手这个工具的维护工作？

其次，**不是所有对公司有利的项目都能被顺利推动**。我们要看一看这里面的每个角色面临什么利益诉求，如表 10-1 所示。

表 10-1　各角色利益诉求

角色	利益诉求	避免
公司	整体方案边际成本最小	—
IT 部门	维持现状，服务器和数据库稳定	开发、系统运维成本
直属领导	最快速度解决当下问题，支撑业务部门需求；抽出时间做风控模型以体现价值	服务器和数据库运维等长期成本
朋友	最快速度解决当下问题，得到直属领导和业务部门认可，提升个人绩效	—

基于上面的利益诉求分析，我最后给朋友推荐的方案如下。

❏ 先看直接加硬盘内存能不能搞定，这是所有方案中成本最低的方案。

❏ 如果不行，找领导出面与 IT 部门协调，要一个已有虚拟机的权限或申请购买一台新的机器，朋友自己负责部署和开发数据中间表，可以用最简单粗暴的 Python + 定时任务的形式。当然如果公司有成熟的 Java 开发和发布体系的话按规范开发和部署也可以。从公司角度来说，这样是边际成本最低的方案，同时对 IT 部门来说也是相对更容易接受的，阻力不会那么大。

❏ 如果这件事情的价值在公司内被验证，各业务部门认可风控部门提供的这个服务，那么可以顺水推舟交接给 IT 部门。当然仅限服务器和数据库维护交接，代码和服务这块建议还是风控部门自己维护，即使是这样也比部门自己维护一个台式机服务器好多了，至少服务器稳定性、数据库备份这些都可以复用 IT 部门已有的解决方案，这样也可以预期有更多的时间去做风控模型。

说完我把最后一块鱼头吃完，期待地看着他，不知道他有没有接受我的方案。朋友看着钵里剩下的几块豆腐若有所思，我想他应该学到了很多。

10.2.2　一类实用的沟通方法：利益沟通法

俗话说得好，"天下熙熙皆为利来，天下攘攘皆为利往"。

作为产品经理或项目经理，尤其是像我这样共情能力较差的理工男，相比于这类情感沟通法：
- 老板说了今天必须上线！（命令）
- 这个设计图帮忙做一下吧小姐姐。（祈求）
- 为什么我要的设计稿这周三不能交稿？（质问）
- 这个交互组件放在下面不是更好吗？（反问）

不妨试试利益沟通法，尝试用共同利益或个人利益调动对方。

- 我们考虑一下新的设计方案？能够减少用户的交互成本。（用户利益）
- 如果这个项目上线，可以给客户带来平均每天 1 万元的额外广告收入。（客户利益）
- 我倾向于这个整体成本最低的方案，你觉得呢？（公司利益）
- 这次我们多做一轮压力测试吧，避免出现上次那样周末加班的情况。（个人利益）

进一步，我们还可以试试**利益诱惑沟通法**，将对方的个人利益作为诱惑，来实现自己或团队的利益。

- 这个方案可能需要用到比较复杂的性能优化、架构设计、深度学习算法，要是真能解决，可以算是一个典型案例了。（暗示晋升与绩效，吸引工程师 TL 分配资源。）
- 明天是周六，我们加班把这个项目搞完吧。这样多攒一天调休假，你不是国庆中秋连休刚好差一天吗？

或者是**利益交换沟通法**，通过利益交换达到自己的沟通目的。

- 我有个项目比较紧急，这周要发布，后天开始需要用你现在负责的这个测试环境。你看下现在测试过程有没有我可以帮忙的？我这两天尽力帮你搞完，这样刚好你也能提前交付。
- 周五开始我们有一个大项目要上线，估算了一下需要连续两天占用 90% 以上的集群计算资源，我和项目的工程师商量了一下，现在可以把队列都腾出来，你看下你们原本计划周末要远行的任务能不能换到这两天跑完？这样刚好你们也能提前完成。

又或者是**利益共同体沟通法**，通过寻找自己的利益共同体作为盟友，共同推进达到沟通目的。

- 这周前端资源太紧张没排上，但咱们后端已经进入开发阶段了，我们一起找前端部门负责人沟通一下，至少安排半个人日对接前后端接口，这样不影响后端开发进度。（排期影响开发进度时，找利益共同体后端部门负责人支援。）
- 隔壁组有个更高优先级的项目临时占用了开发资源，这个项目可能会延迟。如果你的客户要的确实比较急的话，要不咱们一起找老板沟通下？（其他项目抢资源时，找利益共同体，如销售支援。）

总而言之，利益沟通法的原则就是一句话：**晓之以理，动之以利**。

10.3 项目管理的模型分析

10.3.1 项目管理的不可能三角

在宏观经济学中存在一个三元悖论：在开放经济条件下，一个国家的货币政策的独立性、汇率的稳定性以及资本的自由流动性不能同时实现，三个目标最多只能同时满足两个，即需要放弃另外一个目标来实现调控目的。例如当一个国家的货币政策满足前两者目标，即独立性与稳定汇率时，必然需要放弃最后一个目标，即意味着资本管制。

这一悖论又被称为蒙代尔不可能三角，其示意如图 10-3 所示。

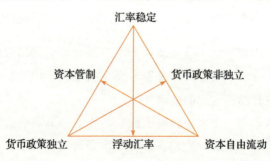

图 10-3 蒙代尔不可能三角

蒙代尔不可能三角实际上揭示的是一种朴素的生活规律——这种"既要……又要……还要……"的面面俱到式的结果往往是不存在的,我们总要学会一些取舍。类似的不可能三角在各个领域都能看到,例如投资领域的不可能三角:风险、收益、规模,即不存在同时满足风险低、收益高且可大规模投资的投资项目,要么风险低收益高但规模小(如一些偶发的套利机会),要么风险低规模大但收益低(如货币基金),要么收益高规模大但风险高(如股票);又比如计算机分布式系统中的 CAP 理论,即一个分布式系统最多只能满足一致性、可用性和分区容错性中的两种。

同样,在项目管理中也有一个不可能三角:时间(Time)、成本(Cost)、质量(Quality)。时间即为项目进度,成本即为投入的所有资源(包括人力资源、资金等),质量即为与项目交付标准的偏差。一个项目通常有项目范围(Scope),即项目最终需要交付的交付物和交付标准,在互联网产品项目中通常以 PRD 的形式呈现。在项目范围不变的情况下,我们不可能同时拥有弹性的项目时间、充裕的成本以及符合既定交付标准的质量,此即为项目管理的不可能三角,如图 10-4 所示。

如图 10-4 中所示,时间、成本与质量组成的三角区域面积即可视为项目范围。当时间为刚性、成本也不充裕时,我们可能需要收缩项目范围(即缩减产品功能);如果项目范围无法收缩,那么我们只能牺牲质量来换取项目在有限的成本下如期上线(如图 10-5 所示,面积不变的前提是放宽质量标准),这往往也是业务从 0 到 1 阶段的项目常态。

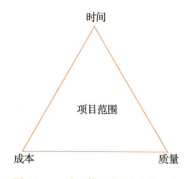

图 10-4　项目管理的不可能三角

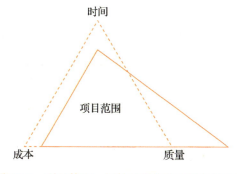

图 10-5　项目管理:牺牲质量换取项目如期上线

10.3.2 项目管理模型

项目管理可以是一门很深的学问，项目管理圣经《项目管理知识体系指南》（又称 PMBOK）足足有 800 页，鉴于篇幅有限，同时我本身也学识有限，所以这里仅从我个人的理解出发聊聊下面这些话题。

1. 项目管理的本质

从项目管理的不可能三角中可以看到，项目管理是在时间、成本和质量的约束条件下，以完成项目范围内各项工作为目标进行的管理活动。换句话说，从本质上讲项目管理解决的就是一个带约束条件的最优化问题。

如果用公式来表达的话，项目管理问题的模型如下所示：

$$S = \underset{S \in S(\text{job}) \& S_t \leq T \& S_c \leq C \& S_q \geq Q}{\arg\max} f(S, \text{job})$$

其中，$S(\text{job})$ 为完成项目范围内的工作所做的所有可能的项目安排，这样的安排 S 需要满足时间的约束条件 $S_t \leq T$、成本的约束条件 $S_c \leq C$，以及质量的约束条件 $S_q \geq Q$。我们的最优化目标用 $f(S, \text{job})$ 来表示，不同项目阶段的最优化目标也有所差异，对于初创阶段的项目，以最小化时间为主；对于成长阶段的项目，以最大化质量为主；对于变现阶段、衰退阶段的项目，则以最小化成本为主。

基于这样的模型，项目管理方法也大多围绕着时间、成本和质量这三个要素展开。

- **时间管理方面**，我们会尽可能让多团队并发工作，例如前端和后端工程师可以在定义好接口后通过 Mock（模拟）接口的方式同时进入开发周期，以缩短整个项目的完成时间；当工作流前后衔接时，我们需要提前做好准备以减少时间损耗，例如提前协调并准备好测试人员与测试用例等。
- **成本管理方面**，如果不考虑扩展员工能力，我们会尽量安排熟悉该项工作或系统模块的员工接手这部分工作，通过分工降低项目的人力资源成本；当多个项目要重复改造同一系统模块时，我们会通过项目合并来减少重复的成本开支。
- **质量管理方面**，我们会从一开始就与项目参与人明确好项目的质量标准，包括预期结果与测试要点、对其他系统的影响以及一些性能指标,并对项目过程中遇到的问题按优先级进行区分,然后根据项目目标和项目进展依次处理。

2. 项目管理的权力-利益模型

上面的模型是从运筹学角度建立的,如果所有的产品项目都能严谨地按模型描述的那样运转,一切都按计划进行,那么这样的模型可以说是完美的。然而事实上真实世界中这种情况不太可能出现,原因在于项目管理中存在"人"这一不确定因素,这也是管理学与运筹学的最大区别。

一方面,是人就会有偏差,包括对工作量的乐观预估、对质量要求的错误理解等,这种偏差最终会导致项目与预期的时间或质量有差异。因此,项目管理中一个重要的工作就是风险控制,包括设置多个项目检查点(Check Point)来确认项目进度,将大型项目分拆成子项目并通过独立实施与验收等措施来规避风险。

另一方面,正如我们在10.2.2节谈到的那样,是人就会有利益诉求,这也引申出项目管理中一个重要的模型——**权力-利益模型**。

在项目中,我们可以把与项目相关的所有人员(称之为干系人)都纳入下面这样一个权力-利益矩阵(又称Mendelow矩阵)当中,如图10-6所示。

图10-6 权力-利益矩阵

权力-利益矩阵将所有的干系人按对项目的影响力的大小（权力）和项目顺利完成后获益大小（利益）分为四类。

- 矩阵的第一象限为权力大利益也大的干系人（如项目双方领导），是项目中的关键人，需要在项目过程中进行重点管理，是我们获取支持的重要来源。
- 矩阵的第二象限为权力大但利益小的干系人（如公司的财务和法务），项目完成对他们并不会有多少额外获益，反而有可能因为项目产生新的工作流程或不合规之处使他们面对风险，同时他们拥有一定程度上项目的否决权。因此，对于这部分干系人我们需要尽可能解决他们的顾虑并令其满意。
- 矩阵的第三象限为权力小利益也小的干系人（如运维、行政等协作部门），我们可以不用花太多管理精力在他们这里，只需要确保他们不影响项目进度即可。
- 矩阵的第四象限为权力小但利益大的干系人（如该项目的销售和客户），他们是最关心项目进度的人，同时也是我们最有力的盟友，我们需要随时告诉他们项目的进展，当项目遇到阻碍时也可以向他们请求支援。

3. 策略类项目的特殊性

我们在第 2 章提到过，与常规的流程类项目不同，策略类项目有时会有一个额外的模型研究阶段，从而让这类项目有两方面的特殊性：一方面是结果的不确定性，即有可能最终无法得到能够显著性提高指标的解决方案；另一方面是时间的不确定性，即进行研究类项目的工程师其开发时间是不确定的，甚至有可能模型结果无法验证成功，最终导致项目在这个阶段被关闭。

策略类项目有这两个特殊性并不意味着这类项目会成为一个黑盒，或者项目进度完全失控。我们依然可以使用项目管理中的一些方法来把控项目进度，例如将项目按流程分拆为样本数据准备、模型基准策略出炉、模型优化等阶段，为每个阶段设置项目检查点来控制项目周期过长的风险。对于策略类项目，可能出现模型结果不确定性的情况，因此应提前准备第二计划，这样一方面可以灰度上线一些类似函数入参一样的基准策略，这样在未来模型迭代时也能减少函数调用方的开发成本；另一方面可以并发推进样本闭环数据系统、评估系统等周边系统上线，这些系统在模型迭代过程中是可复用的，不需要等待模型的验证结果。

同时，一些策略类项目的上线会对现有的团队有影响，例如一些智能风控或智能客服项目会部分代替现有的风控运营或客服运营工作，那么：

1) 这部分团队的负责人有可能会认为策略类项目不像流程类项目那样看得见摸得着，是不是会因为不靠谱反而增加运营的工作量？

2) 如果这些运营工作逐渐被机器替代，是不是有可能会减少运营团队规模从而影响自己在公司的话语权或影响力？

前一种情况下我们就需要通过一些小型的 Demo 试用或讲解来减少他们的疑虑，从而获得他们的支持（将其视为第二象限）。对于后一种情况，则需要我们与他们达成这样的共识：这些策略类项目上线有助于提升运营团队总支撑能力，并且可以将人力资源释放出来，让团队有精力向其他增加产出的运营方向扩展，如深度用户运营等（项目管理的不二法门是把尽可能多的干系人拉入第四象限）。

第 11 章
策略类产品的价值、迭代路径与壁垒

对于策略产品经理而言,掌握基本的数据分析、沟通和项目管理等技能固然很重要,但是有时候我们还需要跳出来去思考和判断产品的价值来源、路径与规划,以及产品的壁垒。

11.1 产品价值的主要来源

产品经理们总是说要去改变世界,那么我们不妨从怎样为这个世界创造价值开始说起。

这个世界的价值来源有哪些?俞军老师在《俞军产品方法论》一书中给出了他的答案:劳动、分工、交易、新技术、制度[⊖]。除了最朴素的价值来源——劳动以外,其他四个来源大致可以归类为**效用差**和**效率差**两类,如图 11-1 所示。

⊖ 引自俞军及其团队成员所著《俞军产品方法论》一书。

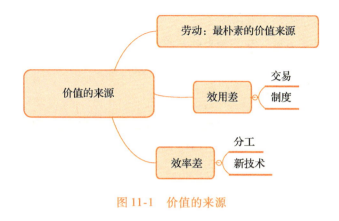

图 11-1 价值的来源

11.1.1 效用差

交易是俞军老师在书中着重介绍的一个价值来源。怎样理解交易带来的价值呢？我们来看一些例子。

假如甲乙两个人各持有一张 100 元纸币，那么两人之间不会交换这两张纸币，因为他们的价值是相等的，交换不会有任何意义；如果甲持有的是一张 100 元纸币，乙持有的是 10 张 10 元纸币呢？这样的交换是有可能发生的，即我们常常会遇到的"换零钱"的场景。虽然二者在货币价值上是相等的，但对于甲来说交换是因为要用到只能接受 10 元纸币的售票机，而对于小卖部老板乙来说是，因为要去银行把一天的收入存到只能接受 100 元纸币的 ATM 机中。与此类似，如果甲用支付宝中的 100 元去和乙换一张 100 元纸币，即我们常常会遇到的"套现"场景，在同等的货币价值基础上，甲获得了在仅限纸币的场景下支付的可能性，乙获得了网购支付的可能性。类似这样的交换行为我们可以统称为**交易**。

从上面例子中我们可以看到，尽管货币价值相当，但当双方都对 100 元货币有额外的形态需求时，这种在以货币价值为核心的古典经济学框架中不会发生的交易，但在现实生活中就有可能发生。所以说交易的对象不仅仅是货币带来的货币价值，还可以是货币的形态带来的潜在交换价值。这种从更广义范围定义的事物对人的价值即为**效用**，衡量事物价值大小的函数即为 6.1.1 节中提到的效用函数。

所以，尽管从唯物主义的角度看，经过交易后世界上的总物质并没有增加，但从人本主义的角度看，交易带来的产权变化使得交易双方的效用都得到了提升，此即为交易给这个世界带来的价值——**效用差**。至于制度则是对产权、交易规则的进一步规范，这里我们就不再展开了。

基于这样的认知，俞军老师提出了产品的交易模型。为方便叙述，我按自己的理解稍微绘制了一个示意图，如图 11-2 所示。

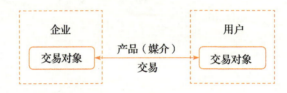

图 11-2　产品的交易模型

如图 11-2 所示，企业通过产品这个媒介与用户进行交易，例如信息流产品或搜索产品就是一种媒介，用于交换用户的时间（及用户时间背后的价值，如注意力等）或内容（及内容背后的价值，如新的认知、情报等）。所以说交易的对象不仅仅是货币、商品，还可以是时间、内容、数据（及这些交易对象背后的价值，下略）等，如图 11-3 所示。

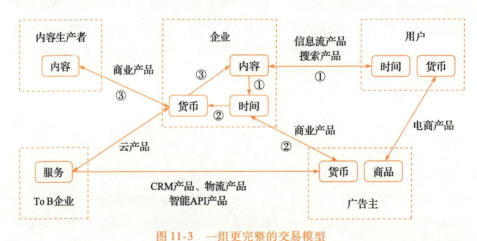

图 11-3　一组更完整的交易模型

这样的交易模型是一个最基本的结构，我们可以基于这一基本结构继续扩展下去。

如图 11-3 所示，信息流产品或搜索产品让企业能够用内容从用户处获得时间（图中的①）；接下来则可以借助广告等商业产品这一媒介，用这些用户时间和电商等广告主交易获得对方提供的货币（图中的②），后者则是通过电商产品与用户进行商品和货币之间的交易。最后，从广告主处获得的货币可以用来和内容生产者发生交易，获得用户需要的内容（图中的③）。企业能够通过这些交易模型的组合，最终实现价值链的闭环。

另一方面可以看到，企业与企业之间也广泛存在类似上述的交易，其中提供货币的一方可以视为用户，To B 类企业借助云产品、CRM 产品、物流产品、智能 API 产品等使媒介与企业（B 端用户）完成服务与货币之间的交易。

11.1.2 效率差

接下来，我们谈一谈价值的另外一种来源——**效率差**。

相比于效用差，效率差是一种更容易理解的价值来源。首先**分工**是一种历史悠久的能够带来效率差的方式，通过将同一类工作分配给一类人或一类企业，无论是人因为持续完成同类工作而提升了工作技能（即熟能生巧），还是因为需求和资源聚集带来的规模效应，分工都能提升单位时间内的人均产出，从而带来分工前后的效率差。

例如电商业务中，与每家电商企业都自建物流体系相比，将物流工作外包给专门的物流企业是更好的选择（事实上，大部分电商企业都是这么做的）。当大量电商企业的物流需求聚集到物流企业中时，规模效应就凸显出来了，毕竟有时送一两件货也是送，送一车货也是送，哪怕物流企业什么优化也不做，这种需求的简单聚集也能降低货物的件均物流成本，提升物流效率。所以说分工能够带来效率差，从而减少这个世界的运行损耗，提升这个世界单位时间的价值产出。

分工可以是像上面这样的一种产业链自发形成的结果，也可以是由组织内划分形成的结果。关于组织内分工带来的效率差，我们还会在本书最后一章继续探讨。

接下来是技术带来的效率差，我们可以从两个方面去理解。

首先是交易成本。交易成本是指交易双方完成一次交易需要付出的成本，包括搜寻成本、认知成本、议价成本等。相比传统世界，互联网技术的诞生能够让交易成本大幅下降。我们把镜头拉向图 11-3 右上角的局部，可以看到，搜索和推荐技术让人们找到或发现内容变得更容易，而搜索和推荐技术的进一步发展能够继续降低交易成本、提高交易效率，即意味着用户单次交互（查找或浏览）获取的内容量增加，或者说单次交互实现的交易数量增加。因此技术带来的这种交易效率差能够让交易更容易或更频繁，从而带来更多效用差。

搜索和推荐产品的交易模型如图 11-4 所示。

图 11-4　搜索和推荐产品的交易模型

其次是生产成本。生产成本的下降一方面来自技术革新，如我们在 8.1.3 节中介绍的，计算机硬件的迭代让每单位算力的生产成本大幅下降；另一方面，从蒸汽机时代开始，机器替代人类劳动就成为不变的趋势。从机械自动化到电子自动化再到现在的智能化，原本需要人类参与的劳动不断被机器替代，后者作为一个可以 24 小时工作的、边际成本近乎为零的生产力，让商品和服务的生产成本大幅下降。与分工类似，技术带来的这种效率差大幅提升了单位时间的价值产出。

不仅如此，技术带来的生产成本下降，意味着更多人有机会消费产品和获取产品背后的价值：从电子管、晶体管到集成电路与芯片，计算机硬件技术的革新让计算机能够从军用到商用再到家用，现如今已走入千家万户；机器对人类劳动的替代也是如此，在蒸汽机时代，大型机械流水线让福特公司 T 型汽车的成本十年内下降了近 80%，成为普通工人也能消费得起的商品；到了智能化时代，这种替代带来的价值则更为直接，例如过去的音频识别大多由人来完成，因此只适合少数能够支付这一人工成本的场景，如商业录音转写。当语音技术的发展能够部分甚至在某些场景下全部代替人类时，越来越多的人们能够因为成本的下降享受到这项服务带来的便利，例如让不熟悉文字输入法的老人和儿童能够使用语音进行输入，甚至让失去双手的残疾人可以进行写作。

因此，从另一个角度看，技术带来的这种生产成本下降能够让更多交易发生，即技术带来的效率差也能够带来更多的效用差，从而为这个世界带来更多价值。

11.2 策略类产品的效率差与迭代路径

通过 11.1 节我们看到，技术在机器替代人工的过程中带来了效率差，大幅降低了成本。这样的效率差也是策略类产品最主要的价值来源。

11.2.1 从"人工"智能到"人工智能"

在策略产品经理的工作当中，机器替代人工的过程可以从两个方面去理解。

1. 从人工完成工作到机器完成工作

一块业务常常是从人海战术开始的，即从"人工"开始，例如完成风控工作的审核员、在线解决用户问题的客服，以及对运力进行调度的调度员等。

从人海战术出发最大的好处是快，即能够迅速拉起一支至少是普通人水平的运营队伍以提供用户价值，并且部分人经过培训或工作一段时间后能够达到专家水平。但是随着业务的快速发展，这样的人海战术在面临人员扩张问题时很快就会遇到瓶颈，不过好在业务的发展过程中我们积累了一些样本数据。

在第 1 章我们就提到过，对于绝大部分机器学习方法来说，资源与效果的关系如图 11-5 所示。

其中，资源包括算力和样本数据。所以当积累的样本接近一定的数量（图中的点 S）时，我们就有机会训练一个模型让机器接近或达到普通人的决策水准。在此基础上可以用机器代替部分人工，用机器+人工的方式让机器去完成大部分机械性的初步决策，并由人工去处理那些机器暂时处理不了的异常值。

这样的替代路径也意味着这个阶段我们的策略设计要时刻关注边界，并且添加必要的人工介入的入口，用来处理一些长尾情况（如用机器判断置信度较低的潜在风险内容）、突发事件（例如外卖骑手遇到意外无法履约，需要人工调度员改派），以及其他一些无法融入模型的先验因子。

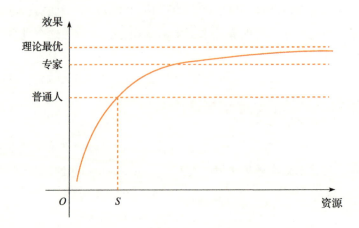

图 11-5　机器学习的资源 - 效果曲线

2. 从人工制定规则到机器制定规则

业务早期如果有策略的话，一般都是人工制定的业务规则，即第 3 章提到的各种基准策略。这些业务规则大多是通过对业务数据的后验分析和理解，从中发现一些能够提升业务指标的线索（特征），然后根据这些线索来定义分支策略或基于假设的简化模型。

以分支策略为例，如果从函数的角度去看这些分支策略就是分段函数，在系统中表现为大量的 if-else 逻辑。既然是分段函数，就会普遍存在这些问题：一方面，与描述世界本身的复杂函数相比，由少量脉冲函数线性组合而成的分段函数有巨大的逼近空间；另一方面，分段函数的分支数量会随着线索（特征）的数量增加而呈现指数级增长，进而带来巨大的维护和认知成本。

因此，当维护的分支逻辑复杂度越来越高时，你可能开始想，能不能用机器替代自己来自动设计这种分段函数？这说明你已经开始准备进入下一个阶段，即基于决策树、随机森林等样本模型设计函数的阶段，这些模型能够根据样本、特征以及目标自动调整合适的分支和参数。

所以说，这类分支策略的本质就是**人肉决策树**，即根据过往业务数据的反馈来人工调整决策树的分支和参数。当累积了足够的样本数据后，这样的工作会逐渐被机器替代。从这个角度来说，这种从人工制定规则到机器制定规则的过程也是一种人工（产品经理和工程师）劳动被机器替代，从而带来效率差、释放价值的过程。

不过需要说明的是，并不是所有的业务场景都适合上线这些样本模型，如果样本增长的速度不够快，那么我们可能要做好长期处于基准策略这一初级阶段的心理准备。俗话说得好，"不管黑猫白猫，能抓耗子的就是好猫"，是保持基准模型还是使用基于机器学习的样本模型，一切以线上实际结果为依据，结合项目的投入产出比来做决策，不要陷入非机器学习模型不用的"模型陷阱"。

11.2.2 寻找"待采摘的花生地"：策略产品迭代的方法论

正如《硅谷增长黑客实战笔记》一书中多次提到的，增长团队成立时应当尽可能先去摘取那些"低垂的果实"，即尝试那些低成本、高产出、高成功率的增长策略。这样能够迅速获得增长结果，同时建立增长团队的信心和话语权，以便于获取更多资源。

对于策略团队而言，"低垂的果实"更为具体，一个策略团队成立之初最好能够先去寻找那些**"待采摘的花生地"**。

哪些是"待采摘的花生地"呢？例如在流量不断上涨却还在使用随机策略或基准策略的情况下，即使是一些简单的基本模型迭代后业务指标也常常能涨30%~50%甚至更多。这就好比来到一个没有人采摘过的花生地，一铲子下去可以挖到一大把花生。

未采摘过的花生地可遇不可求，毕竟太过明显，所有人都能看到地面上的花生茎叶。所以当绝大多数花生地都被采摘过之后，最好的办法是跟在带铲子的人后面，把地面上看得见的花生都捡起来。这里的意思是说，当一个基于样本的模型被验证成功并替代掉之前的基准策略之后，最有效的能够继续提升业务指标的方法是，沿着之前的模型扩展各个要素，例如找到新的样本和样本杠杆，以及挖掘各种新的有价值的特征（如引入用户近期各种行为特征将模型升级为动态模型等）。

最后当所有肉眼可见的花生都采摘得差不多了，我们还可以选择把花生地再刨一遍，从泥土中淘到遗留的花生。当然一个一个地找这种方式效率太低了，这个阶段我们需要的是用收割机规模化地刨花生。相比于最开始只有一片花生地，这时我们种植的花生地也多了，使用机械的平均成本也就大幅下降了。那么对于策略产品而言，这部分工作就相当于设计策略工作时用到的一些效率工具，用系统化的解决方案支持策略产品的迭代，例如搭建适用于大规模 A/B 测试的平台。与其他一些用于业务数据分析的数据平台类似，通过直接展现数据背后的事实，减少策略团队或业务团队寻找事实的工作量，提高团队的内部效率，如图 11-6 所示。

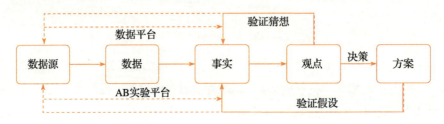

图 11-6　数据产品带来的效率差

再进一步，我们甚至可以尝试用机器代替策略团队部分迭代工作，例如一些基于新增样本的自动学习策略、推荐策略中多路召回环节每路召回数量自动调整等，让机器根据数据反馈自行决策，相当于在花生地进化出一个 24 小时工作的花生自动收割机。

到了这个阶段，我想花生地的主人需要思考的就不仅仅是怎样从现在的花生地中更高效地采摘花生了，更是土地的肥力是否还能支持未来多年的种植（关注产品长期价值）、能否在花生种植和收获时间间隔期种植一些其他作物（增加新的产出、拓展商业价值），以及怎样开垦出一片新的花生地……

11.3　用效率差构建产品的壁垒

不知道从何时开始，无论是创投圈还是产品圈，都流传着这样一个观点——"高频打低频"，意思是说，高频的业务（如外卖 O2O、日常出行）容易对相对低频的业务（如药品 O2O、商务出行）形成竞争优势，高频的业务切入低频业务很容易，低频业务反击高频业务却很难。

这句话流传之广以至于逐渐成为一个行业通识或真理，而其原因却鲜有人提及。大部分的解释来自流量模型，即高频业务天然拥有更多流量，即使在用户场景中分流一部分流量，也能对只做低频业务的独立应用形成流量优势。例如，在外卖 App 中上线一个送药上门的板块，让高频的外卖业务为低频的送药业务导流。

过去我也是这么认为的，虽然有时候觉得这样的逻辑有一些勉强——为什么会觉得外卖 App 上的用户会买药品？总不可能是担心用户吃外卖拉肚子，然后上线这样一个送药上门板块吧？对于"高频打低频"这一观点，随着我工作时间的累积，有了新的认知。

11.3.1 样本优势："高频打低频" 的另一个真相

下面以外卖 O2O 和药品 O2O 为例。前者现在的竞争格局比较稳定了，主要包括美团、饿了么两大平台；后者则拥有更多玩家，即使仅看 1 小时内送药上门的即时配送服务，也有以叮当快药、快方送药等为代表的独立应用，以及美团、饿了么两大外卖平台上的送药上门板块，如图 11-7 所示。

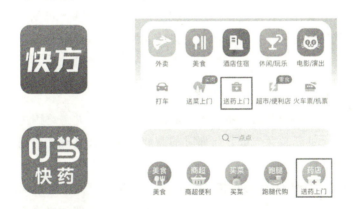

图 11-7　药品 O2O 独立应用（左）与外卖平台内板块（右）

配送时效是这类 O2O 服务的核心体验之一。如果从配送的角度去看，外卖和送药两个业务的即时配送订单有下面一些共性和差异。

二者的共同点在于都是从一个线下门店地址到用户家庭地址的订单，订单的配送范围都在一定的距离内，如 5 千米或 10 千米。而相比于外卖配送订单，药品配送订单在很多方面则更为简单：首先药品占据空间不大，一份外卖的体积至少是一份药品订单的三到五倍；其次大部分药品都可以常温存放，不像外卖一样有保温需求；最后药店配药的时间都比较快，基本可以在配送员到达之前配齐，真正做到了立等可取，毕竟是低频场景，药店的店员很少像餐饮店员在用餐高峰期那样忙到不可开交。

所以，如果从模型的角度去看，药品的即时配送问题就是一个背包容量需求更小、没有保温等配送约束条件、零等餐时间的更为简化的外卖即时配送问题。

也就是说，当我们把两个业务的配送订单作为样本并将特征抽象出来后会发现，外卖O2O的样本实际上覆盖了药品O2O的样本。样本越多意味着对配送时间的预估越准确，此时越有可能对配送订单进行组合优化，从而提升配送的履约能力以及降低单均配送成本。

那么回过头来看，与送药业务相比，外卖业务拥有的样本数量（即日均单量）要多得多，这是高频业务带来的天然优势，所以拥有外卖场景的平台切入药品配送业务，要比药品配送业务自建配送体系容易得多。可见与直接做低频业务相比，从高频业务开始借助样本优势建立的效率差能够给用户带来更多效用差，这就是我认为的"高频打低频"观点的另一个真相。

早在10年前，在线电商快书包就提出了"1小时配送"概念并自建配送体系，快书包从书籍品类开始起步后来扩展到送药服务，并最终因为自建配送成本过高导致资金链断裂而失败。与那时的商业环境相比，现在的商业业态更为成熟，供应链、配送运力、仓储、流量这些环节未必都要自己做。所以外卖O2O未必会成为药品O2O的直接竞争对手，前者反而可以借助配送运力的优势，选择引入后者作为药品供应链，也可以选择将自己的运力服务对接到对方的配送环节，实现合作共赢。2018年8月，药品O2O甚至还迎来了阿里健康这样整合了淘宝、饿了么等流量入口和药房供应链（也是前置仓），以及菜鸟、点我达、蜂鸟等配送资源的"新零售"玩家，用各个环节的增量来组合业务。

我们常说京东之于淘宝、天猫的一大优势在于自营配送带来的配送优势，那么当美团、饿了么等即时配送单均成本进一步下降，或者充分挖掘闲时运力的价值之后,京东的配送优势有没有可能遭受以美团、饿了么为代表的 1 小时内送达的运力 + 全城线下零售门店(未来或许会演变成某种意义下的前置仓)的冲击呢?让我们拭目以待。

11.3.2 样本优势与效率壁垒

过去我们提到竞争壁垒时,讨论的常常是体验方面的**效用壁垒**,例如对供应链的垄断,让己方产品和竞品的覆盖度有所差异;社交产品中的网络效应,让用户在不同产品之间可连接的朋友数量有所差异。当这些用户可以明显感知到的效用差难以被后来者缩小时,就形成了商业竞争中的效用壁垒。这种壁垒的形成与业务的发展有时候很难说谁是因谁是果,但是资源往往是有限的,所以壁垒一旦形成,后来者想要追赶就要付出更多成本。

新时代的到来,让我们开始更加关注商业竞争中的另一壁垒——**效率壁垒**(见图 11-8)。效率壁垒往往是单个用户无法明显感知到的、需要在统计上体现的效率差距,而这些差距最终会在商业指标中得到体现,例如配送业务的超时率、金融风控的逾期率、医疗 AI 的误诊率等。正如前面我们分析的那样,这种效率壁垒往往来自样本优势。

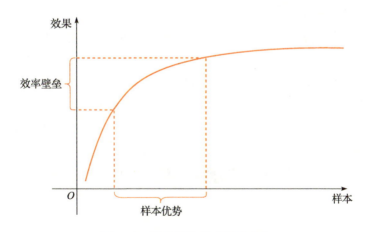

图 11-8 样本优势带来效率壁垒

一个行业内的样本资源是有限的,所以与效用壁垒类似,后来的竞争者往往需要付出额外的成本,这些成本一般受下面几个因素影响。

- **样本完整性**：一个完整的样本既包括样本特征，又包括样本标签，拥有完整样本的竞争者的优势要大于拥有不完整样本的竞争者。
- **样本的边际成本**：在样本闭环中获取单个增量样本所需的成本。样本边际成本越高的行业（如二手车等大宗交易），有存量样本的现有竞争者优势越大。
- **样本的反馈周期**：也可以理解为获取单个增量样本所需的时间成本，例如金融风控业务中，样本的获取一般需要走完整个信贷周期，所以长期信贷的样本获取时间就要长于短期信贷，同时模型迭代周期也会拉长，后来者要付出更多时间成本。
- **样本的隐私与伦理问题**：例如医疗 AI 产品中，由于隐私问题的存在，基本上很难获取到公开的样本，同时从伦理出发也无法主动增加样本，因此这一领域的样本大都由医院垄断，能否与院方达成合作就成为竞争的关键。

了解效率壁垒与样本逻辑，能够帮助我们判断产品的竞争格局。举个例子来说，如果简单地把自动驾驶看作一个端到端的机器学习问题，那么首先从样本完整性出发，我们不仅需要来自雷达、摄像头等的传感器数据（特征），也需要驾驶员的操作数据（标签），因此能够建立起这样的样本闭环的车企（如特斯拉、通用等）一定是不可或缺的玩家；其次从样本隐私问题出发，从用户私人汽车中收集样本一定是一个敏感的问题，因此能够将样本闭环部署到物流等商用场景中的公司，或者部署到公共出行场景中的公司（如滴滴、Uber 等）也会是自动驾驶的参与者，并且这些参与者能够收集到由有专家水平的人类驾驶员（专车司机）提供的操作数据；最后，对于单纯研发自动驾驶技术的公司来说，实验车路测的样本来源就稍微显得单薄一些了，所以与车企合作或者将技术开源，用技术换样本就成为它们最好的选择。

第 12 章
职业路径与团队组建

本章将从职业发展和策略产品团队组建的角度出发,分享一些职业路径方面的心得,以及一些我对管理模型的理解。

12.1 从不同职位到策略产品经理

从策略产品经理的招聘历史信息以及求职目标为策略产品经理的简历样本来看,策略产品经理的前一个阶段的职位主要为以下三类:以流程或功能实施为主的常规产品经理、算法工程师以及数据分析师。刚好这三个职位我都经历过,所以接下来谈谈我对从这些职位角色转换到策略产品经理的关键点。

12.1.1 从常规产品经理到策略产品经理

相比其他职位,从常规产品经理转型为策略产品经理是最为常见的一种情况,同时优势也是显而易见的,二者的工作内容本质上依然服从产品经理的基本框架,因此无论是数据分析能力、沟通能力还是项目管理能力,常规产品经理的基本能力与素养都能在工作中继续发挥重要作用。

而二者更大的差异在于解决问题的思路。相比常规产品经理常用的**分支思维**与**流程思维**，策略产品经理更多时候需要使用**模型思维**来思考和解决问题。

模型思维这个词太过抽象，我们先从两个简单的奥数题开始谈起。

1. 分支思维与模型思维的对比

先来看第一个问题：

奥数题1：小明现在爬一个有4个阶梯的楼梯，可以一步迈1个阶梯，也可以一步迈2个阶梯，那么小明一共有多少种上楼方法？

对于上述问题，一种简单的解决思路是顺着问题的描述，将小明所有的上楼方法用分支结构遍历出来，如图12-1所示。

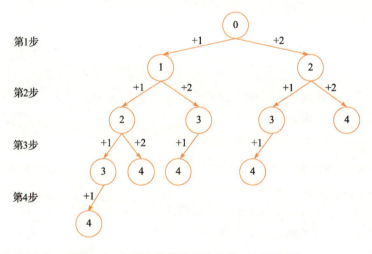

图12-1 小明上楼梯的所有方案（4个阶梯）

图12-1中箭头上的数字代表这一步是迈1个阶梯还是2个阶梯，圆圈内的数字则代表截至这一步已走完的阶梯数。当小明走完4个阶梯时即到达楼梯顶部，这个过程中自0开始经过的所有路径即为一种上楼方法，由图中结果可以看到，小明走完这4个阶梯一共会有5种方法。

如果用$f(n)$来代表走完n个阶梯可行的方法数量，那么由上面的结论可知$f(4)=5$，与此类似，从图中可以得到4个阶梯以内的所有类型楼梯走完的方法数量：

$$f(n) = \begin{cases} 5, & n = 4 \\ 3, & n = 3 \\ 2, & n = 2 \\ 1, & n = 1 \end{cases}$$

以上展示的是 $n \leqslant 4$ 时的结果,当 $n > 4$ 时,虽然也可以继续用分支结构遍历下去,但随着阶梯数量越来越多,分支的数量将会快速膨胀。

因此,我们可以从分支思维跳出来,回到原来定义的问题 $f(n)$,从模型化的思路考虑小明迈出第一步的两种情况:如果第一步迈的是 1 个阶梯,那么对于接下来的 $n-1$ 个阶梯则是一个完整的子问题 $f(n-1)$;同样如果第一步迈的是 2 个阶梯,那么对于接下来的 $n-2$ 个阶梯也是一个完整的子问题 $f(n-2)$。两种情况下可行的方案数相加即为最终问题 $f(n)$ 的方案数,于是得到了下面这样的函数形式:

$$f(n) = \begin{cases} f(n-1) + f(n-2), & n \geq 3 \\ 2, & n = 2 \\ 1, & n = 1 \end{cases}$$

我们在中学学过数列与数列的通项公式,上面的函数可以写成数列 $\{a_n\}$ 的递推公式 $a_n = a_{n-1} + a_{n-2}$,并求解通项公式得到:

$$f(n) = a_n = \frac{1}{\sqrt{5}} \left[\left(\frac{1+\sqrt{5}}{2} \right)^{n+1} - \left(\frac{1-\sqrt{5}}{2} \right)^{n+1} \right]$$

进一步,如果原问题的环境发生一些变化,我们也可以用类似的思路将问题模型化,例如:

- 假如第 $k(1 < k < n)$ 个阶梯在翻修,铺满了水泥无法落脚,那么可行的方案则为 $f(n, k) = f(k-1) \times f(n-k)$;
- 如果小明选择 1 步迈 1 个阶梯或者迈 3 个阶梯,则有 $f(n) = f(n-1) + f(n-3)$;
- 假设小明的步长集合为 $\{s_i\}$,我们可以进一步将问题泛化为 $f(n) = \sum_i f(n-s_i)$,因此原问题与上一问题即分别为 $\{s_i\} = \{1, 2\}$ 与 $\{s_i\} =$

{1，3} 时的特例。

至此，我们可以简单总结一下分支思维与模型思维的差异：在解决问题的路径方面，分支思维下的分支数量会随着问题越来越复杂而快速膨胀，模型思维则能将问题转化为已解决过的类似问题或者现有资源能够解决的问题（我们在业务函数拆解过程中多次提到这一点），从而对问题进行简化。

而在最终呈现的解决方案方面，与分支思维最后展现的分段函数相比，模型思维能够将问题的要素抽象并泛化，这样一来原有问题即为泛化问题的特例，而泛化问题则能兼容更多场景且不需要太多额外成本。这样的思维也能引导我们去思考类似下面一些问题：内容推荐中视频与图文如果出现在同一信息流中，是否可以抽取一些共性特征在一个模型中推荐而不是采用分支逻辑在多个模型中推荐？广告与内容是否可以纳入同一框架（如 eCPM）中进行模型构建？……

2. 流程思维与模型思维的对比

接下来看第二个问题：

奥数题2：有一个小卖部，1瓶汽水卖2元钱，2个喝完的空瓶可以兑换1瓶汽水（同时喝完又有一个新的空瓶），小明现在有10元钱，请问最多可以喝多少瓶汽水？

一种解决思路是模拟买汽水和喝汽水的过程，由于存在空瓶的循环利用过程，这样的过程用图 12-2 所示的流程来代替分支结构更为合适。

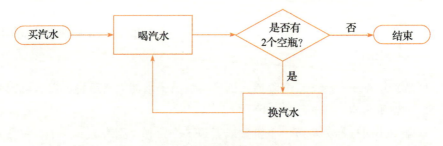

图 12-2 小明喝汽水流程图

按照这样的流程可以不断推演如下，首先用 10 元钱买 5 瓶汽水，推演过程为 5 汽水→5 空瓶→2 汽水 1 空瓶→3 空瓶→1 汽水 1 空瓶→2 空瓶→1 汽水→1

空瓶，最终小明能喝到 9 瓶汽水，并剩下 1 个空瓶。当然这个问题常常隐藏一个小技巧，如果允许向店主赊账或向其他人借空瓶，那么在只剩 1 个空瓶的情况下可以赊 1 瓶汽水先喝，然后将 2 个空瓶换 1 瓶汽水后将汽水还给店主，或者向其他人借 1 个空瓶凑成 2 个空瓶换汽水，喝完把空瓶还给别人。这种情况下小明最终最多能喝 10 瓶汽水。

另一种模型化的解决思路则是从函数的角度出发，假如定义 $f(x)$ 为物品 x 的价格，那么已知的条件可以用函数表达如下：

$$f(汽水) = 2$$
$$2f(空瓶) = f(汽水)$$
$$f(汽水) = f(水) + f(空瓶)$$

这一组函数关系可以视为三元一次方程组，求解可以得到 $f(汽水) = 2f(空瓶) = 2f(水) = 2$，即单纯的一个瓶子里的水价为 1 元。因此在允许向店主赊账或向其他人借空瓶的情况下，小明手中的 10 元钱可以喝 10 瓶汽水。

同样的方法在问题条件变化后也能得到应用，例如假设换 1 瓶汽水的条件涨到 3 个空瓶、4 个空瓶或更多，或者当小明有 20 元钱、50 元钱或者更多（不考虑小明胃容量的情况下），思考和解决问题的思路是一样的。

由此可以看到，在流程思维中我们会关注系统运行的每一个步骤与细节，而模型思维则让我们更加关注事物与事物之间的映射关系，这更加接近问题的本质——单纯的 1 个瓶子里的水究竟值多少钱、用户提交了这个 query 返回的结果是否被接受、给这个用户推荐这样的内容其点击的可能性会是多少……

总体来说，模型思维是对世界的一种抽象，包括对输入变量的抽象，以及对输出目标的抽象。这种思维能够用一些简单的方法训练，就是常常问自己：我的解决方案能否用函数或公式表达？

这个世界不缺少分支思维和流程思维，分支结构与流程图在产品经理日常的 PRD 文档中也很常见，但如果能同时再拥有模型思维，会让我们走得更远。

12.1.2 从算法工程师到策略产品经理

算法工程师是与策略产品经理合作时间最多的一个工程师群体。从算法工程师转换为策略产品经理,一个常见的转换路径是:一些有转岗意向的算法工程师会在搭档完成一个策略项目之后顺水推舟转换到策略产品经理职位上来。除了上述转换路径以外,还有一些中小型企业或新业务中的算法工程师作为核心成员常常独当一面,此时身兼数职的他们也可以视为完成了这种职位转换,甚至这时很难分清他们到底是履行的哪个职能。

1. 工程师中的模型思维

在讨论算法工程师转换到策略产品经理的关键点之前,我们先来聊一聊算法工程师与其他工程师的差异。

12.1.1 节讲过分支思维、流程思维与模型思维的差异,对于工程师来说同样存在这种思维差异,其中前两种思维分别对应了我们在学习任意一门编程语言时都会接触到的两种最基本的结构:分支结构与循环结构。图 12-3 和图 12-4 分别展示了与这两种基本结构对应的样例的 Python 代码、函数表达以及流程图。

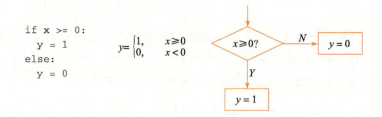

图 12-3 分支结构的 Python 代码(左)、函数(中)与流程图(右)

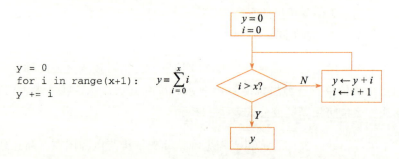

图 12-4 循环结构的 Python 代码(左)、函数(中)与流程图(右)

图 12-4 中展示的这种代码与流程图的对应关系,意味着工程师们能用常用的**命令式编程**方式实现产品经理 PRD 文档中各种用流程图表达的需求;而图中

代码与函数的对应关系，则意味着工程师们用**函数式编程**来解决问题成为可能。

与命令式编程关注问题解决的步骤不同，函数式编程更关注数据的映射，其具体的计算过程则隐藏在系统内部。例如对于图 12-4 中定义的求和函数 $y = \text{sum}(x) = \sum_{i=0}^{x} i$，在函数式编程中可以通过 $\text{sum}(x) = x + \text{sum}(x-1)$ 的方式来递归求解，同时函数 sum 本身作为一种从 x 到 y 的数据映射可以用于操作数据流，例如对一个 list＝［1，2，3，4］中所有元素进行求和，函数运算方式为 S＝map（sum，list）＝［1，3，6，10］。在函数式编程语言中，工程师通过一个又一个的映射操作数据流，最终实现预期的数据变换结果。

事实上，算法工程师常用的开发工具大都支持且鼓励这种函数式编程，包括数据流工具 Spark、Python-pandas 和机器学习工具 Python-sklearn、TensorFlow 等。下面的代码来自 Spark 的官方样例[一]，这段代码通过文本映射到词（Flat Map）、词映射到词频（Map）、词频汇总（reduceByKey）三个函数完成了文本的词频统计：

```
val textFile = sc.textFile("hdfs://...")
val counts = textFile.flatMap(line = > line.split(" "))
             .map(word = > (word, 1))
             .reduceByKey(_ + _)
counts.saveAsTextFile("hdfs://...")
```

这种函数式编程的编程思维从某种角度看就是一种模型思维的体现。作为工程师中最需要用模型思维解决问题的一群人，算法工程师常常通过这种对数据流的操作来构建与拆解模型输入与输出的映射关系。因此与常规产品经理相比，模型思维也成为算法工程师转型为策略产品经理后的重要优势。

2. 方法与目标的差异

与大部分转型产品经理的工程师一样，从算法工程师转型策略产品经理的

一 http://spark.apache.org/examples.html。

关键点依然在于方法与目标。

以一个常见的问题为例：推荐系统中用户冷启动的问题该如何解决？即对于新用户应该怎样给他们推荐内容或商品？就这个问题而言，一些常见的解决方案如下。

- 采用基准策略，如热门排行策略，给用户推荐一些热点事件内容、热销商品等；
- 从用户注册信息或硬件信息中获得推荐线索，例如根据用户手机号归属地或设备 GPS 信息推送本地资讯，根据 Android 设备中的应用列表获取用户画像或偏好进行推荐（如安装了宝宝树的用户大概率是一个宝妈）等；
- 探索与发现策略，将冷启动问题建模为一个多臂老虎机问题，通过少量随机尝试推荐各类内容，在尽量开发用户兴趣点与最大化内容点击率之间取得平衡。

如果不限于上述这些技术方案，把思路进一步拓宽，我们还可以采用下面这些非技术方法获取更多信息来服务于推荐优化。

- 对于新激活或新注册的用户设计一个兴趣指引的交互流程，让用户提交自己的兴趣标签；
- 采用社交推荐的策略，即在用户授权的前提下借助通讯录或社交网络账号导入用户的关系网，假设用户与朋友的喜好类似，从而为用户推荐其朋友喜欢的内容或商品；
- 批量数据源拓展，包括从其他业务线沟通和协调用户画像数据，甚至协调商务资源进行外部数据采买。

以上这些方法，如果从目标的角度去审视推荐系统的冷启动问题，这些方法的目标都是**提高新用户的点击率**。作为产品经理我们更需要关注业务目标，即**提高新用户的留存率**，因为提高留存率可以进一步关联到商业目标——降低平均获客成本。因此从这个角度来说，提高新用户的点击率也只是提高新用户留存率的一种方法或局部体现，我们还需要关注更多服务于业务目标的问题，例如：

❑ 通过不同渠道、不同注册方式来的新用户其留存率是否有差异？是否可以通过差异化的推荐策略或新用户引导方式来提升新用户留存率？
❑ 哪些交互节点新用户流失率最高？是不是用户在某些节点遇到了阻碍？
❑ 是否可以给用户推送定向内容或定向商品的优惠信息来召回用户？推送的策略是否可以从用户浏览的时长等交互动作中获得线索？

这种目标的差异最终将影响转型产品经理的工程师在团队中的定位。产品经理是一个为最终业务目标负责的角色，因此也是边界感最弱的角色。所以，工程师出身的产品经理需要学会适应这种**补位者**的团队定位，从过去只需要管好开发、优化技术指标到现在全盘考虑，为业务目标和商业目标负责。

12.1.3 从数据分析师到策略产品经理

与产品经理、算法工程师等互联网职位不同，数据分析师是一个在各行业和领域中都比较常见的职位。实际上正如我们在第 9 章看到的数据分析流程描述的那样，无论是哪个行业和领域，数据分析师的核心工作大致上都至少包括从数据源获取数据、根据数据得到事实、根据事实推导观点这几个步骤，如图 12-5 所示。

图 12-5　数据分析师的核心工作内容

在一些特定领域，如金融、咨询领域，数据分析师输出的观点本身就是一个能够出售的产品，而在互联网领域得到观点往往意味着大量工作才刚刚开始，从观点到线上业务改进的结果还有一个很遥远的距离。产品经理或运营经理将基于这些观点进行决策，输出产品或运营方案，并通过对线上系统或流程改造拿到这些结果。同时在互联网公司，尤其是规模较大的互联网公司中，数据源的导入工作也会由专门的数据工程师来完成。各职位负责的工作流以及各节点的产出物如图 12-6 所示。

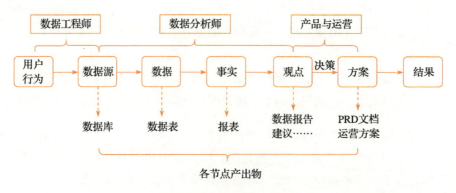

图 12-6　互联网公司各职位负责工作流与各节点产出物

在这一工作流中，数据工程师负责将用户在线上的各种行为数据分门别类收录到日志服务器、数据库等数据源中，数据分析师从这些数据源中拉取用于分析的目标数据表，并以报表的形式呈现其中的事实，或者更深入地分析其中的问题并输出观点，如数据报告、建议等。而产品经理或运营经理则根据这些观点形成自己对业务问题的解决方案——PRD 文档（产品）或运营方案（运营），通过工程师的开发或一线运营人员执行来解决线上业务问题。

然而，这一看上去分工明确的组织形式，实际上却普遍存在职能挤压的现象。什么是**职能挤压**？职能挤压是指在工作过程中部分工作内容被上游或下游职位替代的现象。对于数据分析师而言面临的则是双向的职能挤压，如图 12-7 所示。

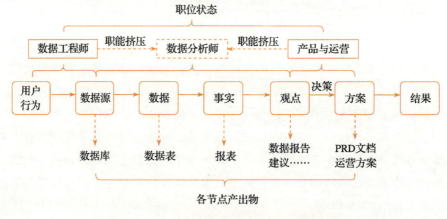

图 12-7　互联网公司中数据分析师的现状

数据分析师面临的职能挤压，其中一端来自数据工程师，他们通过引入各种开源的产品化数据获取工具，或者开发业务 Dashboard 面板等方式，为一线的产品和运营提供更多直接获取数据或事实的途径；挤压的另一端则来自产品和运营，一方面他们有足够的动机掌控更多数据上的细节（第 9 章我们谈到的数据细分带来更多价值），另一方面在数据分析培训泛滥的时代，他们也有更多机会以较低的成本学习这些技能。当他们往前接管事实到观点这一段分析工作时，数据分析师就"沦为"专门提供报表的"表哥""表姐"；当他们再往前接管到数据这个节点时，数据分析师就"沦为"SQL boy、SQL girl 这样的"提数"工具人。

在人力资源紧张的情况下，这种职能挤压将逐渐压缩掉专职数据分析的人的生存空间，数据分析师的工作往往由产品运营和数据工程师在某个节点处切分后各自兼任，公司不会再专门配备数据分析师。

究其根本，这种挤压现象出现原因在于，数据工程师是拥有数据权限和开发权限的一方，有能力也有条件直接实施各种提高内部效率的举措；产品和运营则是拥有**业务决策权**的一方，产品和运营需要的数据，数据分析师必须提供，但数据分析师提供的建议，产品和运营人员可以不采纳。

那么在这种双重的职能挤压之下，对于数据分析师来说我想最好的解决方法就是加入他们！

数据分析师可以选择与数据工程师们搭档优化这些产品化数据的获取工具或业务 Dashboard 面板，从业务的角度梳理这些平台需要的埋点方案、元数据以及数据呈现方式等，这时他们的角色就相当于我们在 2.1.1 节谈到的以数据、数据服务以及数据应用为产出的数据产品经理。

不过这样一来数据分析师的价值更多在于提升企业内部的协作沟通效率和认知效率（不考虑向外输出数据产品的情况），即**内效价值**，其结果是优化了人力资源、降低了管理成本，从企业的角度看可能并不属于第一优先级。对于大部分企业来说提升业务收益是更重要的事情，所以从拓宽职业发展路径的角度来说，更建议数据分析师往有决策权的产品经理（或运营经理）方向靠拢——尤其是策略产品经理，数据分析师的数据感和模型思维相比常规产品经理，常常能够成为一个比较大的优势。

当然，这种转型的关键点也在于如何克服决策权的问题。客观方面如果是在权责分明的大公司，则需要找到机会转岗或跳槽，如果是在边界感没有那么强的中小公司，则更容易在现有岗位上找到实施观点、拿到结果这种突破边界的机会。在主观方面应当怎样争取决策权？或许可以从邮件常用语中移除"建议"这个词开始。

12.2　管理模型与策略团队组建

在探讨管理模型与团队组建的话题以前，我想先以一个简化的机票运营后台为例聊聊一个运营后台的演进路线，同时介绍与之对应的运营团队的组织形式的变迁。

12.2.1　一个运营团队的变迁：从运营后台的演进路线说起

一个运营后台系统的演进一般会经历以下 4 个阶段。对于产品经理来说可能会更关注系统结构和功能上的变化，但如果能够跳出系统逻辑，我们会看到这种演进往往伴随的是运营团队组织结构的调整与变迁。

1. V1 阶段：CRUD

在一个业务最开始的 Demo 阶段，其运营后台根据数据库中所有与业务相关的数据表实现最基本的 CRUD 功能即可，即实现数据的增加（Create）、读取（Retrieve）、更新（Update）和删除（Delete），所有的运营动作反映到数据层本质上都是这些操作。在这个阶段可以不需要产品经理，绝大部分工程师的程序设计课的最后一个大作业就是完成这样一个运营后台。

以机票业务为例，核心的数据表至少包括与机票库存和报价相关的政策表、机票订单表、机票搭售保险表，以及其他与交易相关的数据表（如支付表 pay 等）。因此一个简单的机票运营后台至少应该包括政策管理、机票订单管理、搭售保单管理等页面，每个管理页面均应实现 CRUD 功能，支持对数据表中数据的增删查改等操作，如图 12-8 所示。

图 12-8　机票运营后台 V1 阶段：CRUD

2. V2 阶段：流程化

Demo 阶段这种基于数据表的运营后台，在业务开始起步并真正上线运行时会遇到一些流程性问题。以完成一次机票订单出单为例，不仅需要在机票订单管理页面回填机票的票号进行出票，还需要在保单管理页面对与订单对应的每个乘客回填保单号并进行保险出保，因此在系统上一般会选择将这些出单操作统一聚合在同一页面，如单独的出单页面或合并在订单管理中单个订单的详情页中。在这一阶段，产品团队对运营后台系统的改造，核心是将业务流程进行拆解，并在系统目录结构和内部逻辑中体现，以减少运营人员切换页面的时间成本，让运营人员能够在一个页面中完成一个完整的运营子流程。

与此同时，我们也开始组建运营团队，常见的做法是按流程对运营团队进行人员和 KPI 的切分，包括售前组负责机票政策维护、售后组负责订单出单等，售后组根据情况会进一步切分为出单组和退改组。这一阶段的系统在运营团队完成流程化后的形态示意如图 12-9 所示。

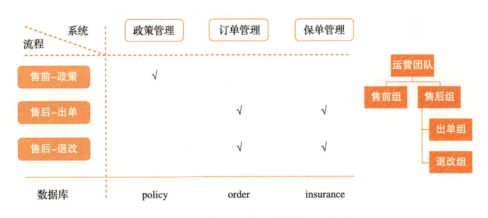

图 12-9　机票运营后台 V2 阶段：流程化

3. V3 阶段：自动化与模块化

随着业务量的快速上涨，接下来又面临新的问题：运营团队的线性扩张完全支撑不了业务量的指数级上涨。

一个解决方案是使其中许多重复的流程**自动化**完成，例如在机票出票流程中，一部分会从全球机票分销系统 GDS（eTerm 客户端登录，俗称黑屏系统）中出票，还有一部分会从航空公司（主要是廉价航空）官网上出票。产品团队与技术团队会以出票量作为优先级判定标准分别开发系统进行对接，实现系统自动出票以代替人工出票。

尽管如此，产品团队与技术团队在改造系统时也不是一蹴而就的，因此仍然需要运营团队来支撑当前未能自动化的一些运营流程。而此时运营团队会面临新的管理问题：一个完整的出单流程需要一线运营人员登录 GDS 或航空公司官网进行出票，这意味着一个新入职的运营人员需要同时学习 eTerm 指令运营手册和航空公司官网代购运营手册，同时作为出单组的成员还需要登录保险公司的系统进行出保操作，因此也需要学习相应的保险运营手册。在学习了这些手册之后，还需要一段适应时间，一般来说在这段时间内新人会显著低于熟手的效率与产能。因此一旦有团队成员离职，加上招聘本身需要的周期，会对团队整体的业务支撑能力产生不小的影响。

所以，在团队管理方面，会倾向于将运营流程进一步**模块化**，将机票出票与保险出保的工作从人员上分开，这样一来新入职的运营人员只需要学习部分运营手册就可以上岗，缩短了培训和试岗时间，能更快地进入熟手的状态。**模块化的本质是对能力的抽象**，因此在同一个平台操作出票和退票两种流程的人员也可以放在一起组成票务组，甚至还可以按操作平台分为 GDS 组和官网代购组。这样一来也利于招聘时对候选人进行差异化画像，GDS 组可以从传统旅行社中招聘那些熟悉 eTerm 系统的人，这类人入职后可以直接上岗，而官网代购组有时需要登录国外航空公司官网，因此可以招聘那些懂英文的高校实习生。最后，不同的运营小组之间可以通过交叉轮岗的机制，逐渐让所有成员都有机会学习其他模块的技能，这样在某模块中的人员请假或离职时能够通过人员调度平衡运营力量，增加团队的机动应变能力。

以上这些变化的示意如图 12-10 所示，这一阶段运营后台的系统框架与基本流程不变（方框）。与上一阶段相比，这一阶段的主要变化在运营后台的内功方面，也就是运营流程自动化方面。运营团队经过调整后组织形式发生了较大变化（下图椭圆框与右侧组织架构部分）。

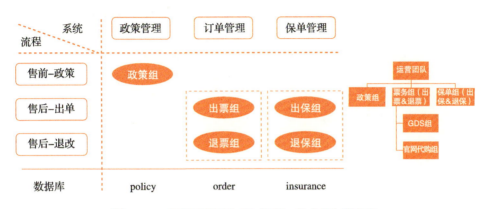

图 12-10　机票运营后台 V3 阶段：自动化与模块化

4. V4 阶段：SaaS 化与 API 化

运营平台以及运营团队发展到 V3 阶段实际上已经相当成熟了，如果希望继续支撑更大的业务量，那么一个可见的趋势是将平台开放，将人力资源与成本向合作伙伴转移。

一种转移方式是平台 SaaS 化，即将企业的运营平台开放给合作伙伴使用，将一部分业务和运营成本同时转移给合作伙伴。当然这种开放本身和平台的业务经营策略有关，一些平台类企业从最初就是完全 SaaS 化的，如去哪儿网、淘宝等；而另一些平台则是从自营开始逐步发展为自营 + SaaS 化的，如携程、京东等，此时企业的运营团队的核心能力也将从用户运营向客户运营扩展。

另一种转移的方式则是平台 API 化，即开放 API 接口，将一部分研发成本转移给合作伙伴，同时与他们分享收益，如去哪儿网的运价直连合作、淘宝开放平台等。

这种 SaaS 化与 API 化的开放平台方式为企业放大了管理杠杆、扩大了运营半径，所以能够支撑更大规模的业务量，为企业赢得用户侧的竞争优势；同时这种方式也将合作伙伴在一定程度上与企业绑定在同一利益共同体当中，为企业赢得供应链侧的竞争优势。

12.2.2　管理模型：管理解耦与能力抽象

运营平台与运营团队从 V2 阶段到 V3 阶段的演进中，通过自动化与模块化大幅提升了对业务的支撑能力，后者还让我们看到了分工带来的**人力资源效率差**发挥的重要作用，这种效率差甚至可以追溯到工业时代。

1. 扣针与 T 型车

《国富论》在开篇讲述了一个制作扣针的案例：制作一枚扣针需要完成抽铁线、拉直、切截、削尖、装圆头、涂色、包装等前前后后加起来至少 18 种操作，如果这些操作都由一个人完成，那么这个人无论多么努力都无法熟练操作所有机械并在一天内制作出 20 枚扣针。事实上，扣针工厂会选择将这 18 种操作分配给 18 个工人来分别完成，这样一来许多操作都因为熟练使效率得到巨大提升，即所谓的熟能生巧。有一些小作坊甚至只雇佣 10 人，几个工人同时负责其中两三种操作，即便如此，一个 10 人的团队每日也能生产 48000 枚扣针，即平均每人每日生产 4800 枚扣针，远超一个人单独生产扣针的产量。

可见分工前后单个工作上的效率提升，能够带来平均意义上的整体团队的人力资源效率差。20 世纪初，美国福特公司将这种分工带来的效率差进一步发扬光大，在 T 型汽车装配生产过程中逐渐引入**流水线**来改造生产流程[⊖]。

在最初的几年中，工人将汽车的各个组成部分组装在固定且未成形的车架子上。这就要求每一组工人都必须熟悉大多数操作程序，这种方法费时费力，工人经常为了寻找组装的零部件而来回奔走，从而长期使产品不能及时出入库。

随着大量汽车订单的出现，寻找更加有效的方法已经迫在眉睫。有人提出在每辆汽车之间安排一组掌握具体操作技能的工人，但是这些工人的作用仅仅体现在提高局部效率方面，因为这种做法仍然无法将周围的其他环节联系在一起，工人只能等待其他人完成各自的工作后才能进行后续的操作。

⊖ 参见由 David E. Nye 撰写，由史雷翻译的《百年流水线：一部工业技术进步史》一书的第 17 页。

1913年，福特公司开始尝试从过去的"车架固定工人跑动"的模式，转为"车架流动工人固定"的工作方式，即我们熟知的流水线作业，以实现生产效率最大化。这种生产方式的改变让福特公司能够持续不断地改进T型汽车的装配生产流程。这些改进措施包括：使用机械传动代替工人手工推车，将过去用于生产各种零部件的机器改造为生产单一标准零件的机器，将一些中大型零部件（如磁发电机）的组装工序再次拆解成子流水线进一步提高效率等。

经过这些改造，一辆T型汽车的装配时间从1909年的12小时缩短到了1914年的93分钟，福特公司也得以借助成本优势在10年间将T型车的价格从1910年的950美元降到了1921年的214美元[⊖]，产量则从年产2万台提升至年产100万台，扩大了近50倍，如图12-11所示。

图12-11　福特公司T型汽车数据（1910～1921年）

2. 管理模型：管理解耦与能力抽象

我曾经分别完成过从日志到数据库再到数据仓库的开发维护，对业务进行数据分析并开发相关模型，发起一个项目并作为产品经理推动项目上线，完成一个项目与模型的数据评估，甚至主导过智能API的商务谈判与招投标等工作。一个策略项目或多或少会涉及这些工作内容，这些工作内容也将由团队中的产品经理和工程师们分别或共同完成。

⊖ 以1910年的美元为标准。

由一个人完成和由一个团队完成这些工作，最终的结果是有差异的，所以当有一天我的角色从执行者转变为管理者，作战的范围从单兵作战扩大到团队作战时，我开始思考一些之前从未考虑过的问题：团队之间应该以什么方式进行协作来完成上面这些工作？应该招聘什么样的候选人来组建一个团队？

思考的结果正如前面这些例子所探讨的，这是我在目前这个阶段所能理解的管理模型：**管理解耦**与**能力抽象**。

首先是管理解耦。在机票运营团队与福特公司的案例中我们可以看到，基于流程的切分是一种最基本的管理解耦方式，即从某一对象流程变化的角度将一个大团队分拆为互不影响的几个小团队。例如针对机票运营组，从用户交互的角度将其拆分为售前、售后出单、售后退改三个小组；福特公司流水线中从汽车组装流程的角度将工人拆分为底盘组装、发动机组装、车身组装等多个小组。

这种管理解耦的关键点在于，每个环节团队间交付物与交付标准是明确的，例如汽车生产流水线中发动机组装前，上一个小组需要交付一个组装好的底盘，底盘中各零部件齐备是交付标准。

因此，如果我们把数据流也看作流水线，那么将一个业务问题建模为业务函数后，对应的样本与特征数据就是**算法工程师团队**从上一环节收到的交付物，模型就是算法工程师团队在建模这个环节的交付物，评估就是对应这个环节的交付标准。如果再往前追溯的话，算法工程师团队收到的交付物（即样本与特征数据）往往来自**数据工程师团队**，他们的交付标准则用数据的准确性与覆盖度来评估；如果分工再细一些，往后推进的话算法工程师团队交付的模型会继续"传送"给**研发工程师团队**，他们再往后的交付物与交付标准即为项目以及项目上线的质量与时间。

而**策略产品经理**就是推动数据这个"汽车底盘"在传送带上运转的那个人，同时也是定义交付标准并在每个环节终点处负责按标准验收交付物的那个人。与工程师团队类似，如果分工足够细，我们也可以基于这种管理解耦将职能进一步从策略产品经理中剥离，例如对于需要大量人工标注样本的企业，从未标注数据到样本数据，其交付标准定义以及验收的职能就可以剥离为**数据标注经理**。如果项目上线后发现与预期有差异需要调整模型，我们可以将业务函数中的模型参数剥离出来作为可配置工具用于模型调整（类似售后车间），并将调整模型参数的职能剥离为**策略运营经理**。

其次是能力抽象。即根据工作内容将需要的能力抽象出来作为候选人的一种画像，这种能力抽象做得越细，候选人的画像就越精准，在进行招聘和员工培养时就能更有针对性和目的性。从机票运营的例子可以看到，对运营工作的进一步细化能够帮助我们在招聘时将候选人抽象为一个更精确的画像——会使用 eTerm 的人大概率能胜任出票组的工作。在员工培训方面也是如此，福特公司流水线的例子就展示了这一点[一]："简化工作的好处之一就是能够让福特公司的每一名装配工人在最短的时间里掌握流水线周围的每一项操作，而且很多操作是根本不需要进行培训的。"

因此，在组建策略团队时，我们并不需要像市场上一些策略产品经理职位描述的那样要求候选人是全能的，既希望候选人有计算机科学、经济学、数学等与建模相关的学科背景，又要求候选人有策略产品相关的项目经验，还要求候选人熟练掌握 Excel、Python、SQL 等数据工具。其实，我们可以从策略产品经理的工作内容出发进行能力抽象，从而拓宽候选人的选择范围。

例如在评估这个环节，一个有生物、化学、心理学等实验科学背景的，有一两年工作经验或应届毕业的候选人就是一个不错的选择，只需要再培训一些模型与业务评估的方法与工具即可。学科背景训练出来的实验能力足以帮助其完成评估这部分工作，即可以将模型视为一个黑盒去设计对比实验方案并完成模型的线上评估与业务迭代。与此类似，对于样本与特征数据的准备工作，我们则可以考虑有数据分析师或数据工程师背景的候选人，过去在一线进行数据相关工作的经历能够帮助他们更好地设计这部分工作的交付物与交付标准。

这种结合了函数方法论各要素的管理解耦以及能力抽象带来的好处是显而易见的，一方面明确了各团队间的协作方式，让团队协作更加井然有序；另一方面扩大了候选人池，让我们能够更快地组建一个策略团队。从这个角度来看，函数方法论不仅是策略产品经理对世界的解读方式或与工程师的沟通模型，也

[一] 参见 David E. Nye 撰写，史雷翻译的《百年流水线：一部工业技术进步史》一书的第 22 页。

是对团队协作和团队组建在管理模型上的一种尝试。

同时需要补充说明的是，这并不意味着团队成员的工作会像查理·卓别林经典电影《摩登时代》中展现的那样，与过去的流水线工人一样机械化，实际上现代互联网企业的管理解耦和能力抽象与工业时代企业的流水线有着本质的区别：

- 现代互联网企业指导员工工作时会倾向于使用方法论而不是方法，他们会充分给予成员在创造力方面的发挥空间。
- 现代互联网企业中鼓励轮岗，倾向于以员工能力的全面发展作为团队人力资源的备份和冗余，而不是像流水线企业一样以大量招聘作为人力资源的备份和冗余。
- 与流水线企业相比，现代互联网企业的运行需要进行大量的人际沟通，这也成为最大的管理成本之一。

尽管如此，一些机械化的工作依然会被机器逐渐替代。过去，机器实现的是人行为上的机械化，我们称之为自动化；现在，机器实现的是人脑中决策的机械化，我们称之为智能化。

这种替代从经济学的角度讲，只要是能提高效率且能带来效益，就一定会有人去推动这种替代。一个企业不去推动会有别的企业去推动，一个国家的企业不去推动会有另一个国家的企业去推动。

从蒸汽机时代到电气时代，再到芯片、网络与智能时代，每一次工业革命看上去都是机器都在不断替代人类，这带来了大规模的失业，但同时也为每个时代带来了更多新的产业，例如电视机诞生带来了视听传媒产业、计算机网络诞生带来了互联网产业等，更多新的职业不断出现，如电气工程师、互联网工程师等成为各个时代新技术的驾驭者，视听媒体记者、网络主播等成为各个时代新技术的受益者。

这其中当然也包括智能化带来的正在演化和发展中的新产业和新职业。随着时间的推移，这些新产业和新职业最终将成为生活的常态。人类的历史总是螺旋式上升的，产业与职业的不断更替，让人们不断地从机械化的生产中解放出来，去创造更多新的价值。

后记与致谢

缘起

2019年6月,看到Caoz老师的一篇文章《时间是把尺子》,里面有这样一句话:"坚持做正确的事情,是希望说,无论当前在做什么,每天抽出一点时间,抽出一点精力,做有积累、有沉淀的事情。"

回想过去的一段时间,自己沉迷于各种大大小小的套路与奇技淫巧,最后发现除了为和朋友吃饭交谈时增加一些谈资外,并没有沉淀下什么。我两三年前注册了微信公众号,本想写点什么,却也迟迟没有动笔。

于是痛定思痛,从策略产品经理的工作方法论写起,开始了公众号更新之路,并计划逐渐把过去几年工作中的一些思考和认知分享出来。我从2016年左右开始带产品团队,从过去的单兵作战到团队协作作战让我逐渐形成了自己的一套数据分析、策略产品经理培训体系。我想不管有没有人看,分享总是一个好的开始。

没有想到的是,这样的开始很快超出了我的预期,公众号开更不到1个月,就收到了机械工业出版社孙海亮老师通过公众号留言发出的出版邀请,因为我写的一些内容与孙老师当时正在做的出版策划方向不谋而合,于是这本书来到了大家面前。

写作

无论看上去多么新多么难的知识,只要符合时代发展趋势,都会逐渐变成通识，出版社就是完成从知识到通识这一过程的重要角色。如果说我的认知有价值，那么比起在一个新的公众号写作发表，以出版的形式传达显然拥有更大的资源杠杆，能够实现价值的最大化。

然而评书容易写书难，过去自己看书时评论起来头头是道，等到真正开始写书才知道困难重重。比起公众号的零散式即兴写作，一本书的写作难点或许与产品设计有更多相通之处。

- 谁是这本书的读者，他们希望了解什么（用户画像）。
- 书的整体要怎样架构；各章节之间有什么联系；在解释某一个知识点之前，哪些内容需要提前铺垫（信息与系统架构）。
- 写作内容要怎样取舍，哪些必须写，哪些可以不写；哪些要详细写，哪些要略写（需求优先级）。
- 文字是一维的，怎样用二维的图表表达更多内容，或者让读者能够更直观地理解自己的观点（用户体验）。
- ……

相信读完本书的读者能够看到我对这些问题的思考、理解与解决方案。

致谢

这本书的诞生首先要感谢 Caoz 老师的点化和孙海亮、杨福川老师的鼓励，还有公众号、知乎专栏以及鲜读版各位读者的参与，这是本书能够顺利来到大家面前的基础。

感谢所有长辈的指导，包括中学时期计算机启蒙老师张清能和研究生导师邓志鸿老师，以及所有曾经教导我的老师，感谢他们帮助我打下坚实的数学和计算机基础，建立对这个世界的认知；感谢姨夫的写作指导，让我从小养成结构化写作的习惯；感谢前任领导杨威师兄的影响，让我开始将模型思维应用在工作当中。

感谢所有亲友与同事在生活与工作当中提供的帮助和思想碰撞，让我在成长路上受益匪浅。

感谢父母和爱人灿灿的支持、理解和陪伴，你们是推动我前进最大的动力。

推荐阅读

推荐阅读